Rama

Auf der Suche nach dem Schmetterling

Satsang-Tagebuch meines Lebens an der Seite von Samarpan

VetH Verlag
für authentische Spiritualität

Veth Verlag
Holger Veth
Schänzelstraße 1
67459 Böhl-Iggelheim
Tel.: +49 (0)6324-969763
www.Veth-Verlag.de

1. Auflage Februar 07

Umschlaggestaltung: FranklDesign, München
Blauer Schmetterling: © ericus - www.fotolia.de
Lektorat: Veth Verlag
Druck: Quickprinter

ISBN 978-3-939972-00-6

Für Dich

Vorwort

Einem spontanen Impuls folgend schrieb ich Mitte 2001 eine Kurzgeschichte zum Thema Advaita, die ich an einen esoterischen Verlag schickte. Einige Wochen später bat man mich von deren Seite, ihnen das gesamte Manuskript zu schicken, was es ja leider nicht gab, und meine telefonische Nachfrage, ob man nicht auch aus diesem dreiseitigen Text ergänzt durch Bilder ein zumindest kleines Büchlein machen könne, wurde verneint; zumindest bei ihrem Verlag sei das nicht möglich. Als ich fragte, wie viele Seiten ein Buch denn haben müsse, um bei ihnen eine Chance zu haben, erhielt ich zur Antwort: mindestens 150 Seiten! SCHLUCK! Das war jenseits all meiner Vorstellungen und damit war das Thema für mich im Grunde erledigt. Doch nur drei Tage später ging mir folgende Überlegung durch den Kopf: '*Was hat es in den Jahren an Samarpans Seite nicht für intensivste Situation gegeben! Vollkommene Hingabe, bedingungslose Liebe und höchste Glücksgefühle auf der einen Seite; grenzenloser Widerstand, abgrundtiefe Trauer und bodenloser Schmerz auf der anderen Seite. Und immer wieder Samarpan, der mich in zumeist liebevoller, manchmal auch strenger Art und Weise auf die Wahrheit hinwies und ich so mehr und mehr den Ort kennen lernen durfte, an dem das wahre Glücklichsein zu finden ist. Wer weiß, ob eine ehrliche und detaillierte Schilderung über die beispielhafte Entwicklung einer Meister-Schüler-Beziehung nicht auch für andere interessant, vielleicht hilfreich oder zumindest unterhaltsam sein könnte?*' – Kaum waren diese Gedanken vorüber gezogen, überkam mich solch eine Erinnerungsflut, dass ich mir unverzüglich einen Stift zur Hand nahm und ihn erst vier nahezu schlaflose Monate später wieder zur Seite legte.

Dank sei an dieser Stelle all denjenigen, die keinen Einwand gegen die Verwendung ihres Original-Namens hatten, auch wenn sie im Buch als Projektionsfläche gebraucht wurden und unter Umständen der Eindruck entstehen könnte, dass sie dieses und jenes (falsch) gemacht haben. Tatsächlich hat niemand irgendetwas gemacht.

Was all meine im Buch erwähnten Urteile anbelangt, so waren dies Urteile, die ich in dem jeweiligen Moment hatte und nicht notwendigerweise heute noch habe. Mir ist bewusst, dass jedes Urteil ein Urteil des Verstandes ist, was mich in die Dualität führt und als Person von anderen trennt, und dass alle dargestellten Geschehnisse eine Projektion von mir und so gesehen jedes über irgendeine andere Person gefällte Urteil in Wahrheit ein Urteil über mich selbst ist. Klar ist auch, dass letzten Endes alle im Buch geschilderten Geschichten immer nur dazu da waren, die 'Geschichte von Rama', die Story dieses falschen und tatsächlich überhaupt nicht existierenden 'Ichs' am Leben zu erhalten, anstatt das ausgelöste und im jeweiligen Moment gegenwärtige Gefühl einfach nur zu fühlen, im Frieden damit und im Gewahrsein dessen zu sein, was wir alle in Wahrheit sind.

Meine Gedanken schweifen lassend, begebe ich mich wieder zurück zu dem Tag, an dem sich alles verändern sollte. Der Tag, an dem Samarpan in mein Leben trat: unaufdringlich und unentrinnbar zugleich.

1.

Wenn du diese Sehnsucht in Deinem Herzen fühlst, ist es ein Segen.
(Samarpan)

Es ist Sonntagmorgen, der 2. März 97, und für zehn Uhr bin ich zum Schwimmen mit einer Bekannten verabredet. Gerade als ich meine Wohnung verlassen will, klingelt das Telefon.

„Hallo?“ - „Hallo! Ich bin’s. Du, mit dem Schwimmen geht es klar, allerdings gäbe es auch noch eine andere Möglichkeit. Und zwar ist da gerade so ein Typ aus Amerika in Stuttgart, der alle möglichen Fragen der Anwesenden über Gott und die Welt beantwortet. Ich war gestern schon dort, und es war sehr schön.“

Mmh, ja, warum nicht. Sie sagt mir noch, wo es genau ist, und ich mache mich auf den Weg. Unterwegs kommt in mir eine leichte Traurigkeit auf, die mit einer Begebenheit zu tun hat, die sich ganz am Anfang meines Studiums abgespielt hat. Obwohl es zehn Jahre her ist, sehe ich es direkt vor meinen Augen, als wäre es erst gestern gewesen:

Ich stehe an der Autobahnraststätte ‘Drei Linden’ in Berlin und versuche mit herausgestrecktem Daumen eine Mitfahrgelegenheit gen Süden zu ergattern. Nieselwetter. Nach einer Weile hält ein alter, klapprig aussehender VW-Passat mit noch leerer Rückbank. Endlich.

„Ich fahre nach Bamberg. Wohin willst Du?“, fragt mich die gut aussehende Fahrerin an ihrem Beifahrer vorbei.

„Eigentlich muss ich nach Stuttgart, aber wenn ich bis Bayreuth mitfahren könnte, hätte ich schon einmal die DDR hinter mir.“

Perfekt. Außer mir steigen noch zwei weitere Tramper hinten ein, die sich gleich – kaum dass wir die Ost-/West-Grenze überschritten haben – rechts und links von mir schlafen legen, während ich es mir in der Mitte zwischen ihnen sitzend gemütlich mache. Kilometer um Kilometer fahren wir in Stille dahin, und ich schaue vorne raus. Hin und wieder treffen sich meine Blicke mit den Blicken der Fahrerin im Rückspiegel, wobei ich mir nicht sicher bin, ob sie nur nach hinten rausschaut, oder ob sie mich ansieht. Was mir jedoch auffällt, ist, dass sie immer öfter in den Spiegel schaut. So geht es eine Weile hin und her. Und vielleicht stellt sie sich die gleiche Frage. Diese Augen! Und dieser Mund! Jetzt gerade ziehen sich die Mundwinkel kaum wahrnehmbar nach oben, und ich merke, meine machen es ihren nach. Und ihre gehen noch weiter hoch.

Meine ebenfalls. Da, ihre Zähne. Sie lächelt. Und auch ich muss lächeln. Und uns beiden ist jetzt klar: Wir sehen uns an! – Diese Augen: so viel Offenheit, so viel Ehrlichkeit! Unsere Blicke saugen sich geradezu aneinander fest, und sie sieht kaum noch nach vorne raus. Da hier im Osten sowieso überall Tempo 100 herrscht, ist es auch relativ ungefährlich, weil niemand überholt, sondern alle mit der gleichen Geschwindigkeit dahin zuckeln. Wir sehen uns an! Und keiner der anderen Mitfahrer kriegt etwas davon mit; kriegt mit, was sich hier im Auto gerade abspielt. Wahnsinn! Am ersten Rastplatz in Westdeutschland steigen die anderen beiden Tramper aus, und wir fahren zu dritt weiter. Und nach wie vor sehen wir zwei uns an. Diese Stille! Und dieser Frieden, den ich in ihren Augen sehe; du meine Güte! Irgendwann sind wir kurz vor Bayreuth, und sie wird jetzt gleich nach Bamberg abbiegen, was für mich einen Umweg bedeutet. Doch da es gerade zu regnen anfängt (und überhaupt), sage ich nichts, und wir setzen unsere Reise schweigend und uns nach wie vor ansehend fort. In Bamberg lassen wir ihren Bekannten aussteigen, von dem sie sich mit einem flüchtigen Kuss verabschiedet, ich nehme vorne Platz und weiter geht es. Keine Ahnung wohin. Wieder auf der Autobahn (gen Süden) kommt bei mir – jetzt, da ich mit ihr allein bin – allmählich meine altbekannte Angst vor Nähe und Zärtlichkeit hoch. Doch je mehr ich versuche, diese Angst wegzudrükken, desto stärker wird sie. Puuuh. Mich zunehmend elend fühlend bitte ich sie, am nächsten Rastplatz rauszufahren. Ich muss irgendwie zur Ruhe kommen! Wir steigen aus und stehen um das Auto herum, wobei ich darauf achte, dass sie mir nicht zu nahe kommt. Panik! Geknickt erzähle ich ihr von meinen Schwierigkeiten mit Frauen, doch sie ist ganz locker und scheint mich total so anzunehmen, wie ich bin. Oh, Gott, was für ein Geschenk! Aber ich selbst nehme mich eben nicht so an, wie ich bin. Zum zigtausendsten Mal verfluche ich meine Angst und meine gesamte Scheißkonditionierung und fühle mich einfach nur beschissen. Nach fünf Minuten sage ich, dass wir ruhig weiterfahren können. Schließlich macht es keinen Sinn, ewig hier auf diesem Parkplatz stehen zu bleiben. Übermorgen beginnt das zweite Semester und um Punkt acht Uhr in der Frühe muss ich in der Vorlesung sein. Ich muss, muss, muss!

„Wohnst Du in Berlin?“, frage ich sie, um diese unangenehme Stille zu beenden. „Ja, in Kreuzberg.“ - „Und was machst Du so?“

„Mal dies, mal das. Was im Moment so gerade ansteht.“

„Bewunderns- und beneidenswert. Das könnte ich nie. Und wohin fährst Du?“

„Ich fahre jetzt für zwei Wochen nach Italien. Wenn Du Lust hast, kannst Du gerne mitfahren.“

Schluck. Oh, Gott! Das wäre der absolute Traum.

„Dummerweise fängt übermorgen das neue Semester an“, stöhne ich.

„Was studierst Du denn? - „Maschinenbau.“ - „Macht's Spaß?“ - „Nee.

Eigentlich überhaupt nicht." - „Und warum studierst Du es dann?"

„Weiß ich auch nicht; irgendwie bin ich da so reingerutscht. Mein Großvater war Ingenieur, mein Vater ist Ingenieur. Und obwohl ich schon vom ersten Tag an wusste, es wird die Hölle, und ich will auf keinen Fall einmal als Ingenieur arbeiten, habe ich zum einen das Programm: 'Was man einmal angefangen hat, das bringt man auch zu Ende' und zum zweiten halte ich daran fest, weil ich nicht weiß, was ich sonst machen könnte. Und ohne Perspektive einfach aufzuhören, kann ich mir auch nicht vorstellen. Bis jetzt habe ich keine einzige Vorlesung ausgelassen vor lauter Angst, ich könnte etwas verpassen, und wenn ich rausfliegen sollte, was fünfzig Prozent bis zum Vordiplom widerfährt, möchte ich mir nachher nicht den Vorwurf machen müssen, ich hätte nicht alles gegeben."

Kurz darauf sitzen wir wieder im Auto und fahren schweigend dahin. Die Landschaft rauscht an uns vorbei. Sie hat das Angebot ausgesprochen, die Entscheidung liegt nun bei mir. Was soll ich nur tun? Spätestens beim Autobahnkreuz Ulm muss ich ihr sagen, ob sie rechts nach Stuttgart abbiegen soll oder wir gemeinsam geradeaus in Richtung Süden weiterfahren. Verdammt. Ich überlege hin und her. Mein Herz ruft: ja, ja, ja! Mein Kopf schreit in Panik: um Gottes Willen: nein! Wenn ich darüber nachdenke, was zwei Wochen Italien für Konsequenzen haben könnten (Studiumsabbruch, keinerlei Perspektive, Eltern entsetzt, Zukunftsangst, Loserjobs) wird mir ganz anders. Alles, was ich habe, könnte verloren gehen, und ich stände vor dem Nichts. Meine ganze Lebensplanung: Studium, Job, Frau, Kinder, Karriere, Rente wäre über den Haufen geworfen. Andererseits, wenn ich nicht laufend über alles nachdenke, sondern einfach nur in diesem Moment bin, empfinde ich solch eine unglaubliche Innigkeit mit ihr und das Gefühl, als würden wir uns schon ewig kennen. Und die Angst, die ich in Gegenwart von Frauen sonst stets erlebe, ist jetzt auch nicht da. Für mich, der ich noch nie eine Freundin hatte, ganz abgesehen von jeglichen sexuellen Erfahrungen, ist das sehr erholsam und vollkommen neu. Aber meine Konditionierung, Mann, oh Mann, die ist schon zum Kotzen. – Was soll ich nur machen? Ulm kommt immer näher, und ich fühle mich immer schlechter. Mir ist klar, es geht um den Konflikt zwischen Kopf und Herz, der sich wie ein roter Faden seit meiner Jugend durch mein ganzes Leben zieht. Mein Herz argumentiert sehr ruhig bzw. argumentiert überhaupt nicht. Da ist nur solch eine intensive Sehnsucht, während mein Verstand lautstark seine Argumente vorbringt. Wieder und wieder wäge ich ab. Bald sind wir in Ulm, draußen wird es bereits dunkel, und ich weiß immer noch nicht, wie ich mich entscheiden soll. Aber was heißt eigentlich: Ich wäge ab. Im Grunde ist mir klar, wie ich mich entscheiden werde. Tatsächlich geht es nur darum, das Herz zu überzeugen, dass es das Beste für mich ist, weiter zu studieren, damit es endlich Ruhe gibt. Doch leider wird diese Sehnsucht nicht kleiner, im

Gegenteil. Und obwohl ich kurz vor der alles entscheidenden Abzweigung das Gefühl habe, dass es mir das Herz zerreißt, sage ich zu ihr:

„Ich muss einfach nach Stuttgart." Scheiße! Aber ich kann nicht anders. Sie setzt den Blinker und nimmt die Abfahrt auf die A8. Wortlos fahren wir diese mir so gut bekannte Strecke nach Stuttgart, und ich weiß nicht, ob ich mich besser oder schlechter fühle. Keine Ahnung, wo mir der Kopf steht. Jedenfalls ist diese Angst vor dem großen Nichts erst einmal weg. – Eine gute Stunde später halten wir vor dem Haus meiner Eltern. Ich steige aus, hole meinen Rucksack von der Rückbank, beuge mich kurz zu ihr ins Auto und gebe ihr einen Kuss auf die Backe, was für mich aufgrund meiner Konditionierung eigentlich schon ein halbes Eheversprechen ist. Mit gemischten Gefühlen sehe ich sie davonfahren, atme einmal tief durch und werde von meinen Eltern freudig empfangen. Sie haben ihren Sohn wieder, und ich bin wieder daheim in meiner gewohnten, sicheren Welt.

Puuh. Das war ein Tag damals. Wenn ich jetzt daran zurückdenke; mein Gott. – Als ich vor dem Haus ankomme, in dem dieser Typ angeblich sein Frage-Antwort-Ding veranstaltet, bin ich unendlich traurig. Wie wäre mein Leben verlaufen, wenn ich mich für mein Herz entschieden hätte und mit ihr nach Italien gefahren wäre? Hätte ich trotzdem sieben Jahre studiert und würde mich jetzt vierzig Stunden pro Woche in einem Job abrackern, der mir nicht einmal sonderlich behagt? Und vor allem: Hätte ich nicht längst meine Angst vor Nähe und Zärtlichkeit überwunden? – An der Tür des besagten Hauses ist ein weißes Blatt Papier befestigt, auf dem mit Hand geschrieben steht: 'Satsang mit Samarpan'. Mit zittrigen Knien trete ich ein. Drinnen – es handelt sich um eine Heilpraktikerpraxis – sind schon einige Leute, die ich alle nicht kenne. Im Flur ziehe ich mir die Schuhe aus, gehe in das nächste Zimmer, stehe zunächst unsicher herum und setze mich dann auf einen Stuhl. Neben mir liegt auf einer Ablage die Kopie eines Interviews mit diesem Samarpan aus einer esoterischen Zeitschrift mit einigen Bildern; eigentlich sieht er ganz okay aus. Der Text selbst dreht sich um Wahrheit, Erwachen und Erleuchtung; Begriffe, die ich hier und da vielleicht einmal gehört habe, mit denen ich jedoch nichts anfangen kann. Von meinem Stuhl aus sehe ich, dass der nächste Raum der eigentliche Satsang-Raum ist. Vorne steht ein Sessel, daneben ein kleiner Tisch mit Blumen, der Rest des Raumes ist mit Matratzen ausgelegt, auf denen die Gäste sitzen können. Ein paar haben dort schon Platz genommen. Mir ist jedoch nicht danach, schon hineinzugehen, und so bleibe ich erst einmal hier sitzen. Sie alle sehen so glücklich aus, und ich werde immer trauriger. Puuuh. Plötzlich sehe ich das Gesicht dieses Samarpan im Flur auftauchen. Er sieht mich an – ich sehe ihn an. Oh, Gott! Sein Blick ... geht durch und durch. Und auch mein Blick scheint durch ihn hindurch zu gehen. Oh, mein Gott! Mein

Herz zieht sich zusammen, Tränen steigen mir in die Augen, und ich denke: 'Gott im Himmel, was ist das denn für ein furchtbarer Schmerz?' und wende mich schnell ab. Auweia. Außerdem wird es wohl ohnehin so langsam Zeit für mich, ebenfalls in den Satsang-Raum zu gehen. Also gehe ich hinüber, setze mich, kurz darauf kommt Samarpan herein und nimmt vorne Platz. Neben ihm auf dem Boden sitzt ein Gitarrenspieler, der einige Minuten schöne Musik macht, die meinen Schmerz eher noch verstärkt. Dann geht der eigentliche Satsang los, und Samarpan erklärt zunächst, was Satsang eigentlich bedeutet.

"'Satsang' kommt aus dem Indischen und heißt: 'In Wahrheit (sat), zusammenkommen (sang).'"[1]

Aha. Ich kriege nicht all zuviel von dem mit, was Samarpan erzählt, denn mich nehmen seine Augen vollkommen gefangen. Während ich in den Augen anderer Menschen irgendetwas sehe, was mir einen Aufschluss über deren Persönlichkeit gibt, ist bei ihm nichts. Leere! Unglaublich! Noch nie bin ich solch einem Menschen begegnet. Sofort drängen sich mir tausend Fragen auf, aber als Neuling halte ich mich wohl besser erst einmal etwas zurück. Faszinierend ist, dass er auf jede Frage eine absolut schlüssige Antwort hat und jedes Problem sich für den Fragesteller innerhalb von Minuten in Luft aufzulösen scheint. Das gibt es doch gar nicht! Als einmal eine Fragepause entsteht und ich das Gefühl habe, mit meinem Höflichkeitswarten sei es nun genug, bringe ich meine Trauer zum Ausdruck und erzähle ihm die ganze Trampergeschichte. Von dem, was Samarpan mir antwortet, bekomme ich allerdings nicht allzu viel mit; irgendetwas von Verstand und Schmerz. Ich empfinde nur soviel Liebe und Akzeptanz, wie man nur empfinden kann. Das wiederum verstärkt die Trauer ins Bodenlose, und ich weine, weine, weine. Erstaunlicherweise hat es sich plötzlich vollkommen ausgeweint, und es ist gut.

Absolute Stille. Samarpan und ich schauen uns an, und diese ganze traurige Geschichte ist auf einmal irgendwie nicht mehr traurig, Punkt. Komisch, aber gut.

„Wie kommt das?", frage ich verblüfft.

„Schau, es ist einfach eine Sache der Aufmerksamkeit", antwortet Samarpan sanft. „Geben wir unsere Aufmerksamkeit auf den Verstand, sind wir mitten in der Geschichte, mitten in der 'Story', die da lautet: 'Hätte ich mich doch nur anders entschieden, dann wäre jetzt alles besser.' Und dann sind wir in der Vergangenheit und nicht mehr 'Hier', nicht mehr in diesem Moment, nicht mehr im 'Jetzt'." Samarpan schaut mich verständnisvoll an. „Oder aber: Wir

---

[1] Im gesamten Buch habe ich Samarpans wörtliche Rede so geschrieben, wie ich in Erinnerung habe, dass er es gesagt hat bzw. wie ich glaube, dass er es gesagt haben könnte.

richten unsere Aufmerksamkeit auf diesen Moment, auf Jetzt. Ist Jetzt gerade Trauer, gut, dann sei traurig. Das ist der Frieden; wenn Du einfach immer im Frieden mit dem bist, was jetzt gerade ist."

„Ach! Das ist ja interessant." - „Ja. Und es ist ganz einfach."

Stille. Faszinierend, wie einfach es ist bzw. sein soll. – Nach zwei Stunden ist der Satsang zu Ende, und wir alle gehen gemeinsam italienisch Mittagessen. Zufall oder nicht: Ich sitze neben Samarpan und erzähle ihm meine Lebensgeschichte. Wie sehr ich während meines Studiums gelitten habe und dass meinem Leben einmal sogar – mehr unbeabsichtigt als beabsichtigt – ein Ende gesetzt worden wäre. Zu Samarpan sage ich:

„Ich stand an meiner unterirdischen Uni-Haltestelle und wartete in vollkommener Trostlosigkeit auf meine S-Bahn. Das Studium war etwas, mit dem ich absolut nichts am Hut hatte. Allerdings wusste ich auch nichts Besseres für mich. Und obwohl meine Sehnsucht nach körperlicher Berührung so unendlich groß war, schien es mir auch in diesem Punkt nicht möglich, meine Ängste zu überwinden über meinen eigenen Schatten zu springen. Außerdem war ich total auf eine bestimmte Frau fixiert, die jedoch unerreichbar war und mit anderen Frauen etwas anzufangen, hätte ich denen gegenüber nicht ehrlich empfunden. Da ich somit keine sexuellen Erfahrungen 'sammeln' konnte, von denen ich glaubte, sie haben für meine Traumfrau haben zu müssen, blieb diese meine eigentliche Liebe für mich unerreichbar. Ich saß schön in der Zwickmühle. Darüber hinaus wohnte ich bei denjenigen, von denen ich diese Konditionierung erhalten hatte, doch gleichzeitig hatte ich eine riesengroße Angst vor der Selbständigkeit. Es gab überhaupt kein Vorwärtskommen. Totaler Stillstand. Ich sah keinen Ausweg. Ich sah keinen Sinn mehr; in gar nichts. Und wollte nur noch Ruhe. Ewige Ruhe. Ich schaute auf die Gleise und das an der Wand dahinter angebrachte Werbeplakat, auf dem eine junge hübsche Frau mich glücklich anlachte. Für mich alles unerreichbar. Es war aussichtslos. Und obwohl klar war, dass es der vollkommene Blödsinn ist, mich bzw. den Körper umzubringen, war auch dies mir egal. Einfach nur noch: Schluss, Aus, Ende, vorbei. Dann kündigte ein langsam ansteigender Wind das Kommen meines Zuges an. Ich blickte nach rechts und da kamen auch schon die Lichter mit hohem Tempo auf mich zu. Noch stand ich auf dem Bahnsteig. Der Zug kam immer näher. Mir war klar: Jetzt wird es kritisch, jetzt werden diese Gedanken gefährlich. Und als der Zug nur noch ein paar Meter entfernt war, machte ich vorsichtshalber ein paar Schritte weg vom Gleis aus Angst, dass sich meine Beine im letzten Moment selbständig machen könnten. Weißt Du, irgendwie sehe ich in dem ganzen überhaupt kein Sinn und oft fühle ich mich uralt, weil es einfach nichts mehr im Leben gibt, das mich noch reizen würde."

Samarpan sieht mich verständnisvoll an und sagt:

„Dies ist die Geschichte von Rama. Rama war ein Königssohn, der kein

Interesse zeigte, in die Fußstapfen seines Vaters zu treten, welcher sich deshalb große Sorgen machte und ihn zum Palast seines Weisen schickte in der Hoffnung, dass dieser ihn kurieren würde. Dort angekommen stand Rama jedoch vor verschlossenen Türen. Er beklagte sich nicht, sondern wartete geduldig, bis er nach drei Tagen schließlich eingelassen wurde. Kaum drinnen wurde er in wunderbare Gewänder gehüllt und bekam ausgezeichnetes Essen, während sich hübsche Tänzerinnen zu himmlischer Musik um ihn herum bewegten. Auch das nahm er anteilslos hin. Wiederum nach drei Tagen kam der Weise und sagte zu Rama, dass mit ihm nicht nur alles in Ordnung sein, sondern Rama zudem erkannt hätte, dass diese ganze Welt eine Illusion sei und es daher belanglos sei, was in ihr geschehe."

Ich sehe Samarpan an und denke: interessant, wie er für jeden die richtige Antwort oder die passende Geschichte hat. Vermutlich ist er irgendein Topmanager, der Hunderte von Mitarbeitern hat, sich deshalb so gut in Personalführung auskennt und am Wochenende sein Wissen an Otto-Normalverbraucher weitergibt.

„Was machst Du eigentlich sonst so?", frage ich ihn. „Ich meine jetzt 'Gescheites'?"

„Wie meinst Du?" - „Na, so unter der Woche. Hauptberuflich."

Samarpan schaut mich ein wenig verwundert an:

„Na, Satsang." - „Ja, wie? Nur Satsang?", stoße ich entgeistert hervor.

„Ja."

BOA!!! Das haut mich um! Diese liebevolle Atmosphäre! Die offenen Menschen! Und er ist die ganze Zeit in diesem Umfeld, in diesem 'Space'? Das ist ja das Non-plus-ultra!

„Glaubst Du, ich könnte Dir bei Deiner Arbeit helfen?", frage ich spontan.

Samarpan schaut mich einen Moment schweigend an und sagt dann:

„Ja. Denn Deine eigentlicher Job besteht darin, anderen die Hand zu halten."

Huch!!! Oh Gott! Was habe ich da gerade gefragt? Bin ich verrückt geworden?? Du lieber Himmel! Das würde ja bedeuten, dass ich meinen Karrierejob kündigen müsste, die Wohnung wahrscheinlich auch ... oh, oh, oh. Ich beuge mich über meine Pizza und sage kein Wort mehr. Samarpan auch nicht. Huiuiui. – Etwas später wieder draußen vor dem Restaurant kommt eine Frau auf mich zu und umarmt mich. Wie schön. Mit meinem Programm, dass alles, was über ein Händeschütteln hinausgeht, der Aussage gleichkommt: 'Ich liebe Dich, und ich will mit Dir zusammen sein', kombiniert mit dem Glaubenssatz, dass etwas Begonnenes auch durchgezogen wird, stand ich bis vor kurzem in solchen Situationen, wenn sie denn einmal 'versehentlich' auftraten, stets stocksteif da und überlegte fieberhaft, ob das denn jetzt die Frau fürs Leben sei. Und das konnte sich über Wochen hinziehen, bis sich die Frau dann irgendwann verunsichert abwandte; wie schon viele andere vor ihr. Und jetzt gerade denke ich an gar nichts, nicht an vorher, nicht an nachher. Es ist einfach wunderbar, den Körper einer Frau so nahe an meinem zu spüren.

Kurz vor dem Nachmittag-Satsang fragt mich die Frau, die Samarpan übers Wochenende nach Stuttgart eingeladen hat und bei der er während dieser Zeit auch wohnt, ob ich Samarpan heute Abend zum Bahnhof fahren könnte, da sie selbst kein Auto hat. Klar! Doch zunächst ist erst noch einmal Satsang. Gleich zu Beginn kommt bei mir auf einmal – ich habe keine Ahnung woher – eine totale Angst hoch; so stark, dass ich kaum sprechen kann. Und das ist etwas, was ich als ziemlich unangenehm empfinde, am liebsten gar nicht da hätte und auch nicht gerne anderen zeige. Aber trotzdem. Hier im Raum ist so eine schöne Stimmung und Energie von Liebe und Akzeptanz von allem, dass ich mich überwinde und wage, es anzusprechen:

„Samarpan, Angst ist für mich immer wieder ein Thema. Sei es, dass ich Angst vor der Zukunft oder vor Frauen habe; ich weiß nicht, was ich damit anfangen soll."

„Du brauchst mit der Angst überhaupt nichts anfangen", sagt Samarpan liebevoll. „Wir brauchen mit all unseren Gefühlen überhaupt nichts anfangen. Das Einzige, das wir tun müssen, ist, sie willkommen zu heißen und zu fühlen. Schau: Diese Gefühle sind nicht unsere Feinde, sie sind unsere Freunde. Nur weil wir als Kinder gelernt haben, dass wir sie nicht fühlen sollen, dachten wir, dass Gefühle etwas Schlechtes sind, dass sie unsere Feinde sind. Haben wir nicht alle zu hören gekriegt: 'Sei nicht traurig. Heule doch nicht. Sei nicht so schüchtern. Habe keine Angst.' So haben wir gelernt, dass das, was gerade da ist, nicht in Ordnung ist; dass wir mit dem, was gerade da ist, nicht in Ordnung sind. – Was wir hier lernen, ist, im Frieden mit all unseren Gefühlen zu sein. – Die Wahrheit ist: Du bist in Ordnung. Du bist mit all Deinen Gefühlen in Ordnung. Und das findest Du heraus, wenn Du Deine Gefühle einfach fühlst. Da ist nichts verkehrt an der Angst. Wenn gerade Angst Hier ist, wunderbar. Dann fühle Dich einfach ängstlich. Sei einfach mit der Angst. – Vor vielen Jahren sollte ich einmal Co-Trainer bei einem Workshop sein, der von einem Therapeuten geleitet werden sollte, vor dem ich totale Angst hatte und allein die Vorstellung, mit ihm zusammen zu arbeiten, ließ mich erschaudern. So kam es dann auch, dass ich während des ganzen Wochenendes nur zitternd und schlotternd am Rande saß und nicht einen Laut von mir gab; da war so viel Angst. Doch am Ende des Wochenendes drehte sich der Therapeut zu mir um, lächelte und sagte: 'Gut, Samarpan. Sehr gut.' – Fühle einfach die Angst. Da ist nichts verkehrt."

„Puuh, ich habe das Gefühl, jetzt kommt sie so richtig über mich!"

„Gut. Das ist wunderbar. Wo in Deinem Körper fühlst Du diese Empfindung, die mit der Angst zusammenhängt?"

„In meinem Hals."

„Gut. Dann sei in der Mitte dieser Empfindung in Deinem Hals. Stelle Dir einfach vor, dass Du genau im Zentrum dieser Körperempfindung bist. Wie ist es Hier?"

Ich merke, dass mein Hals einfach total zugeschnürt ist und überlege, ob ...

„Denke nicht darüber nach. Sei einfach ganz mit dieser Körperempfindung. Wie ist es, Hier?"

„Wenn ich nicht darüber nachdenke, ist es in Ordnung."

„Das ist die Wahrheit. Wenn wir nicht im Verstand sind und das, was gerade ist, als falsch beurteilen, ist es einfach in Ordnung. Das ist das Geheimnis. Der Frieden ist in der Mitte all unserer Gefühle. Der Frieden ist Hier. Im Zentrum von allen Dingen. Da ist nichts verkehrt. Das ist nur unser Verstand, der uns ständig einzureden versucht, dass irgendetwas nicht stimmt. Aber das ist nicht richtig. Die Wahrheit ist: Du bist vollkommen in Ordnung, so wie Du bist. Mit all Deinen Gefühlen. Dein Leben ist vollkommen in Ordnung, so wie es ist. Nichts braucht sich zu verändern. Es ist alles perfekt. Gib Deinem Verstand einfach überhaupt keine Energie, wenn er sagt, dass sich irgendetwas an Dir oder an Deiner momentanen Situation verändern sollte. Der Verstand weiß nichts. Der Verstand weiß nicht, wozu irgendetwas gut ist. Sei einfach immer mit dem, was gerade ist. Sei einfach im Moment. Sei einfach Hier. Hier gibt es keine Probleme. All die Probleme sind nur im Verstand. Ignoriere ihn einfach. Im Moment ist alles in Ordnung."

„Ja, im Moment schon. Aber nachher ..."

„Es gibt kein Nachher. Es gibt nur Jetzt. Jedes 'Nachher' ist eine Vorstellung im Verstand; ist eine Vorstellung darüber, wie es in der Zukunft vielleicht sein könnte, aber nicht sein wird. Wir wissen nicht, wie es sein wird. Es kommt immer anders, als wir es uns vorstellen. Geben wir unseren Vorstellungen jedoch Energie, sind wir nicht Hier; verpassen wir Hier. Aber Hier ist es, wo alles geschieht. Jetzt. In diesem Moment. – Verpasse nicht Hier. Dein Leben findet Hier statt. Verpasse nicht Dein Leben. Verpasse nicht diesen Moment. Verschwende nicht diesen Moment. Dieser Moment ist alles, was es gibt."

Vom Rest des Satsang kriege ich nicht mehr viel mit; nur dass der Satguru[2] – wer oder was das auch immer sein mag – alles in perfekter Art und Weise arrangiert. Und ehe ich mich versehe, lade ich auch schon Samarpans Koffer in mein Auto. – Schweigend chauffiere ich ihn zum Stuttgarter Hauptbahnhof und kann gar nicht glauben, dass ausgerechnet ich ihn fahren darf. Ehrfürchtige Stille. Am Nordeingang setze ich ihn ab, wir umarmen uns und mit einem Kloß im Hals sage ich zu ihm:

---

[2] Guru: einer, der zeigt.

„Hope to see you again! Ich hoffe, wir sehen uns wieder!"

Samarpan sagt nichts, aber so liebevoll wie er mich anstrahlt, habe ich den Eindruck, dass das für ihn sowieso vollkommen klar zu sein scheint. Als er im Gebäude verschwunden ist, mache ich mich auf den Heimweg und versuche zu verstehen, was mir da heute widerfahren ist. Jungejungejunge.

München, 15. März 97[3]

Kurzentschlossen fahre ich nach München, wo Samarpan dieses Wochenende sein wird. Und wieder findet die Satsang-Veranstaltung in einer Heilpraktiker-Praxis statt. Als ich kurz vor knapp ankomme, sitzen schon alle in Stille. Samarpans Stuhl vorne ist noch leer. Ich bin ganz schön aufgeregt: Gleich werde ich Samarpan wieder sehen. Huuuuaaaaa!! Und da kommt er auch schon, geht nach vorne zu seinem Stuhl, dreht sich uns zu, begrüßt alle reihum mit vor dem Gesicht zusammengelegten Händen und nimmt Platz. Ich ahne mittlerweile, dass Samarpan so etwas wie ein Meister ist oder zumindest von einigen so gesehen wird und denke: 'Gut, dass ich das nicht vor meiner ersten Begegnung mit ihm wusste, sonst wäre ich wahrscheinlich gar nicht erst hingegangen.' Dabei erinnere ich mich an die Unterhaltung mit einem Bekannten vor einigen Monaten, der ganz euphorisch von seinem indischen Meister sprach, woraufhin ich bei mir dachte: 'Was macht der nur für ein Aufhebens? Wozu braucht man/frau/ich einen Meister? Ich bin mein eigener Meister. Der wahre Meister, so heißt es doch überall, ist in einem selbst.' Und jetzt sitze ich plötzlich selbst zu den Füßen eines Meisters! Stille. Schöne, entspannte Atmosphäre. Und obwohl ich hier fremd bin, habe ich trotzdem das Gefühl, unter Freunden zu sein. Wie wunderbar. Schließlich nimmt Samarpan beide Hände vor das Gesicht und stimmt die Silbe 'OM' an, in die alle einfallen. Als es ausgeklungen ist, sagt er mit geschlossenen Augen:

„May there be peace in the heart of every being in the universe. OM Shanti Shanti Shanti. Namaskar. Welcome to Satsang."

Der Satsang ist eröffnet und zunächst sitzen wir erst einmal in Stille da. Ich weiß nicht, ob Samarpan mich schon gesehen hat; ist mir aber auch nicht so wichtig. Schön, dass ich ihn wiedersehe.

„Es wunderschön, Hier zu sein", beginnt Samarpan mit einem Lächeln. „Sei einfach immer Hier. Dieser Moment ist perfekt; genauso wie er ist. Es ist nur unser Urteil über diesen Moment und was er beinhaltet, was die Schönheit dieses Momentes stört. Lassen wir unser Urteil fallen, ist da nichts verkehrt."

Eine Zeitlang herrscht Stille.

---

[3] Da ich zu der damaligen Zeit kein Tagebuch geführt habe, sondern erst jetzt, Anfang 2002, beginne, alles niederzuschreiben, stimmen die geschilderten Ereignisse nicht unbedingt mit dem genannten Datum überein.

„Samarpan? Was bedeutet eigentlich diese Geste zu Beginn und am Ende des Satsang?“

„Es bedeutet ‘Namaste’,“ Samarpan führt beide Handflächen vor dem Mund zusammen: „was soviel heißt wie: ‘Grüß Gott.’ (Alles lacht.) Oder genauer gesagt: ‘Ich grüße den Gott in Dir. Ich grüße das Göttliche in Dir.’ – Du bist das Göttliche. Alle Menschen tragen den Buddha in sich. Das ist die Wahrheit. Du bist nicht getrennt von Gott. Niemand ist getrennt von Gott. Jede Trennung ist nur eine Illusion. – Schaut. Wenn wir in der Wahrheit zusammenkommen, geschieht Satsang. Satsang heißt: ‘Zusammenkommen in Wahrheit’. Im Satsang sind wir alle eins. Und das ist die Wahrheit. Wir sind tatsächlich alle eins. Ob inner- oder außerhalb des formellen Satsang. Satsang, die Wahrheit, Gott ist überall.“

Ganz klar ist mir das nicht und auch wenn ich ein etwas komisches Gefühl habe, hier als Gast von außerhalb gleich am Anfang etwas zu sagen, so fasse ich mir doch ein Herz:

„Samarpan, aber ist es denn nicht so, dass wir alle Tropfen aus dem Ozean der Liebe sind, der Gott ist, und wir uns erst irgendwann in der Zukunft wieder in der Einheit treffen?“

„Das ist eine Vorstellung“, entgegnet Samarpan. „Sie weist auf die Wahrheit hin, aber die Wahrheit ist: Du bist der Ozean. Jetzt.“

Jetzt bin ich völlig verdutzt und frage schnell nach:

„Ich bin der Ozean? Und Du bist der Ozean? Das heißt: Wir sind eins?“

Samarpan nickt, und ich stöhne:

„Puuuh, das ist schwer zu verstehen.“

„Es ist nicht schwer zu verstehen. Es ist unmöglich zu verstehen. Der Verstand kann es nicht verstehen.“

Puuuuuuuh! Urplötzlich steigt in mir ein totaler Sehnsuchtsschmerz hoch. Heul. Ich habe solch eine Sehnsucht, wieder daheim bei Gott zu sein. Und wenn ich auch das Gefühl habe, ganz dicht dran zu sein, glaube ich doch, dass da noch irgendetwas fehlt. Sonst hätte ich ja nicht diese Sehnsucht. Dass Samarpan dort ist, daran gibt es für mich keinen Zweifel. Weinend sage ich:

„Ich habe das Gefühl, Du bist dort, und ich bin hier. Und obwohl ich Dich sehe, trennt uns doch ein ganz dünner Vorhang.“ Und ich weiß nicht, wie ich ihn wegkriegen soll!!! Heul! – Samarpan sagt nichts, sondern schaut mich nur unendlich liebvoll an. Ich weiß nicht, was ich noch sagen soll, da ist solch ein Wahnsinnsschmerz in meiner Brust! Doch wie schon beim letzten Mal löst sich auch jetzt wieder von einer Sekunde auf die andere alles in Luft auf. Fragend sehe ich Samarpan an, und er erklärt:

„So ist es mit all unseren Gefühlen. Solange wir vor ihnen davon laufen, jagen sie hinter uns her. Aber sobald wir innehalten und sie einfach fühlen, sobald wir sie uns im Licht der Wahrheit betrachten, lösen sie sich in Luft auf;

wie Vampire im Tageslicht. Ganz einfach."

Kurze Mittagspause, dann der Nachmittag-Satsang und Samarpan spricht davon, dass es unsere Wünsche sind, die uns davon abhalten, den gegenwärtigen Moment zu genießen.

„Wenn Du einen Wunschtraum hast, von dem Du glaubst, dass Dich dessen Erfüllung glücklich machen würde, dann schaue Dir diesen Traum genau an. Finde heraus, ob das die Wahrheit ist."

Mir ist es ein wenig unangenehm, schon wieder etwas zu fragen, nachdem ich schon soviel Zeit für mich in Anspruch genommen habe, aber egal:

„Samarpan, ich habe den Traum, irgendwann einmal als Rockstar auf der Bühne zu stehen. Ist da etwas falsch dran?"

„Da ist nichts falsch dran, aber die Vorstellung, dass Dich dies glücklich machen würde, ist nicht die Wahrheit, sondern nur eine Vorstellung."

Fragend sehe ich Samarpan an, und er fährt fort:

„Stell Dir einfach einmal vor, Du stehst auf der Bühne, alle Mädchen werfen Dir kreischend ihre Zimmerschlüssel auf die Bühne, und Du hast die freie Auswahl." Alles lacht, und ich denke: Ja, das hört sich gut an. „Das mag sich auf den ersten Blick toll anhören", fährt Samarpan fort, „aber wenn Du genauer hinschaust, erkennst Du, dass es nur eine Illusion ist. Aber Du musst sehr genau hinsehen, denn wir leben in einer solch guten Illusion. Sie sieht sehr real aus. – Träume führen dazu, dass wir in der Zukunft sind, nicht Hier, nicht in diesem Moment. Aber Glücklichsein ist NUR Hier. NUR Jetzt."

„Und Samarpan? Wie steht es mit unseren irdischen Aufgaben, die wir zu erfüllen haben. Ist das auch ein Traum? Als ich vor einigen Jahren ein Nahtoderlebnis hatte, stand ich vor der Wahl, in dieses Licht, was ich vor mir sah, zu gehen, entschied mich dann jedoch, wieder in den Körper zurückzukehren, weil hier noch unerledigte Dinge – wie unter anderem mein Studium – auf mich warteten. Ich glaube, ich muss erst beweisen, dass ich in der Lage bin, mit diesem Leben hier auf der Erde klarzukommen, bevor ich wieder zurückkehren kann."

„Ich verstehe, aber das ist nur eine Vorstellung, ein Glaubensatz. Du musst überhaupt nichts tun. Das alles ist nur ein Traum. Lasse mich Dir eine Geschichte erzählen. Es war einmal ein Mann, der eines Nachts von Einbrechern im Schlaf überwältigt und entführt wurde. Als sie ihn frei ließen, befand er sich mitten in einem riesigen Wald. Einige Tage irrte er umher, bis er an eine Hütte kam. Im Inneren saß ein alter, weiser Mann, der ihm sagte: 'Du träumst dies alles nur. Wach einfach auf.' Im selben Moment erwachte er in seinem eigenen Bett bei sich zu Hause. Er war überhaupt nicht weg gewesen." Totenstille. „Du! Bist! Dieser! Mann! Du bist nie von Gott getrennt gewesen! Wach einfach auf, Du bist zu Hause."

Ich höre Samarpans Worte und denke: Das wäre ja zu schön, um war zu sein. – Schließlich ist der Satsang zu Ende, und Samarpan sowie alle anderen bleiben in Stille zum Teil mit geschlossenen Augen sitzen. Mmh, ich merke, wie ich große Lust hätte, zu ihm nach vorne zu gehen und ihn zu fragen, ob ich mich auf seinen Schoß setzen kann; aber sofort ist da der Gedanke: Das kann ich unmöglich tun! Ich bin doch kein Kind mehr! Und was sollen denn all die Leute hier denken? – Minutenlange Stille. Mein Gott! Ich bin hin und her gerissen und hoffe inständig, dass Samarpan endlich aufsteht und meinem inneren Konflikt damit ein Ende bereitet! Doch er sitzt einfach nur da, friedlich und still. Scheiße, was soll ich machen? Ich würde so gerne zu ihm gehen. Weitere endlose Sekunden vergehen. Puuuh! Ich halte es kaum aus und möchte ihm am liebsten zurufen. ‘Samarpan! Jetzt gehe doch endlich!’ Aber natürlich sage ich nichts. – Doch da, plötzlich … hält es mich nicht mehr am Platz; ich sehe mich aufstehen und nach vorne gehen, wo ich vor ihm stehen bleibe und mit leiser Stimme frage:

„Can I sit on your lap?"

Statt einer Antwort breitet Samarpan beide Arme aus. Mir schießen die Tränen in die Augen und während ich mich setze, habe ich das Gefühl: Dies ist der Moment, auf den ich mein ganzes Leben gewartet habe: Ich bin wieder daheim! Weinend schlinge ich meine Arme um ihn, lege meinen Kopf auf seine Schulter und schluchze, wie ich in meinem ganzen Leben noch nie geschluchzt habe, während Samarpan mich einfach nur liebevoll umarmt hält. Und ich fühle mich unendlich geborgen. Alles ist gut. Nichts kann mehr passieren. Minutenlang werde ich immer wieder von Weinkrämpfen geschüttelt, bis der Schmerz nach und nach abflaut und schließlich ganz weg ist. Nur noch tiefster Frieden. Stille. Wieder vergeht einige Zeit, in der ich ganz in diesem Frieden ruhe, bis ich mich schließlich frage, was ich hier eigentlich mache? Ich hebe meinen Kopf, sehe all die vielen Leute an, deren Blicke auf mir ruhen, und empfinde unendliche Dankbarkeit. Puuuuuh! Dann wende ich mich Samarpan zu, schaue ihm ihn die Augen und während ich darin versinke, weiß ich: Das sind die Augen Gottes.

Stuttgart, 17. März 97

Bin zum Essen bei meinem drei Jahre jüngeren Bruder und erzähle ihm enthusiastisch von Samarpan und dass dieser eins mit Gott und mit allem ist; ja dass Samarpan Jesus ist! Mein Bruder teilt meine Begeisterung jedoch nicht so recht und fragt:

„Und? Glaubst Du, er kann auch übers Wasser laufen?"

„Klar!", erwidere ich, ohne nachzudenken. Samarpan kann alles! Genau genommen hat er zwar noch nicht darüber gesprochen, aber wenn er es vor zweitausend Jahren konnte, wird er es jetzt wohl erst recht können. Mein Bruder sagt nichts, sondern sieht mich nur fragend an, und seinen Blick deute ich so, dass er sich insgeheim fragt, ob ich noch alle Tassen im Schrank habe, was mich ein bisschen verunsichert.

Stuttgart, 26. März 97
Bin abends bei meinen Eltern, und meine Mutter fragt mich:
„Kannst Du mir sagen, was ein Erwachter ist?"
Huch! Wie kommt sie denn darauf? Ich habe mit meinen Eltern seit Jahren kein Wort mehr über irgendwelche spirituellen Sachen geredet.
„Äh, also... alles nicht wirklich... nur ein Traum... erwachen..."
Ich bezweifle, dass sie mit meiner Erklärung etwas anfangen kann, denn ich verstehe es ja selbst nicht ganz.

Stuttgart, 4. April 97
Die Frau, die Samarpan das letzte Mal und auch jetzt wieder nach Stuttgart eingeladen hat und hier beherbergt, ruft mich an und fragt, ob ich Samarpan am Montag Nachmittag vom Bahnhof abholen könnte.
„Na, klar!" Wow! Welche Ehre! Ich kann es gar nicht mehr erwarten ... Mein Gott!! Samarpan kommt!!

Stuttgart, 7. April 97
Kurz nach 14 Uhr am Stuttgarter Hauptbahnhof. Ich stehe am Bahnsteig, an dem gleich Samarpan ankommen wird, und nicht zuletzt aufgrund meiner christlichen Konditionierung überkommt mich eine absolute Ehrfurcht bei dem Gedanken: 'Vor zweitausend Jahren gab es Jesus; den Sohn Gottes. Und jetzt ist er wiedergekommen. Und in wenigen Minuten kommt er hier an Gleis 18 an. Gott (!) kommt, und ich (!!) hole ihn ab. Ich!!! Ich kleines Menschlein! – Wahnsinn!' Wenn ich all die anderen Leute ansehe, die in ihrem Tran umherlaufen und keine Ahnung davon haben, wer hier gleich ankommen wird: VERRÜCKT!!! – Noch zwei Minuten: Mann, bin ich aufgeregt! Noch eine, oh, Gott. Jetzt sehe ich die drei Lichter des Zuges. Ohgottohgottohgott! Gleich wird mir Gott gegenüber treten! Wahnsinn, ich bin fix und fertig. Oh, Gott, da kommt ER, da kommt Gott. Ich stehe mit tränenüberströmtem Gesicht da, mache ein paar unsichere, wackelige Schritte auf ihn zu ... oh, Gott, meine Nerven ... Gott kommt auf mich zu ... meine Knie versagen fast ihren Dienst ... Gott breitet seine Arme aus ... oh Gott ... ich schmelze dahin, und Gott drückt mich fest an sich. Ohgottohgottohgottohgott! Gott ist wieder da!! Jesus ist wieder da!!! Und hält mich im Arm!!! Mich!!! Mich kleines Menschlein! Solch eine Ehre. Unglaublich! Keiner im ganzen Stuttgarter Hauptbahnhof weiß, dass Gott gekommen ist! Es ist nicht zu fassen. – Einige Minuten stehen wir still da, und ich halte Samarpan ganz fest, denn ich bin vollkommen unfähig, irgendetwas anderes zu tun. Schließlich werde ich etwas ruhiger, wir lösen

uns voneinander und sehen uns an. Samarpan ist wieder da!!! Es ist unfassbar! Schweigend gehen wir durch die große Vorhalle in Richtung Parkplatz und wenn ich darüber nachdenke, dass ich mit dem abermals Fleisch gewordenen Gott hier unerkannt herum laufe, wird mir ganz schwindelig ...

Im Satsang treffe ich die Leute vom letzten Mal und auch ein paar neue Gesichter; unverbindliche Umarmungen. Es ist erstaunlich. Ich kann eine Frau in den Arm nehmen und eine halbe Minute später eine andere, ohne von einem totalen Schuldgefühl überwältigt zu werden, der ersten untreu geworden zu sein. Wie wohltuend. So viel Schönheit! Und das alles bin ich angeblich selbst! Unglaublich!! Auch der Musiker mit Namen Abhijat ist wieder da und macht zu Beginn des Satsang schöne Musik. Anscheinend reist er hin und wieder mit Samarpan umher. Schon cool. Was muss das für ein aufregendes Leben sein!? Nach zwei wunderschönen Liedern geht der Satsang los:

„Schaut: Glücklichsein entsteht nicht aufgrund der Tatsache, dass wir irgendetwas kriegen, sondern der eigentliche Grund für das Sich-Einstellen von Glücklichsein ist, wenn der Verstand still steht. – Sagen wir mal, Du wünschst Dir ein neues Auto. Du sparst monatelang, sammelst Informationen über Autos, liest Testberichte, schaust Dir Autos an, gebrauchte, neue, redest mit Deinen Freuden darüber, machst Pläne, wohin Du mit dem Auto in Urlaub fahren wirst, träumst bei Nacht davon, unternimmst Probefahrten ... Dein ganzes Denken kreist kontinuierlich um das Thema ‘Auto’. Und dann ist endlich der lang ersehnte Tag da. Du gehst zum Autohändler und da steht es: Dein Auto. Du bekommst den Schlüssel ausgehändigt, steigst ein und sitzt jetzt in Deinem neuen Auto! Und der Verstand steht still. Das Ziel ist erreicht, seine Aufgabe ist erledigt. Er hat nichts mehr zu tun. Und schweigt. Und Du bist glücklich. Du bist im Moment. Du bist im Frieden. Und für gewöhnlich denken wir dann, es liegt an dem neuen Auto! Aber nach ein paar Wochen kommt der Verstand allmählich wieder, und unser Glücklichsein schwindet dahin. Das Auto ist noch wie neu, aber mehr und mehr sehen wir in ihm einfach nur noch ein ganz normales Auto. Wäre das Auto der wirkliche Grund für das Glücklichsein, wäre das Glücklichsein noch immer Hier. Aber so ist es nicht. Der Verstand stand still. Glücklichsein ist, wenn der Verstand nicht ist.“

Mann, oh Mann! Das ist ja hochinteressant! Und noch interessanter bzw. aufregender ist, dass mich nach dem Satsang Samarpans Gastgeberin mit Namen B.[4] fragt, ob ich Samarpan übermorgen nach Frankfurt zu seiner Freundin fahren könnte. Äääh, klar! Selbstverständlich! – Oooooh: Ich werde Samarpan nach Frankfurt fahren ... huuuuuu, haaaaaaaaa!!!

---

[4] Mit ganzem Namen werden nur diejenigen erwähnt, die zumindest eine Zeit lang fest zur Crew gehörten.

Stuttgart, 8. April 97

Nach einem anstrengenden Arbeitstag geht mir abends im Satsang meine Jobsituation durch den Kopf. Es ist nicht wirklich mein Traumjob, andererseits fällt mir die Arbeit leicht. Auf der anderen Seite wiederum bin ich mit dem Herzen überhaupt nicht dabei. Also schildere ich die für mich verzwickte Situation, und Samarpan antwortet:

„Alles ist perfekt, wie es ist. Dieser Job ist im Moment perfekt für Dich. Es ist nur der Verstand, der ein Problem daraus macht. Die ganze Verzwicktheit ist nur im Verstand. – Genieße es, einen Job zu haben, der Dir leicht fällt. Was kann es Schöneres geben, als eine Tätigkeit, die einem leicht von der Hand geht?" Lange Stille.

„Samarpan? Ich würde gerne erwachen", sagt da plötzlich jemand. Ich halte die Luft an. Zu erwachen ... das scheint DAS zentrale Thema zu sein. – Samarpan wendet sich demjenigen zu und schaut ihn an.

„Bist Du bereit, alles loszulassen? All Deine Vorstellungen, Konzepte und Glaubensätze?" Der Frager antwortet nicht. „Schaut: Wenn man bereit ist, all dies hinter sich zu lassen, ist es ganz einfach." – Lange Stille.

Stuttgart, 9. April 97

Ich werde Samarpan nach Frankfurt fahren!!! Huuaa!!! Gehe vor dem Satsang zu B., falls Samarpan seine Sachen schon einmal ins Auto laden möchte und Überraschung: Samarpan höchstpersönlich öffnet mir die Wohnungstüre:

„Du bist also bereit, mich heute Abend nach Frankfurt zu fahren?", lacht er freundlich. - „Sehr gerne sogar!" - „Großartig!"

Später im Satsang gerate ich von einer Sekunde zur nächsten voll in den Schmerz:

„Ach, Samarpan, ich sehne mich so danach, frei zu sein!"

Samarpan sieht mich total liebevoll an:

„Wenn Du diese Sehnsucht in Deinem Herzen hast, ist das ein Segen. Es ist das Göttliche, das Dich nach Hause ruft. Richte all Deine Sehnsüchte auf diese eine Sehnsucht, dann wird Du nicht zurückgewiesen werden. Dann ist da niemand, der Dich davon abhalten könnte, die Wahrheit zu sehen."

Ohne viel zu reden, steigen wir beide nach dem Satsang in mein Auto und los geht es. Huuuuaaaaa. Ich sitze mit Gott bzw. Samarpan in meinem Auto!!! Wo bin ich? Wer bin ich? Ich weiß überhaupt nichts mehr. Nur eines: Ich will Samarpan auf alle Fälle zeigen, dass ich ihn verstanden habe und werde die ganze Fahrt über kein Wort sagen; schließlich ist ja alles in der Stille! So fahren wir durch das nächtliche Stuttgart und auf die Autobahn. Hin und wieder schaue ich nach rechts auf den Beifahrersitz: Samarpan hat die Augen geschlossen und kann insofern meine Fahrkünste gar nicht bewundern. Dabei strenge ich mich doch so an, besonders vorausschauend, rücksichtsvoll, Überblick behaltend usw. zu fahren. Ist er einfach nur müde, oder trifft er sich in irgendwelchen himmlischen Sphären mit irgendwelchen anderen Göttern? – Puuuh. So ganz alleine neben Samarpan in Stille zu sitzen ist zwar wunderschön, aber mein Verstand kommt allmählich ganz schön auf Trab. Entweder fallen mir irgendwelche Fragen ein, oder ich erinnere mich an Dinge, die ich schwerlich für mich behalten kann. Stille. Stille. Stille. Aber nur im Außen. In meinem Kopf geht es zu wie in einem Tollhaus. Und je länger wir so dahin fahren, desto schlimmer wird es; kein Wunder aber auch, schließlich fahre ich Gott durch die Gegend!! Gott!!!!!!! All meine Fragen könn(t)en beantwortet werden; ich brauche sie nur zu stellen. – Hinter Heilbronn halte ich es nicht mehr aus. Ich kann nicht mehr anders, als die Stille zu durchbrechen.

„Äh… Samarpan? In meinem Kopf geht es zu wie in einem Affenkäfig!"

„Das ist ganz normal. Je stiller es ist, je mehr Stille um einen herum ist, desto mehr nimmt man seine Gedankenaktivität wahr. Das ist vollkommen in Ordnung."

Ich versuche wieder still zu sein und von jetzt bis Frankfurt wirklich nichts mehr zu sagen, aber nach ein paar Minuten halte ich es schon wieder nicht mehr aus:

„Äh, ich hätte da noch mal eine Frage: Was mache ich da am besten?"

„Entspanne einfach und mache gar nichts."

„Mmh. Ist das denn normal, dass da so viele Fragen sind? Eigentlich sollte man doch annehmen, dass man im Satsang, in der Stille immer weniger Fragen hat."

„Weißt Du, es ist wie bei einem Eimer Wasser, dessen Boden mit allerlei Schmutz bedeckt ist. Wenn man frisches Wasser – in Form der Wahrheit – hineinschüttet, wird der ganze Dreck zunächst erst einmal hoch gewirbelt."

„So ein Mist!", sage ich halblaut. Doch Samarpan meint:

„Nein. Es ist gut, wenn diese alten Sachen hochkommen. Nur so können wir sie uns ansehen und im Licht der Wahrheit betrachten. Diese Dinge müssen hochkommen! Solange sie im Schatten sind, haben sie Macht über uns. Wir haben einen ganzen Keller voller ungefühlter, unterdrückter Gefühle. Wenn wir still sind und innehalten, kommen sie hoch. Eins nach dem anderen. Und wie sie daher kommen, begrüßen wir sie, fühlen wir sie und wenn sie gehen wollen, können sie gehen."

„Und dann sind sie für immer weg?"

„Das wissen wir nicht. Und es spielt genau genommen auch keine Rolle, denn Du bist im Frieden mit ihnen. Schau: Wenn ein Gefühl gegangen ist, dann schließe nicht die Tür. Sage nicht: 'Vielen Dank für den Besuch, aber jetzt wird's Zeit für Dich zu gehen.' Nein, heiße das Gefühl willkommen. Es ist eingeladen, so lange Hier zu bleiben, wie es Hier bleiben will. Das ist Akzeptanz.

Wenn wir alles akzeptieren, wie es kommt, sind wir im Frieden. Und das ist alles, um was es geht."

In Ordnung. Eines habe ich verstanden: Es darf, ja es muss sogar alles hochkommen. Und mein Verstand dreht jetzt erst recht so richtig auf. Ich frage und frage und frage. Eine Frage nach der anderen. Spannend finde ich, dass Samarpan anscheinend heiraten will.

„Wie kannst Du heiraten, wenn es sowieso nur um diesen Moment geht?"

„Weißt Du: Wenn man sich überhaupt nicht mehr versteht, lässt man sich wieder scheiden, kein Problem. Ich war viermal verheiratet. Da habe ich keine Angst mehr davor."

Aha. Ich frage und frage immer weiter, bis plötzlich im Auto eine ganz komische Stimmung herrscht. Ich sage nichts. Samarpan sagt nichts. Oh, Gott. Ich glaube, ich habe irgendetwas Falsches gesagt und ihn verärgert. Auweia. Ich überlege hin und her. Habe ich etwas zu Intimes gefragt? Oder fühlt er sich bedrängt? Oder beleidigt? Oder angenervt? Oh, oh, oh!! Ich streite mit Gott herum. Bin ich eigentlich verrückt geworden, oder was? Jetzt darf ich aber echt nichts mehr sagen!!!!!

In Frankfurt angekommen weist er mir den Weg und nach seinen ersten Worten normalisiert sich die Stimmung sofort wieder. Puuuuuuuuuuh!!!!! Mir fällt eine zentnerschwere Last vom Herzen. Entweder habe ich mir alles nur eingebildet oder ... na ja; egal. Wenig später halten wir vor seiner Wohnung. Einen Moment ist Stille, wir sehen uns an, und ich überlege, ihn zu fragen, ob ich bei ihm übernachten kann. Dann könnten wir morgen gemeinsam wieder nach Stuttgart fahren, anstatt dass jetzt ich alleine fahre und morgen er alleine fährt. Aber nein, das kann ich nicht bringen; das wäre Wahnsinn, das wäre Größenwahn, das wäre unverschämt, was würde seine Freundin sagen? Also lasse ich es bleiben, wir umarmen uns kurz und schon bin ich allein und fahre ich wieder gen Stuttgart. Ach was sage ich, ich fliege mit Tempo 160 dahin und bin in einem 'Space', in dem es keine Zeit gibt.

Stuttgart, 10. April 97

Hole Samarpan nachmittags wieder am Bahnhof ab und bin etwas entspannter als vor drei Tagen.

„Was bedeutet eigentlich 'Samarpan'?", frage ich ihn auf dem Weg zu B.

„Samarpan bedeutet Hingabe. Mein Meister Osho[5] hat mir damit ein solches Geschenk gemacht, als er mir diesen Namen gab: 'Prem Samarpan'. 'Hingabe an die Liebe'. Was für ein schöner 'Erinnerer'. Wann immer ich meinen

[5] Baghwan Shree Rajneesh, von seinen Schülern später 'Osho' genannt: Indischer Mystiker (1931-1990). – Der Begriff 'Osho' ist heute eingetragenes Markenzeichen der 'Osho International Foundation, New York'.

Namen höre, werde ich erinnert: ‘Lasse los.’ – Übrigens: Könntest Du mich morgen noch einmal nach Frankfurt fahren?“ - „Oh, jaaa!“

Im Satsang fragt jemand, was er mit seiner Partnerschaft machen soll, die den beiden schon lange keinen Spaß mehr macht.

„Schaut: So lange wir an Altem festhalten, ist da kein Platz für etwas Neues. Lassen wir es los, dann ist da Platz, dann ist da Frei-Raum und etwas Neues kann geschehen.“

Ich beziehe das natürlich gleich wieder auf meinen Job. Samarpan kann mir tausendmal sagen, dass dieser Job genau das richtige ist; ich persönlich habe da so meine Zweifel. Eigentlich würde ich viel lieber eine andere Arbeit machen; so mehr von Herz zu Herz.

„Samarpan? Mein Job fühlt sich so schwer an, viel lieber würde ich ... fliegen.“

„Ja, das kenne ich; nicht diese gewöhnliche Arbeit, sondern eine ‘Herzens’-Arbeit.“

„Ja, genau.“ Samarpan versteht mich!

„Weißt Du: Viele würden gerne auf einer rosa Wolke durch das Leben schweben, aber das funktioniert nicht. Werde zunächst geerdet. Auf dem Boden der Realität. Nicht dieser sogenannten Realität. Das ist nur die Illusion. Nein. Auf dem wahren Boden. Werde gefestigt in der Wahrheit. Dann kannst Du hoch hinaus. Ein Baum kann nur dann hoch hinauswachsen, wenn seine Wurzeln bis tief in die Erde reichen.“

„Heißt das: Ich soll also nicht offen sein, nicht Ausschau nach etwas anderem halten?“

„Sei offen. Sei offen nach allen Seiten. Aber halte nicht nach irgendetwas anderem Ausschau. Im Moment ist da dieser Job. In Ordnung. Und dieser Job ist perfekt. Im Moment ist immer alles perfekt. Sei zufrieden mit dem, was gerade Hier ist. UND sei offen. Wenn das Göttliche will, dass Du etwas anderes machst, dann wird irgendetwas anderes auftauchen. Von alleine. Du brauchst nichts zu tun. Sei einfach offen. Das Göttliche kümmert sich um den Rest. Es führt uns so wunderbar durchs Leben, in viel besserer Art und Weise als unser Verstand es je könnte. Vertraue einfach darauf, dass alles in Ordnung ist. Und es ist WIRKLICH alles in Ordnung. Es war schon immer alles in Ordnung, und es wird auch zukünftig immer alles in Ordnung sein. Entspanne einfach. Es ist alles bestens.“ Lange Stille.

„Stellt Euch Eurem Tod. Die meisten Menschen verbringen ihr ganzes Leben damit, Angst vor dem Sterben zu haben, und wenn der Tod dann kommt, sind sie nicht bereit, weil sie nicht gelebt haben.“

Stille. Und ich denke: Mama mia. Das ist in der Tat meine größte Angst. In Alter, am Ende meines Lebens der Tatsache ins Auge sehen zu müssen, dass ich nicht das Leben gelebt habe, das ich gerne gelebt hätte. Huuuua! Wenn da nur nicht diese verfluchte Existenzangst wäre! – Nach Samarpans Namaste-Geste zum Ende des Satsang stimmt Abhijat ein Lied an, das dieser selbst verfasst hat:

Life is so simple when you listen to its song.
Every flower opens as the sun shines along.
Tune to the essence, it's a quiet timeless love.
It's a dance of the moon, it's a fire of the stars.
Autumn's falling leaves, winter's light of snow.
Spring's breaking through, summer's fragrance of the rose.
While nobody's speaking, no one's there to hear.
In our laughter's peak, in the dance of the tears.
The art is to listen from the silence of my heart.
Hear the sound of existence, every moment reveals love.

Puuuh, wie schön ... heul. Das fühlt sich so leicht an. Samarpan schaut zu Abhijat, der wiederum Samarpan ansieht. Lange Stille. Und bei mir macht sich etwas Eifersucht breit.

„Ja, eigentlich geht es nur um die Stille", sagt Samarpan nun. „Auf die Stille zu hören ... all meine Worte sind nur dazu da, um immer wieder auf die Stille hinzuweisen. Nicht auf irgendeine Stille hier vorne, sondern auf die Stille in Dir. Hier!"

Stille. Samarpan und Abhijat scheinen zu einer Einheit zu verschmelzen. Und wenn ich den Vergleich Samarpan – Jesus ziehe, dann ist Abhijat wohl Petrus, sein erster Jünger ...

Stuttgart, 11. April 97

„Äh, Samarpan?", fragt jemand vorsichtig. „Kannst Du eigentlich wie Jesus über Wasser gehen?"

„Nein, wozu auch. Heute gibt es doch überall Brücken." Lachen. Und ich denke: Aha, das wäre also auch geklärt.

„Wisst Ihr, auf dem Wasser zu gehen, ist nichts Besonderes. Man kann es lernen wie alles andere auch. Papaji[6] zum Beispiel wurde einmal zu einer befreundeten ihm ganz ergebenen Familie eingeladen, deren einer Sohn gestorben und im Nebenzimmer hingebettet worden war, so als sei er noch am Leben. Als Papaji kam und das fehlende Familienmitglied bemerkte, fragte er: 'Wo ist denn Euer Sohn?' Wortlos deutete man auf den Nebenraum. Daraufhin ging Pa-

---

[6] Hariwansh Lal Poonja, später auch 'Papaji' genannt: Indischer Mystiker (1913-1997).

paji zu ihm und sagte zu ihm: ‘He! Ich bin da! Stehe auf!’ Und der Sohn stand auf. – Da unsere Welt nur eine aus Gedanken gemachte Illusion ist, kann man sie mit gesammelter Verstandeskraft und -energie relativ einfach manipulieren. Aber wozu sollte man dies tun? – Ein Schüler fragte einmal seinen Meister, der auf einem Berggipfel in Meditation saß: ‘Meister: Ist es wahr, dass Ihr Berge versetzen könnt?’ Der Meister antwortete: ‘Ja, das stimmt.’ Und er fuhr fort: ‘Aber sie gefallen mir besser da, wo sie gerade sind.’ – Wenn man die Wahrheit erkennt, sieht man, dass alles bereits perfekt ist. Nichts braucht mehr verändert zu werden. Als Gott am siebten Tag seine Schöpfung betrachtete, sah er, dass es gut war. Das ist die Wahrheit. Wir leben in einer wunderschönen Welt. Da ist nichts verkehrt. Alles ist genauso, wie es sein soll. Gut, es gibt Meister, die demonstrieren allerlei nette kleine Tricks, und daran ist nichts verkehrt. Moses, der das Meer teilt; Jesus, der Tote auferweckt und Wasser in Wein verwandelt usw., das ist schon cool. Die ‘Gefahr’ ist nur, dass man damit Leute anzieht, die nicht wirkliches Interesse an der Wahrheit, sondern nur an solchen magischen Kräften haben. Dabei bedeuten derartige ‘Zaubertricks’ überhaupt nichts. Wisst Ihr: Die von Jesus erbrachten Wunder werden oft als Begründung dafür herangezogen, dass er der einzige wahre Gottessohn sei. Aber diese Kunststükke haben nichts mit der Wahrheit, mit Erleuchtung, mit Freiheit zu tun. Das ist alles die Illusion. Das ist alles innerhalb des Verstandes.“

„Samarpan, ich verstehe Dich nicht“, bemerkt jemand.

„Das ist in Ordnung. Schau, es geht nicht darum, es mit dem Verstand zu verstehen. Der Verstand kann die Wahrheit nicht verstehen. Versuche es erst gar nicht, es ist nicht möglich. Öffne einfach Dein Herz. Das Herz versteht. Wahres Verstehen geschieht nicht im Verstand. Wahres, echtes, wirkliches Verstehen geschieht Hier. –Papaji war einmal auf einem Pfad im Gebirge unterwegs, als ihm ein Mann entgegenkam. Beide begrüßten und unterhielten sich ein bisschen. Und wie es schien, verfügte der andere über solcherlei Kräfte. Er sagte: ‘Ich kann über der Erde schweben.’ Und als Papaji ihn aufforderte, ihm das einmal zu zeigen, erhob er sich tatsächlich von der Erde und schwebte vor ihm in der Luft. ‘Toll!’, kommentierte Papaji. ‘Ich kann auch an zehn verschiedenen Plätzen gleichzeitig sein’, fuhr der andere fort. Und gleich darauf saß, stand und schwebte er an zehn unterschiedlichen Plätzen um Papaji herum und sagte: ‘Das habe ich alles von meinem Lehrer gelernt. Allerdings sagte er mir auch, dass es jenseits all dessen einen Raum gebe, in den er mich nicht führen könne, da er selbst dort keinen Zugang habe. Aber eines Tages würde mir ein Mann begegnen, der mir den Weg dorthin weisen würde.’ Papaji sagte nichts. Daraufhin fragte der andere, ob er Papaji zum Essen einladen dürfe, und weil es ohnehin gerade um die Mittagszeit war, nahm Papaji diese Einladung gerne an. Im Handumdrehen manifestierte der andere ein köstliches Mahl, bestehend aus lauter Delikatessen. Nach dem Essen standen beide auf, und der andere wollte sich schon verabschieden, als Papaji ihn fragte: 'Was ist das für ein Stab?' Dieser Stab schien sehr kostbar und wichtig für den anderen zu sein, da er ihn während der ganzen Zeit keine Sekunde lang aus den Augen gelassen hatte. 'Dieser Stab beinhaltet meine gesamte Kraft', gab der andere zurück. Papaji nahm ihm daraufhin den Stab aus der Hand, zerbrach ihn und warf ihn ins Tal. In diesem Augenblick erkannte der andere Mann die Wahrheit. – Schaut: Verglichen mit der Wahrheit sind all diese Tricks nichts wert. Die Freiheit ist alles."

Nach dem Satsang beginnt das gleiche Spiel wie vor zwei Tagen. Nur: Heute werde ich still sein! Heute schaffe ich es! Nicht ein Wort wird über meine Lippen kommen. Wir erreichen die Autobahn und ab geht es. Die Landschaft zieht mit vollem Tempo vorbei wie im Film, und ich habe den Eindruck: Wir bewegen uns nicht. Wir befinden uns im Zentrum des Universums. Ich würde diese Erfahrung gerne Samarpan mitteilen, aber eigentlich wollte ich doch still sein. Je mehr ich darüber nachdenke, ob ich ihn jetzt ansprechen soll oder nicht, desto mehr alte Fragen kommen hoch. So ein Mist aber auch. – Kurz hinter Heilbronn ist wieder der Punkt erreicht, an dem ich es kaum mehr aushalte. Die Versuchung, all diese Fragen beantwortet zu kriegen, ist einfach zu groß. Im Moment geht es vor allem um meinen Job, der für mich zwar einerseits Sicherheit, aber andererseits auch irgendwie ein Gefängnis darstellt. Also werfe ich meine guten Vorsätze in Bezug auf die Stille über den Haufen und spreche es an.

„Das kenne ich", antwortet mir Samarpan. „Wir haben uns im Lauf der Jahre so sehr an unser Gefängnis gewöhnt, dass uns sogar die Freiheit Angst macht. Es gibt diesbezüglich ein englisches Sprichwort: 'Lieber den Teufel, den man kennt, als ...' – Menschen, die jahrelang im Gefängnis gesessen sind, haben sich so an die dort herrschenden strikten Strukturen gewöhnt, dass viele nach ihrer Entlassung mit der wieder gewonnenen Freiheit nicht umgehen können. Da ist so viel Angst. Und deshalb begehen sie nach kurzer Zeit irgendein Delikt, nur um wieder in die altbekannte, sichere Welt des Gefängnis zurückkehren zu 'dürfen'. – Aber schau: Du bist nicht wirklich gefangen. Dieses Gefängnis existiert nur in Deinem Kopf. Und dessen Mauern bestehen nur aus irgendwelchen Vorstellungen in Deinem Verstand. Die Wahrheit ist: Du BIST frei! Gerade Jetzt!"

„Ich habe halt einfach Angst ..."

„Das ist gut. Wenn bei Dir gerade Angst ist, fühle die Angst einfach. Deine Freiheit liegt inmitten der Angst. – Also: Was ist im Zentrum dieser Angst? Was ist Hier?"

Ich sehe nichts Bestimmtes und frage mich, ob das die richtige Antwort ist. Nur wenn ich 'Nichts' antworte, klingt das ja recht erleuchtet und da ich nicht erleuchtet bin, habe ich eigentlich kein Recht so zu reden, oder?

„Entspanne einfach“, sagt Samarpan jetzt, da ich noch immer nichts von mir gebe, und wir fahren in Stille weiter. Ja, eigentlich ist alles bestens. – Gegen Mitternacht halten wir vor seinem Haus. Absolute Innigkeit. Wir sehen uns an. Liebe.

„Vielen Dank“, sagt Samarpan.

„Gerne geschehen“, erwidere ich und frage: „Also dann wieder bis morgen Mittag am Stuttgarter Bahnhof?“

Samarpan nickt. Schöne Stille. Kurze Umarmung, ein letzter Blick, patsch. Die Türe ist zu, und Samarpan verschwindet im Hauseingang. Ich liebe ihn, ich liebe diese Stille. Und auch heute schwebe ich wieder in einem gedankenfreien Zustand über die Autobahn. Von Müdigkeit keine Spur. Totale Präsenz. Ach, was kann das Leben schön sein! Und morgen ist Samstag; das heißt: Es wird zwei Satsangs geben! Wie schön!

Stuttgart, 12. April 97

Hole Samarpan mittags wieder am Bahnhof ab. So langsam gewöhne ich mich daran, mit Gott auf ‘Du-und-Du’ zu sein. – Als wir bei B. ankommen, ist diese nicht da und so gehen wir in das kleine Cafe bei ihr am Eck. Eine Sache ist mir gestern Nacht auf der Heimfahrt klar geworden.

„Samarpan! Ich glaube, ich habe es jetzt VERSTANDEN! Ich habe alles verstanden!!“

„Aha“, sagt Samarpan interessiert aufmunternd.

„Und zwar: Jede Entscheidung seit Adam und Eva hätte auch anders getroffen werden können und wurde auch anders getroffen. Jedes Mal spaltet sich die Realität in eine weitere Dimension. Und all diese Realitätsebenen und Welten existieren parallel. Stimmt das?“

Eigentlich habe ich erwartet, dass Samarpan wenigstens ein klein wenig staunt, doch er schmunzelt nur:

„Das ist alles der Verstand, der versucht, es zu verstehen. Es ist viel einfacher als das.“

Ach ja? Mist! Und dabei hatte ich gedacht, ich hätte es kapiert! Später im Mittag-Satsang merke ich, dass ich so einiges noch nicht kapiert habe. Einerseits sagt Samarpan, dass wir alle eins mit Gott sind, andererseits behauptet er auch, dass diese Körper nicht Gott sind.

„Aber Samarpan: Wo ist Gott denn nun?“

Samarpan sieht mich lächelnd an:

„Du fragst: ‘Wo ist Gott?’ Dies ist der Fisch, der fragt: ‘Wo ist der Ozean?’ – Du bist JETZT GERADE im Ozean und fragst nach dem Ozean. Wir baden in einem Ozean der Liebe. Wir SIND dieser Ozean.“

Stuttgart, 13. April 97

Sonntag. Und wieder zwei Satsangs. Super, ich kann gar nicht genug kriegen. Mitten im Vormittag-Satsang passiert etwas zumindest in meiner Gegenwart noch nie da gewesenes. Jemand, dessen Gesicht ich heute zum ersten Mal sehe, sagt, dass Samarpan seines Erachtens nur Quatsch erzählt ... ganz schön frech. Doch Samarpan bleibt ganz gelassen und sagt:

„Du kommst hierher und glaubst zu wissen. Aber Du weißt nicht! – In meinem Leben war es folgendermaßen: An irgendeinem Punkt wurde mir klar, dass ich in meinem katholischen Glauben keinen Frieden finden würde. Da waren die Worte von Jesus, die nach Wahrheit klangen, aber da war aus meiner Sicht auch aller möglicher Mist, und ich wusste nicht: 'Was ist wahr und was nicht?' Deshalb warf ich alles über Bord und befand mich jahrelang in einem Zustand des Nichtwissens. Bis ich von Osho hörte. Dieser Mensch schien zu wissen. Und mit dem Wissen, dass ich nichts weiß, mit der Bereitschaft zu lernen, ging ich voller Offenheit zu ihm und lag zu seinen Füßen. Das ist die einzig sinnvolle Art, sich einem Meister zu nähern; im Nichtwissen. Hierher zu kommen mit Wissen, heißt, mit seinem Verstand zu kommen. Und der Verstand kann nicht hierher, nach Hier, kommen. Das ist unmöglich. Lasse den Verstand mit all seinem Wissen zurück. Es ist so wunderbar, nichts zu wissen. Und wisst Ihr: Ich bin immer noch zu Oshos Füßen, und er lehrt mich immer noch, jeden Moment. Ich habe nie aufgehört, Schüler zu sein."

Ich höre Samarpan und finde es wunderbar, ihn so bescheiden zu erleben. Mein Herz ist total offen.

„Viele Menschen" fährt Samarpan fort, „kommen zum Satsang und sehen nichts; sehen nicht mich, sondern lediglich einen langweiligen Amerikaner, der einfach nur dumm daher redet. Und es ist in Ordnung. Wer seinen Verstand nicht vor der Türe lässt, wer seine Urteile nicht vor der Türe lässt, sieht den Meister nicht, sieht die Wahrheit nicht; sieht nicht das, was Hier ist. – Als Bodhidharma[7] zu dem Kaiser von China kam und mit großem Zeremoniell empfangen wurde, setzte er sich einen seiner Schuhe auf den Kopf. Der Kaiser war äußerst irritiert und dachte bei sich: 'Das soll ein Weiser sein? Unmöglich!' Und Bodhidharma, dem die Reaktion des Kaisers nicht entging, kehrte ihm den Rücken zu und reiste wortlos wieder ab. – Menschen, die die Wahrheit hören wollen, bin ich immer gerne bereit, die Hand zu reichen und zur Wahrheit zu führen. Aber Menschen, die ihren Verstand behalten und gleichzeitig die Wahrheit sehen wollen, habe ich kein Interesse zu helfen, kann ich gar nicht helfen, weil es schlichtweg nicht möglich ist. – Lasse Deinen Verstand hinter Dir und sei einfach Hier. Nur ohne Verstand kann man Hier sein. Hier wird

[7] Begründer des Zen-Buddhismus (440-528).

kein Verstand gebraucht. Hier gibt es keinen Verstand. Das ist der Frieden.“

Im Nachmittag-Satsang geht mir folgendes durch den Kopf: Morgen ist Samarpan wieder weg, und ich sitze wieder im Büro an meiner Arbeit, die mich nicht interessiert, zusammen mit Menschen, die mich nicht interessieren, Menschen, die sich nicht für mich interessieren; es ist verrückt, aber kündigen? Ich habe einfach eine verdammte Angst, diese Sicherheit loszulassen. Andererseits ist meine Arbeit so schlimm dann auch wieder nicht, und ich werde es schon noch eine Weile dort aushalten. In einer längeren Stillephase schaut Samarpan reihum und bleibt an meinem fragenden Gesichtsausdruck hängen.

„Möchtest Du etwas fragen?“

„Ja. Nein, äh: Ich habe eigentlich weniger das Gefühl, dass ‘ich’ etwas fragen möchte, als dass da vielmehr etwas ist, was gefragt werden will.“

„Okay“, lacht Samarpan.

„Ich habe einfach eine Scheiß-Angst vor dem Leben!“, stöhne ich.

„Schau: Das Leben ist wie ein Fluss. In der Mitte des Flusses ist er tief und fließt ruhig, am Rand ist es flach und unruhig. Wenn wir mit der Energie gehen, die in unserem Leben gerade vorhanden ist, trägt er uns ganz sanft in der Mitte des Flusses dahin. Halten wir uns jedoch aus Angst vor dem Ertrinken an den Sträuchern und Wurzeln am Rand fest, schlagen wir uns an den Felsen blutig. Der Fluss schleift uns über den Grund, und wir leiden, aber wir halten und halten fest. Es reißt uns weiter, und wir glauben zu ertrinken und versuchen in höchster Not, uns wieder irgendwo festzuhalten. Für einen Moment gelingt uns dies, aber der Fluss ist stärker; er reißt uns weiter mit sich mit, und wir erleiden fortwährend Blessuren. – Lassen wir jedoch los, treiben wir immer mehr in die Mitte des Flusses. Und hier erleben wir, dass wir dem Fluss vertrauen können. Er trägt uns. Er trägt uns hin zum Ozean. – Wir können dem Göttlichen wirklich vertrauen! Und Vertrauen lernen wir, indem wir loslassen; immer wieder, von Moment zu Moment. Das ist der Frieden. Lasse einfach los.“

Als der Satsang vorbei ist und die meisten bereits gegangen sind, steht Samarpan auf und legt sich in die Mitte des kleinen Raumes rücklings auf den Boden. Sofort legen sich einige inklusive mir zu ihm in seine Arme. Unglaublich, diese Nähe! – Eine Stunde später, fahre ich ihn in Stille zum Bahnhof und beim Aussteigen frage ich ihn:

„Samarpan, wenn es ausschließlich darum geht, total auf das Göttliche zu vertrauen, wieso soll ich dann eigentlich mein Auto abschließen? Wenn es gestohlen werden soll ...“

Samarpan zwinkert mir zu:

„Das ist die Geschichte vom dem Meister und seinem Schüler, die beide mit einem Kamel in der Wüste unterwegs waren. Als es Abend wurde und sich beide schlafen legen wollten, sagte der Meister zu seinem Schüler, dass er das Kamel über Nacht anbinden solle. ‘Aber warum?’, fragte dieser. ‘Geht es nicht darum, immer auf Gott zu vertrauen?' Der Meister sprach: 'Binde zuerst das Kamel an und vertraue dann auf Gott.' – Wir tun, was wir tun können. Und dann vertrauen wir."

Okay. Also 'binde' ich mein 'Kamel' an, und wir gehen zum Bahnsteig. Schön, so in Stille. Eines verstehe ich allerdings noch nicht ganz:

„Äh, Samarpan?" Irgendwie tue ich mich schwer, ihn etwas zu fragen, weil die Stille zwischen uns einfach so angenehm ist und, so wie ich das sehe, man ja eigentlich keine Fragen haben sollte:

„Was meinst Du damit, wenn Du im Satsang sagst, dass Du immer hier bist? Du fährst doch jetzt nach Frankfurt. Und dann bist Du doch in Frankfurt und nicht in Stuttgart?"

„Schau: Der Körper fährt nach Frankfurt. Ich bleibe Hier, in diesem Moment. Jetzt ist Hier Stuttgart. In zwei Stunden ist Hier Frankfurt. Egal, wo ich bin, ich bin immer Hier. Das 'Ich bin' ist immer Hier. Alles ist Hier."

Schweigend gehen wir weiter. Ich habe noch so viele Fragen, die ich ihm irgendwann einmal noch stellen werde bzw. stellen muss; nur nicht jetzt. Jetzt gerade ist es auch so wunderschön. – Eine letzte Umarmung.

„Bis dann, Samarpan." - „Ja, bis dann."

2.

Die Jünger fragten Jesus: Wann wird die Ruhe der Toten eintreten, und wann wird die neue Welt kommen? Er antwortete: Die Ruhe, die ihr erwartet, ist ja schon gekommen. Nur erkennt ihr sie nicht.

(Thomas-Evangelium 51)

Stuttgart, 8. Mai 97

Ich stehe am Bahnsteig und bin voll im Prozess. Über drei Wochen habe ich Samarpan nicht mehr gesehen! Als er endlich auf mich zukommt, laufen mir bereits wieder die Tränen herunter.

„Hi!", strahlt er mich an. - „Hi, Samarpan!", schniefe ich zurück.

„Was ist denn los?" - „Ach, Samarpan; was soll ich sagen. Ich freue mich so, dass Du wieder hier bist."

Heul. Ich kann nichts dagegen tun, und wir umarmen uns lange.

„Könntest Du mich heute nach dem Satsang wieder nach Frankfurt fahren?"

„Nichts lieber als das!", sage ich überglücklich.

Vor dem Satsang unterhalte ich mich Abhijat, dem Samarpan-Satsang-Musiker aus Köln. Er reist tatsächlich mit ihm herum! Wahnsinn! Was für ein aufregendes Leben! Er ist schon ein ganz alter Meditations-Hase, und irgendwie bewundere ich ihn. Was er so von sich gibt, seine wunderschönen Lieder, die Innigkeit zwischen ihm und Samarpan ... Stöhn, da habe ich noch einen weiten

Weg vor mir. Nach zwei wunderschönen Liedern: Namaste. Der Satsang beginnt, und Samarpan fragt gleich zu Beginn, ob jemand so freundlich wäre, für ihn zu dolmetschen. Ohne lange zu überlegen, springe ich auf, lache Samarpan an und nehme in dem Stuhl neben ihm Platz. Ha! Es fühlt sich gut an, ihm so nahe zu sein; ihm so nahe sein zu dürfen.

„Wer bist Du?", fragt Samarpan in die Runde. „Das ist DIE Frage."

Eine gute Frage, die ich mir so noch nie gestellt habe. Gelesen habe ich sie schon einmal in irgendeinem schlauen Buch, aber mir aufrichtig gestellt? Nein. Wer bin ich? So sehr ich auch überlege: Ich habe keine Ahnung: Ich bin einfach ich. – Stille. Alle anderen scheinen die Antwort zu kennen, oder kommt es mir nur so vor? Ich kapiere jedenfalls überhaupt nichts. Wie soll man diese Frage beantworten können?

„Samarpan? Was hat es mit dieser Frage genau auf sich?"

„Lasse uns einmal sehen. Was ist denn da gerade für ein Gedanke?"

„Mmmh; ich bin durstig."

„Gut. Dann verfolge einmal diesen Gedanken zurück zu seinem Ursprung. 'Durstig bin ich.' Was ist das für ein Ich? Woher steigt dieses Ich auf?"

„Keine Ahnung", antworte ich verwirrt.

„Vielleicht ist das nicht die richtige Methode für Dich", sagt Samarpan. „Vergiss diese Frage einfach und entspanne."

Scheiße! Ich hasse es, wenn ich etwas nicht verstehe. Aber so sehr ich mich auch anstrenge, ich kapiere es einfach nicht. So ein verdammter Scheiß aber auch. – Der Satsang geht weiter, und ich habe genug mit dem Dolmetschen zu tun. Trotzdem ist mein Verstand allgegenwärtig. Insbesondere mein Job-Thema ist mal wieder aktuell. Soll ich bleiben? Oder soll ich kündigen? Aber was soll ich dann machen? Es ist alles so kompliziert! Und ich verstehe überhaupt nicht, was Samarpan damit meint, wenn er sagt: 'Das Leben ist einfach.'

„Wie soll man sein Leben denn am besten leben?", frage ich ihn in einer Stillephase.

„Ich habe keine Ahnung. Niemand hat eine Ahnung. Viele geben vor, eine Ahnung zu haben, aber tatsächlich finden wir es nur heraus, indem wir das Leben leben. Von Moment zu Moment. Schau: Man kann das Leben nicht üben. Wir können das Leben nicht erst proben. Lebe Dein Leben und tue einfach, was offensichtlich ist. Ist gerade nichts offensichtlich, dann tue nichts."

„Ach Samarpan! Eigentlich ist es vollkommen offensichtlich, dass mir mein Job keinen Spaß macht, aber ich kann doch nicht einfach so kündigen." Lange Stille, während der Samarpan und ich uns ansehen. Dann meint er:

„Weißt Du: Mit dem Leben verhält es sich so, wie mit dem Essen in einem Restaurant. Man kann die Speisekarte lesen, man kann die anderen Gäste fragen, man kann die Meinung des Obers einholen, man kann in die Küche gehen und sich dort umsehen. Aber an irgendeinem Punkt muss man bestellen. LEBE

Deine Leben. Es ist alles, was Du hast. – Es braucht Mut, zweifelsohne, aber nicht mehr Mut als Du hast. Vertraue einfach auf das Leben. Vertraue darauf, dass sich das Göttliche um Dich kümmern wird. Denn das tut es. Die ganze Zeit." Stille. Überleg, überleg ...

„Denke nicht zuviel darüber nach. Springe einfach. So lernt man Vertrauen. Wenn man springt und entdeckt, dass sich das Göttliche um einen kümmert. Das ist die Geschichte von Mojud. Es ist eine Sufi-Geschichte. Es ist die wunderschöne Geschichte eines Mannes, der bei der indischen Eisenbahngesellschaft arbeitete. Eines Nachts erschien ihm sein Meister in einem Traum und sagte: 'Gib Deinen Job auf. Verkaufe alles, was Du hast. Gib das Geld den Armen und dann triff mich unten am Fluss.' Und Mojud tat, wie ihm geheißen. Er gab seinen Job auf. Alle hielten ihn für verrückt, denn einen derartigen Job gab man, wenn man ihn einmal hatte, nicht wieder auf. Aber Mojud lies sich nicht beirren. Er verkaufte alles, was er besaß und verschenkte den Erlös an die Armen. Dann ging er hinunter zum Fluss, wo er seinen Meister traf. Dieser sagte ihm: 'Jetzt wirf Dich in den Fluss. Vielleicht wirst Du gerettet werden.' Und Mojud warf sich in den Fluss. Da es Frühling war, war der Fluss reißend und mehrere Male ertrank Mojud um ein Haar. Doch schließlich gelang es einigen Fischern, ihn aus dem Wasser zu ziehen, und so blieb er bei den Fischern. Half deren Netze zu flicken, fuhr mit ihnen auf den See hinaus, bis eines nachts wieder sein Meister erschien und zu ihm sagte: 'Verlasse jetzt die Fischer und gehe die Straße entlang. Es wird sich um Dich gekümmert werden.' Und Mojud verlies die Fischer und ging die Straße entlang. Da traf er einen Bauern. Und er blieb bei dem Bauern, wohnte bei ihm und half ihm bei der Arbeit. Eines nachts erschien ihm wieder sein Meister und sprach abermals: 'Verlasse nun auch den Bauern. Es wird sich um Dich gekümmert werden.' – Schaut: Der Unterschied zu dem ersten und den darauffolgenden Malen besteht darin, dass es beim ersten Mal hieß: 'VIELLEICHT wird sich um Dich gekümmert werden.' Danach bekam er gesagt: 'Es WIRD sich um Dich gekümmert werden.' Beim ersten Mal hatte Mojud noch nicht 'Vertrauen' gelernt. Und Vertrauen lernt man, indem man sich in den Fluss wirft. Ich habe mich in meinem Leben immer wieder in den Fluss geworfen. Einmal ließ ich alles hinter mir, weil ich auf Maui leben und arbeiten wollte. Alle rieten mir ab: Es sei unmöglich, dort einen Job zubekommen. Aber ich ging trotzdem. Und nach ein zwei Tagen hatte ich eine Arbeit. So habe ich Vertrauen gelernt. Immer und immer wieder. Dies ist die einzige Art und Weise, Vertrauen zu lernen. Ich kann es Euch nicht beibringen. – Wirf Dich einfach in den Fluss."

Nach dem Satsang fahre ich Samarpan wie besprochen nach Frankfurt. Mein Verstand wird immer ruhiger.

„Es ist komisch", sage ich in die Stille hinein. „Vor einem Jahr probierte ich noch allerlei esoterischen Workshops aus und war sehr angetan von meinen persönlichen Entwicklungssprüngen, als mir ein flüchtiger Bekannter die Video-Kassette einer gewissen Gangaji[8] mit den Worten gab: ‘Die ganzen Therapien kannst Du vergessen. Satsang; das ist das Ultimative!’ Als ich mich nach Wochen endlich aufraffte und die Kassette gelangweilt in den Video-Recorder schob, war die Enttäuschung groß. Keine Erklärungen, um was es eigentlich geht, stattdessen sprach irgendeine Frau von Dingen wie: ‘Das ist der Verstand. Du bist das. Du bist hier. Der Verstand ist nicht hier’, die ich nicht kapierte. ‘Hääääääh? Was ist denn das für ein Geschwätz’, dachte ich damals und stoppte die Kassette nach ein paar Minuten wieder.“

„Ja, das ist lustig“, kommentiert Samarpan. „Und jetzt kannst Du die Wahrheit hören.“

„Ja! Ach übrigens: Ich habe manchmal so einen komischen Husten. Siehst Du da irgendetwas bei mir? Oder könntest Du da irgendetwas ‘machen’?“ Und gedanklich füge ich hinzu: ‘So á la Jesus?’

Samarpan sieht mich an und sagt:

„Siehe einfach zu, dass Du viel Wasser trinkst.“

Oh. Schade.

Stuttgart, 9. Mai 97

Als wäre es die selbstverständlichste Sache auf der Welt, nehme ich – noch bevor Samarpan im Raum ist – wieder im Dolmetscherstuhl vorne gleich neben ihm Platz. Es fühlt sich so richtig an, auch wenn ich vieles nicht ganz, überhaupt nicht oder sogar falsch verstehe und während des Dolmetschens tausend Tode sterbe. Doch von Samarpan kommt soviel Akzeptanz und Liebe für mich mit all meiner Unsicherheit und all meinen Fehlern, dass ich gerne tausend Tode sterbe. So stirbt es sich leicht. – Im Satsang denke ich an meinen Chef, mit dem ich heute Vormittag im Büro ziemlichen Stress hatte. Im Grunde genommen hatte ich von Anfang an Stress in diesem Job, weil mir die Arbeit herzensmäßig einfach nicht liegt, aber wer weiß?

„Vielleicht brauche ich ja diesen Schmerz, weil es da ja noch etwas zu lernen gibt für mich, Samarpan?“

„Glaubst Du, das Leben ist so unfähig, Dich nur an diesem Ort zu lehren? – Schau: Wir können überall lernen. Nur haben wir diese christliche Vorstellung, dass Schmerz irgendwie heilig ist. Mönche, die sich selbst kasteien usw.. Aber das ist ein Missverständnis. Jesus hielt nicht nach Schmerz Ausschau. Er war einfach im Frieden mit dem Schmerz, der kam. Es ist genug, mit dem Schmerz im Frieden zu sein, der ohnehin auftritt. Wir brauchen uns nicht zusätzlichen Schmerz aufbürden. Wenn Dir nach einem anderen Job zumute ist,

---

[8] Amerikanische Satsang-Lehrerin.

gehe woanders hin. Es ist kein Problem."

Im Grunde ist mir ja nur danach, mit Samarpan zu sein, aber was wird dann aus meiner Karriere? Meiner Rente? Und was würden meine Eltern dazu sagen? Und meine Freunde? Oh, oh, oh.

„Carlos Castaneda sagt", fährt Samarpan fort, „'Es gibt viele Wege. Und alle führen nirgendwo hin, führen zu Gott. Aber da ist ein Weg, der hat 'Herz''. – Gehe einfach den Weg des Herzens."

Stuttgart, 10. Mai 97

„Dieses wunderschöne, fantastische Universum! Wir haben solch eine wunderschöne Illusion zu Wege gebracht. Es ist alles perfekt. Nur haben wir einen Fehler gemacht. Wir haben die Faszination und die Macht, die diese Illusion auf uns ausüben würde, unterschätzt. Die Wahrheit ist so offensichtlich; wir hätten uns nie träumen lassen, dass wir die Illusion eines Tages als real betrachten würden. Dass wir vergessen könnten, wer wir eigentlich sind. Und trotzdem ist genau dies geschehen. Und das ist das Leid. Wenn wir denken, dass dies alles real ist, dass dies alles wirklich ist, dass diese ganze Illusion echt ist. – Das ist die Sünde. Das ist genau genommen die einzige Sünde. Jesus nennt es die Erbsünde; diese aller erste 'Sünde', die Identifikation mit dem Verstand. Und eine Sünde ist nichts Negatives. Der Begriff 'sin' (engl.: Sünde) kommt aus dem Bogenschießen und heißt lediglich 'verfehlt'. Und wenn wir diese Illusion und unser Leben ernst nehmen, dann ist der Sinn dieses Lebens in der Tat 'verfehlt'. Das Leben ist nur ein Traum, ein Spiel, ein Spiel im Bewusstsein; nicht wirklich. – Lasse die Identifikation mit dem Verstand und mit ihm all die Urteile, Sorgen und Ängste fallen und betrachte Dein Leben, als das, was es ist. Ein Abenteuer, eine Forschungsreise innerhalb des Bewusstseins, ein Erforschen des 'Sich-bewusst-Seins'."

Mittags gehen wir – wie üblich von Samarpan empfohlen – in Stille essen, allerdings entstehen hier und da dann doch Gespräche. Na ja, was soll's? – Im Nachmittag-Satsang fragt jemand:

„Wie erwache ich?"

„Ihr erinnert Euch", schmunzelt Samarpan: „Am Ende des letzten Satsang hatte ich Euch gesagt: 'Seid während des Mittagessens einfach still.'" Betretene Gesichter. „Es ist, als würdest Du zum Arzt gehen, und er sagt Dir: 'Nehmen Sie diese Medizin in folgender Art und Weise ein.' Und Du gehst nach Hause und nimmst sie gar nicht ein oder anders als empfohlen und fragst beim nächsten Besuch erneut. – Nimm einfach die Medizin. Die Stille ist die Medizin. Als Papaji gefragt wurde, wie man am schnellsten erwacht, sagte er: 'Halte einfach Deinen Mund geschlossen.' Das ist weise. Sei einfach still. Wenn Du still bist, wenn Du nicht im Verstand bist, bist Du erwacht. Erwachtsein ist, weil dann da keiner ist, der nicht erwacht ist. Und da ist auch keiner, der erwacht ist. – Sei einfach still. Lasse die Stille Dich lehren. Sie ist die beste Lehrerin. In der Stille erkennst Du, dass Du einfach BIST. Ein Niemand. Kein jemand. Niemand."

Lange Stille-Phase. Und ich schaue mir all die schönen Menschen hier im Raum an und denke: 'Wie schön es wäre, wenn es bei uns allen gleichzeitig 'plopp' machen würde!' Stöhn! Ich sehe es gerade bildlich vor mir: Bei uns allen macht es gleichzeitig plopp, und wir sitzen im Himmel oder irgendwo 'da oben'. Leise lache ich in mich hinein. Samarpan sieht oder hört dies offenbar, denn er schaut jetzt mit hochgezogenen Augenbrauen fragend zu mir rüber.

„Ach Samarpan! Ich würde so gerne lauter 'plopps' hören!", sage ich halb lachend, halb sehnsuchtsvoll. „Plopp, plopp, plopp, plopp, plopp, plopp, plopp und 'zack': Wir alle wären dort. Okay, wir SIND dort, aber ..."

Tosendes Gelächter. Auch Samarpan lacht laut auf.

„Aaaaaaaahh, Du hättest gerne eine spirituelle Erfahrung?!" - „Ja!!!"

„Vergiss es!"

Alle lachen, und ich denke: Ooooooh, wie schade aber auch!

„Weißt du: Auch ich hielt immer nach solch einer Erfahrung Ausschau. Vor vielen Jahren hatte ich eine Satori-Erfahrung[9], und es war sooo lieblich. Und danach verglich ich diese Erfahrung, dieses Erlebnis immer mit dem, was ich im Moment gerade erlebte. Aber weißt Du was: Als ich die Wahrheit erkannte, war es sehr still. Sehr normal. Eher so ein: 'Aaaah.' Da waren keine Raketen, die gen Himmel stiegen ..."

Allgemeines Gelächter. So ein Mist! Irgendwie habe ich es mir genauso vorgestellt: mit vielen bunten Raketen!!

„Oooooooh", stöhne ich enttäuscht. – Lautes Lachen. Samarpan mitfühlend:

„Ja, oooooooh." Jetzt muss ich doch auch mitlachen und sage:

„Du hast meinen Traum kaputt gemacht. Aber trotzdem: dankeschön!"

„Gerne geschehen!"

Gelächter. Und Stille. Allerdings noch nicht 'in' mir; hake deshalb nach:

„Aber ..." Erneut tosendes Gelächter. Samarpan muss lauthals mitlachen und sagt dann:

„Oooh, ich liebe es, Dich hier zu haben. Du sorgst für gute Unterhaltung."

Langes Gelächter. Doch Samarpan vergisst nicht, dass ich noch nicht zu Ende war und fragt, als sich alle wieder beruhigt haben:

„Aber?" Wieder tosendes Gelächter. Als es wieder still ist, fahre ich fort. Ich will doch schließlich wissen, ob ich Samarpan richtig verstanden habe.

---

[9] Japanische Ausdruck für einen Einblick in den Zustand des Erwachtseins; die plötzliche Erkenntnis, dass ich bereits das bin, wonach ich suche.

„Der Verstand ist in etwa so groß." Ich halte beide Hände eine Kopfbreite auseinander. „Und was ich ..."

„Deiner ist so groß", unterbricht mich Samarpan und hält die Handflächen eine Körperbreite auseinander. „Ich weiß das, weil Du eine Passage dolmetschen kannst, die sich über fünf Minuten hinzieht. Für Dich ist das sehr einfach. Dein Verstand hat eine große Kapazität ..."

Ich schaue Samarpan zweifelnd an. Mit der Kapazität meines Verstandes mag er vielleicht recht haben, aber was das ganze Andere anbelangt ...

„Wenigstens so groß", korrigiert Samarpan sich jetzt und deutet etwas kleiner als eben.

Lachen. Ich wiederum deute nun ihm entgegenkommend – vielleicht lässt sich ja ein Kompromiss finden – etwas größer, als ich eben deutete. Brüllendes lang anhaltendes Gelächter.

„Ja? Und?", grinst Samarpan. Lachen. Ich lache ebenfalls, das tut so gut! Doch plötzlich klumpt sich etwas in meinem Hals zusammen und Tränen steigen mir in die Augen:

„Es ist interessant ... Schluck, würg. Während ich lache, kommt da ein Schmerz hoch ..."

„Ah, gut", sagt Samarpan ganz leise und sanft. – Jetzt sind alle auf einmal ganz still. Puuuh, das tut weh! Und ich beziehe mich auf etwas, was Samarpan zu Beginn des Satsang gesagt hat:

„Als Du vorhin davon sprachst, was hier auf der Erde gerade geschieht, und dass die letzten tausend Jahre genug Leid waren, wurde mir ganz ernst zumute." Ich merke, wie meine Stimme immer leiser wird. Ganz langsam stammle ich: „Und ich fühlte mich Dir gegenüber sehr dankbar dafür, dass Du uns ermutigst, uns dem ganzen Schmerz zu stellen. Und dass Du immer einen Weg findest, uns zu unterstützen oder Mut zuzusprechen, indem Du einen Witz erzählst. Und so können wir alle lachen und kriegen mehr Mut, dem Schmerz ins Auge zu sehen. Und ich fühle sehr viel Liebe für Dich und bin sehr dankbar, dass Du hier bist." Mit Tränen erstickender Stimme fahre ich fort: „Und ich bin auch allen hier Anwesenden dankbar, denn Ihr seid alle so ... wunderschön." Ich schluchze. „Meine Sehnsucht, nach Hause zu gehen, ist so groß."

Totenstille. – Plötzlich lockert sich irgendetwas in mir, und ich atme tief durch. Uff! Nun schaue ich verwundert fragend zu Samarpan, denn mein ganzer Schmerz ist weg:

„Äh? Wäre ich besser noch im Schmerz geblieben? Denn ich glaube, ich bin noch nicht durch!"

„Es spielt keine Rolle", sagt Samarpan völlig entspannt. „Er wird wiederkommen ..."

HOHOHOHOHO!!!!! Alle lachen, ich auch.

„Ach, Samarpan!", sage ich erleichtert. Weiter komme ich nicht, denn mir fehlen die Worte.

„Das ist nicht ernst!“, grinst Samarpan und fährt fort: „Das Leben ist sehr fähig. Verpassen wir eine Gelegenheit ..., kein Problem, zerbrich Dir nicht den Kopf. Das Leben wird mit einer weiteren auftauchen.“

Ich atme tief durch, und Samarpan lacht:

„Jaaa! Entspanne einfach.“

„Ich glaube, ich würde alles gerne in EINEM Leben machen und ...“ Ich muss schon wieder lachen.

„Wir machen alles in einem Leben“, bemerkt Samarpan. „Das ist ‘life intensive’.“

Langes Gelächter gefolgt von schöner Stille. Doch schon kommt mir wieder eine Frage. Unruhig rutsche ich auf meinem Stuhl hin und her.

„Wolltest Du noch etwas sagen?“

„Ja, da ist noch ein kleines ‘Aber’. Wie kann ich die Wahrheit sagen, wenn ich sie noch nicht erfahren habe?“ - „Aber das hast Du doch!“

„Ja?“, frage ich ungläubig. Samarpan schaut mich einfach nur an, und ich sage: „Klein. Wenig.“

„Ein klein wenig“, sagt Samarpan.

„Sehr klein wenig“, sage ich.

„Sage die Wahrheit über das, was Du weißt. Das ist der Anfang und dann wächst es. Sage die Wahrheit bezüglich kleiner Dinge. Die großen Dinge erledigen sich von selbst.“

Der Nachmittag-Satsang ist vorbei und die, die noch Lust haben, gehen in den Bad Cannstatter Biergarten beim Kursaal. Samarpan sitzt mir an unserem schmalen Tisch gegenüber und raucht eine Zigarette. Ich habe in meinem ganzen Leben vielleicht zehn Zigaretten geraucht, kann es mir jedoch nicht verkneifen, ihn jetzt um eine zu bitten. Die Versuchung ist einfach zu groß: Wenn ich in ein paar Jahren, wenn Samarpan in aller Welt bekannt sein wird, einmal jemandem erzähle, dass ich mit Jesus, mit Jesus (!) eine geraucht habe, werde ich voll auftrumpfen können und der absolute King sein! – Samarpan hält mir seine Schachtel hin, und ich nehme mir, so cool ich nur kann, eine heraus. Das Anstekken ist schon schwieriger und erst das Rauchen selbst! Prompt muss ich nach den ersten Zügen ziemlich husten. Verdammte Scheiße aber auch! Ich blinzele verstohlen zu Samarpan hinüber, doch der lässt sich nichts anmerken. Trotzdem habe ich das dumpfe Gefühl, er weiß ganz genau, was los ist. Oh Gott, ist mir das peinlich; aber jetzt muss ich es wohl oder übel noch voll durchziehen.

Später sitzen wir nur noch zu dritt (Samarpan, B. und ich) da, und Samarpan deutet an, dass er gerne heimgehen würde. Also stehen wir auf und gehen in Richtung von B.s Wohnung. Es ist schon recht spät, und ich habe das Gefühl, ich sollte mich jetzt ebenfalls so langsam in Richtung meiner eigenen Wohnung absetzen. Andererseits genieße ich unser Zusammen-Sein sehr. Also sage ich erst einmal nichts und laufe schweigend neben Samarpan her. An jeder Straßenecke versuche ich, mich zu überwinden und endlich zu sagen, dass ich mich jetzt auch verabschieden muss, aber es kommt mir einfach nicht über die Lippen. Schließlich, keine hundert Meter von B.s Zuhause entfernt, gebe ich mir quasi in höchster Not innerlich einen Ruck und sage:

„Okay, Ich denke, dass ich jetzt ..."

„Was?", stoppt mich Samarpan. Und dieses Wort, dieses eine Wort holt mich unmittelbar aus meiner Story 'Samarpan will bestimmt seine Ruhe haben, und ich muss mich jetzt endlich verabschieden.' heraus. Die ganze Schwere, die ich eben noch empfunden habe, fällt von mir ab. Ich atme total erleichtert tief aus und sage:

„Puuuh! Samarpan! Vielen Dank! Um ein Haar hätte ich gerade einen riesengroßen Fehler gemacht!"

Samarpan schmunzelt nur, und wir gehen weiter. – Wenig später sitzen wir bei B. im Wohnzimmer zu dritt auf dem Sofa. Samarpan sitzt in der Mitte und hält in jedem Arm einen von uns. Total friedvoll. Und unglaublich: diese Nähe zu einem echten Meister! Einem Buddha! Welche Ehre!

Stuttgart, 11. Mai 97

Samarpans letzter Tag in Stuttgart; ich darf gar nicht daran denken. Im Vormittag-Satsang erzählt Samarpan von einem Gespräch, das er heute mit der Mutter einer vor drei Tagen gestorbenen jungen Frau und dem Pfarrer hatte, der sie übermorgen beerdigen soll. Die Mutter sei anfangs sehr im Schmerz gewesen, doch nachdem Samarpan mit ihr gesprochen hatte, war da Frieden; bis der Pfarrer anfing zu reden. Danach war sie wieder total traurig und voll in der Geschichte gefangen.

„Dieser Pfarrer kennt die Wahrheit nicht. Er sagt dieselben Worte, aber es ist nicht seine eigene Erfahrung. Die Worte kommen nicht von seiner eigenen Erfahrung, kommen nicht aus der Stille, sondern aus dem Verstand. Und das fühlt sich irgendwie tot an. Bei Sokrates und seinem Schüler Aristoteles ist es das Gleiche. Sokrates kannte die Wahrheit. Wenn man seine Texte liest, spürt man die Stille; es ist, als würden die Worte auf den Seiten 'tanzen'. Aristoteles hingegen war nicht erwacht. Er war ein Philosoph. Und Philosophie versucht immer, die Wahrheit verstehbar zu machen. Aber das ist nicht möglich. Die Wahrheit ist zu groß für den Verstand."

Stille. Und ich frage mich: 'Sind wir jetzt eigentlich alle erwacht oder doch nur einzelne Individuen?'

„Samarpan", shart[10] jemand im Nachmittag-Satsang, „es gibt einen gewissen Typ Leute, über die ich mich regelmäßig aufrege."

---

[10] To share (englisch): mitteilen.

„Weißt Du“, antwortet Samarpan, „all die Idioten auf der Welt sind genau genommen unsere Helfer. Denn sie zeigen uns, wo wir noch Knöpfe haben, die wir gedrückt bekommen können und daraufhin unsere konditionierten Programme ablaufen; sie weisen uns auf die Stellen hin, wo wir noch verhaftet und identifiziert sind. – Buddha ging einmal mit seinem Lieblingsschüler Ananda spazieren, als ihnen ein Mann entgegen kam und Buddha mitten ins Gesicht spuckte. Ananda war außer sich und wollte sofort auf ihn losgehen, doch Buddha hielt ihn zurück. ‘Nicht! Dieser Mann hat uns einen wertvollen Dienst erwiesen, denn er hat uns zwei Dinge gelehrt. Dass Du Dich von so etwas noch aus der Ruhe bringen, während ich hingegen im Frieden bin.’“

Wenig später fahre ich Samarpan zum Bahnhof, und wir sind beim Fahrkartenschalter, als sich noch schnell eine Frau vor uns in die Warteschlange drängt. Ganz schön frech, aber ich denke: ‘Ach Gott, was soll’s, wir haben noch genug Zeit.’ Doch Samarpan sagt zu ihr:

„Entschuldigung, wir waren zuerst da!“

Sie macht keine Anstalten, sich hinter uns zu stellen, worauf Samarpan mich anschaut und vermutlich erwartet, dass ich ihm beispringe. Doch ich zucke nur die Schultern und deute ihm an: ‘Komm, lass’ doch.’ – Samarpan wendet sich ab. Huuuaa. Ich habe das ungute Gefühl, dass Samarpan sauer ist. Ich versuche, nicht an heute Nachmittag zu denken, aber irgendwie kommt mir doch die Geschichte mit Buddha und Ananda in den Sinn, und ich sehe gewisse Parallelen, wenn auch mit vertauschten Rollen. ‘Hehehe’, grinst mein Verstand. Doch gleichzeitig denke ich auch: ‘Oh, Gott, ist mir das peinlich.’

Am Bahnsteig ist Samarpan wieder entspannt, und auch ich kann wieder durchatmen. Ich habe nämlich gar kein gutes Gefühl, wenn sich Samarpan wegen mir oder meinem Verhalten so scheiße fühlt.

„Samarpan, mein Verstand ist so arrogant.“

„Mache Dir keine Sorgen. Jeder Verstand ist arrogant.“

Aaaaah, mir fällt ein Stern vom Herzen, und ich sage:

„Puuh. Vielen, vielen Dank, Samarpan.“ - „Sehr, sehr gern geschehen.“

Und damit fährt Samarpan ab. Wie auf Wolken schwebe ich durch den Bahnhof zurück zu meinem Auto und weiter nach Hause.

Stuttgart, 3. Juni 97

Ich liege daheim in meinem Bett, denke über Samarpan nach und mir wird klar: Samarpan ist ein wahrer Meister. Und nicht nur das. Er ist MEIN Meister, so wie Osho der Meister für die Sannyasins ist bzw. war. Und das ist auch schon der weniger schöne Punkt. Dass irgendwann einmal der Moment kommt, wenn man von seinem Meister getrennt wird; sei es durch dessen Tod oder irgendetwas anderes. Und bei dem Gedanken, dass dieser Moment mit Bestimmtheit irgendwann auch bei Samarpan und mir kommen wird, überkommt mich ein totaler Schmerz. Oh Gott! Es ist unausweichlich!!! Puuuuh! Erfüllt von unsagbarer Trauer rolle ich mich auf dem Bett zusammen und weine leise vor mich hin.

Frankfurt, 12. Juni 97

Mache im Büro etwas früher Schluss und fahre kurzentschlossen nach Frankfurt, wo Samarpan heute Abend Satsang gibt. Spannend! Ich werde Samarpan wieder sehen! Da ist so viel Freude, während mein Besuch für ihn wahrscheinlich ganz normal ist. Ich bin eben nur einer unter vielen. – Komme viel zu früh hier an, unterhalte mich mit ein paar Leuten und nach und nach schwindet meine ganze Aufregend dahin. Schließlich trifft auch Samarpan ein und als ich zusehe, wie er sich im Flur seine Jacke auszieht, ist unser Wiedersehen auf einmal viel normaler, als ich es mir vorgestellt hatte. Es ist jetzt gerade so vollkommen normal, dass es mir im Grunde sogar egal ist, ob er mich gleich in den Arm nimmt oder nicht. Einerseits verrückt, aber andererseits auch wieder nicht. Eigentlich ist doch alles im Leben egal, oder? 'Glücklichsein ist nicht im Außen', sagt Samarpan doch immer wieder. Im Moment kommt es mir jedenfalls ganz genau so vor, und als Samarpan überrascht und scheinbar freudig auf mich zukommt und fest an sich drückt, bin ich etwas erstaunt, wie das zu seiner Lehre passt. Wieso freut er sich, wenn ihm doch alles gleich-gültig ist? Ein Rätsel. Ich umarme ihn nur ganz leicht und als er es merkt, lockert er seine Umarmung. Wir gehen auseinander und sehen uns fragend an. Zumindest schaue ich ihn fragend an und habe den Eindruck, er tut es auch, weil er sich vielleicht wundert, warum ich so gleichgültig bin; nachdem ich doch extra die weite Reise auf mich genommen habe, um ihn zu sehen.

Kurz darauf im Satsang höre ich Samarpan heute zum ersten Mal davon sprechen, dass man in seine Gefühle hineingehen soll. Bestimmt hat er es schon öfter gesagt, aber irgendwie 'gehört' habe ich es erst heute.

„Aber wie geht man eigentlich in die Angst oder in Traurigkeit hinein? Das ist doch horrormäßig!"

„Das verstehe ich, so kommt es uns vor. Aber das ist nicht die Wahrheit. Die ganze Intensität, sei es bei Angst, Trauer oder Schmerz ist im Außenbereich eines Gefühls. In der Mitte ist es ruhig. Wie bei einem Hurrikan. Im Zentrum ist es vollkommen still. – Was wir für gewöhnlich bei intensiven Gefühlen wie Angst oder Trauer tun, ist, dass wir unseren großen Zeh hineinstekken und gleich wieder schnell herausziehen: 'Autsch!' Und so bleiben wir im Außenbereich des Gefühls, wo es sehr intensiv ist. Und dort kann man sich lange aufhalten. Manche lieben es, darin regelrecht zu schwelgen und sich in ihrem Gefühl, in ihrer Traurigkeit zu suhlen. Aber in der Mitte ist es ganz still. Im Zentrum ist es ganz ruhig. Der Frieden ist Hier. In der Mitte des Gefühls. In der Mitte von jedem Gefühl finden wir die Stille. – Schau: Wenn da Traurigkeit ist, dann frage Dich nicht, woher sie kommt und warum sie jetzt da ist. Das hält Dich nur am Rand. Denke überhaupt nicht darüber nach, sondern springe mitten hinein. Gehe direkt in die Mitte des Gefühls; egal um welches es sich handelt. Hier ist die Stille. Hier ist der Frieden. Es geht ganz schnell. Und das gilt nicht nur für 'negative' Gefühle. Ob es ein Tief wie Traurigkeit oder ein Hoch wie Glückseligkeit ist: In der Mitte ist es ruhig."

Stuttgart, 16. Juni 97

Habe heute ziemlichen Stress mit meinem Vorgesetzten und mir kommt zum wiederholten Male der Gedanke, dass Samarpan mich doch als seinen Fahrer anstellen könnte; er scheint ja doch recht gerne mit mir zu fahren. Die Gehaltsverhandlungen mit ihm dürften allerdings ziemlich knifflig werden, weil er einen ja ganz schön durchschaut. Aber was die Kündigungsfrist anbelangt, muss ich ihm mindestens sechs Wochen zum Quartal abringen, darunter wäre es für mich einfach nicht stimmig.

Stuttgart, 18. Juni 97

Ich schaue mir Samarpans Terminplan an und mir fällt auf, dass Samarpan im Juli im Anschluss an die Woche in Stuttgart nach München geht und dann weiter nach Gmund zu einem Wochenend-Retreat. Ein Retreat! Mann, oh Mann. Eine Pause vom Normalleben; ein 'Rückzug'. Ein Innehalten. Eine innere Einkehr. Drei Tage in Stille. Und wenn ich in der Münchner Woche Urlaub nehme, könnte ich einmal ausprobieren, wie es wäre, mit Samarpan von Stadt zu Stadt zu reisen, ohne dass ich in Stuttgart gleich all meine Zelte abbrechen muss. Mama mia. Zwei Wochen Satsang am Stück. Und als Abschluss das Retreat. Das verspricht einiges. Vermutlich Himmel und Hölle. Trotzdem – oder gerade deshalb – reizt es mich und vielleicht ergibt sich bei dem Retreat auch die Gelegenheit, Samarpan zu fragen, ob er mir nicht einen Job als sein Fahrer geben möchte. Das wäre mein absoluter Traum!

Stuttgart, 24. Juni 97

Gehe heute extra früh ins Büro, sodass ich alleine bin und in Ruhe an Samarpan schreiben kann. Kein 'Hallo', kein 'Lieber Samarpan' oder ähnliches; einfach nur meine Adresse und zwei Sätze, die mir gestern spontan in den Sinn kamen: 'There is nothing in the whole universe I love more than you, Samarpan. Because you are everything.'

Ich überlege, ob ich noch 'for me' anfügen soll, lasse es dann jedoch bleiben und werfe den Brief wenig später mit klopfendem Herzen in den Briefkasten.

3.

Wer von meinem Mund trinkt, der wird wie ich, und ich selbst werde er, und das Verborgene wird ihm offenbar.
(Thomas-Evangelium 108)

Stuttgart, 3. Juli 97

Stuttgarter Hauptbahnhof, 14:08 Uhr. Heute ist auch B. dabei, was mich allerdings nur wenig beruhigt. Der Zug fährt ein, hält, und ich halte nach Samarpan Ausschau. Angst mischt sich mit Aufregung. – Da ist er. Huuaa. Und schon fließen wieder die Tränen. Was ist nur los mit mir? Während Samarpan B. in den Arm nimmt, hieve ich seinen Koffer auf den von mir bereitgestellten Gepäckwagen und fahre schon mal los. Arm in Arm kommen mir die Beiden hinterher. Ich bin fix und fertig mit den Nerven, wobei mir vollkommen egal ist, was die anderen Leute denken mögen, die uns drei in Richtung Parkplatz laufen sehen. Ich lasse die Tränen einfach laufen und mir gehen Hunderte Gedanken durch den Kopf: puuuh. Aber was soll's? Samarpan ist wieder da, und die kommende Woche wird vermutlich abermals sehr aufregend und intensiv und schön und kuschelig und himmlisch und höllisch werden. Aber all das ist mir jetzt gerade vollkommen egal. Die Hauptsache ist: Samarpan ist wieder da! – Als Samarpan zu Beginn des Satsang wieder nach einem Freiwilligen zum Dolmetschen fragt, melde ich mich nicht. Da bei mir selbst ständig etwas los ist, kann ich eher entspannen, wenn ich nicht auch noch einen Job habe. – Relativ lange, mir kommt es vor wie eine halbe Ewigkeit, meldet sich niemand. Doch genau in dem Moment, als ich mich jetzt nun doch melden will, steht ein Typ vor mir auf. Ist das jetzt schade oder nicht? Soll ich mich jetzt freuen oder traurig sein? Denn ich dolmetsche schon total gerne für Samarpan. Na ja, jetzt ist es zu spät, denn schon shart der Erste:

„Samarpan? Ich mache jeden Morgen eine aktive Meditation, obwohl mich seit Monaten furchtbare Kreuzschmerzen plagen. Aber ich kann doch nicht einfach aufhören, wenn ich weiterkommen will, oder?“

„WER will weiterkommen?“, fragt Samarpan. Keine Antwort. „Schau, sämtliche Meditationen sind nur dazu da, um nach Hier zu kommen. Wenn Du Hier bist, brauchst Du sie nicht mehr; ganz einfach. Es ist so, als würde man mit einem Boot über den Fluss setzen. Solange Du Dich mitten auf dem Fluss befindest, ist es wunderbar, ein Boot zu haben. Aber wenn Du am anderen Ufer angekommen bist, schleppst Du es dann weiter mit? Nein. Du lässt es am Ufer zurück und gehst ohne Ballast weiter. – Du bist am anderen Ufer angekommen!“, sagt Samarpan sanft. „Du bist Hier.“

„Oh, Samarpan! All die Schmerzen, all die Qualen der letzten Monate! Tag für Tag habe ich ...“

„Stop! Halte einfach an. Halte einfach inne. Lasse all das hinter Dir und sei einfach Hier. Hier gibt es nichts zu tun. Hier kannst Du einfach SEIN. Und zu SEIN, ist einfach."

„Du hast leicht reden. Du stehst ja auch bereits am anderen Ufer."

„Es gibt Hier keine Ufer. Alle Ufer sind im Verstand. Komme einfach nach Hier. Hier sind wir alle am gleichen Ufer; KEIN Ufer."

Stuttgart, 4. Juli 97

Gleich nach der Arbeit gehe ich zu B. und sitze jetzt mit Samarpan beim Abendessen in der Küche. Die gute B. hat uns beiden Brot, Butter, Tomaten, Avocados und andere Leckereien hergerichtet: wie lieb von ihr.

„Samarpan, manche Leute erzählen so tolle Sachen von einem Leben nach dem Tod ..." Ich stocke; was will ich ihn eigentlich fragen?

„Diese Leute wissen nichts", sagt Samarpan kurz und knapp. „Diese Leute wissen überhaupt nichts."

Wahnsinn!, denke ich. Was muss Samarpan über ein Wissen verfügen! Wie hoch muss Samarpan über und jenseits von allem stehen, dass er solch eine Behauptung aufstellen kann! – Lange Stille. Ich esse ein Stück von der Avocado, auch wenn ich eigentlich keinen Bissen runterkriege. Diese Nähe zu Samarpan ist so wunderschön! Und wenn sich hin und wieder unsere Blicke finden, schmachte ich dahin.

„Samarpan?", drängt es mich zu sagen, „Ich würde sehr gerne mit Dir reisen."

„Weißt Du, dass ist keine Entscheidung, die man vom Kopf her treffen kann; Satsang ist total hohe Energie. Und ständig in dieser Energie zu sein, kann unter Umständen gefährlich sein. Wie ein Glühbirne, die man an Starkstrom anschließt."

Tja, das möchte ich natürlich auch nicht. Ich merke nur: Von meinem Herzen zieht es mich total zu Samarpan hin, und ich kann mir nichts Schöneres vorstellen, als immer und überall mit ihm zu sein!

Heute ist eine junge Frau zum ersten Mal beim Satsang, doch zwischen ihr und Samarpan ist sofort eine unglaubliche Vertrautheit. Potztausend! Irgendwie dachte ich, ICH wäre Samarpan am nächsten; zumindest fühlte es sich bislang oft so an; schöner Scheiß-Irrtum. Sie shart, dass sie Samarpan schon seit 'Urzeiten' kennt, dieser sagt ihr daraufhin irgendetwas Nettes, und ich fühle mich absolut getrennt. Äußerst unangenehm. Auch will Samarpan heute nicht mit mir im Auto nach Frankfurt fahren, sondern kurzentschlossen mit dem Zug. Verdammt, ich habe das Gefühl, alles gerät außer Kontrolle; all meine Felle schwimmen den Bach hinunter; aber wenigstens darf ich ihn nach dem Satsang zum Bahnhof bringen. In Stille gehen wir zu meinem Auto und zu allem Unglück kommt uns die Frau hinterher.

„Könnte ich mit zum Bahnhof mitfahren?", fragt sie mich.

„Äh, ja, klar. Schluck."

Am Bahnsteig angekommen steigt sie sogar zu Samarpan in den Zug und eigentlich wollte sie gleich wieder herauskommen. Doch als der Zug abfährt, ist sie offensichtlich immer noch darin. Verdammt, ich bin nicht mehr die Nummer eins! Wie hatte ich auch nur einen Moment glauben können, ich sei für Samarpan die Nummer eins? In Wahrheit bin ich doch das allerletzte, das allerkleinste Sucherlein! Scheiße! Bedrückt mache ich mich auf den Heimweg, und die Vorstellung, dass ich Samarpan ja morgen wieder habe, kann mich im Moment auch nicht trösten.

Stuttgart, 5. Juli 97

Hole Samarpan wie üblich am Bahnhof ab. Mir geht es jedoch gar nicht gut. Samarpan kommt auf mich zu und umarmt mich in gewohnt liebevoller Weise. Bin ich jetzt doch noch seine – vielleicht heimliche – Nummer eins, oder ist es diese Frau? Wo ist sie überhaupt?

Vor dem Satsang sehe ich sie. Anscheinend hatte sie sich gestern spontan entschlossen, mit ihm nach Frankfurt zu fahren und fuhr dann nachts gleich wieder zurück. Cool! Allerdings macht mich das auch verdammt eifersüchtig. Stöhn. Im Satsang shart sie, dass Samarpan der erste Mensch ist, der sie wirklich sieht und versteht. Grrrrrr. Offensichtlich gibt es da etwas, verbindet die beiden etwas, was ich nicht habe oder nicht kenne. Keine Ahnung. Kann es sein, dass sie ebenfalls erwacht ist? Oh, Gott: Das wäre ja der Horror! Aber so wie sie daherredet, so von wegen Einheit usw., muss sie wohl eine Erwachte sein, auch wenn dieses Wort nicht fällt. Na ja, ich will es auch gar nicht wissen. Aber trotzdem lässt mich dieser Gedanke nicht mehr los. Schließlich sage ich zu Samarpan:

„Samarpan, ich wäre auch so gerne erwacht."

„Schau: Du bist das, was schon immer erwacht war."

Hahaha. Guter Witz. Damit ziehe ich mich schmollend in mein Schneckenhaus zurück. Sehr witzig. Echt! Diese verfluchte Illusion!

„Warum gibt es diese verdammte Illusion überhaupt?"

„Papaji sagt darauf: 'Wenn Du friedlich unter einem Baum sitzt und plötzlich fällt Dir eine Schlange in den Schoß. Fragst Du dann erst einmal, woher diese Schlange wohl kommt? Nein! Du packst sie und wirfst sie weg.' – Schau: Was spielt es für eine Rolle, wie das Ganze angefangen hat? Der Punkt ist herauszufinden, wie wir es wieder rückgängig machen können. Und es ist ganz einfach. Wende Deine Aufmerksamkeit einfach vom Verstand ab, und die Illusion verschwindet."

Bin immer noch leicht genervt, aber am Ende des Satsang schaue ich Samarpan beim Namaste dann doch wieder versöhnt in die Augen. Was soll's?

Mittagsessen beim Italiener, und selbst hier nutzt man die Gelegenheit, Samarpan etwas zu fragen:

„Meine Mutter sagte mir einmal, dass sie gewisse Dinge anders als ihre Eltern machen wollte und dann jedoch feststellte, dass sie uns gegenüber ähnliche Verhaltensmuster an den Tag legte. Mir geht es jetzt genauso; ich stelle fest: Der Apfel fällt echt nicht weit vom Stamm."

„Ja, wir haben die gleiche Konditionierung wie unsere Eltern. Sie waren diejenigen, die unseren Verstand programmiert haben, mit all seiner Verrücktheit. Aber das kann man ihnen nicht zum Vorwurf machen, denn ihnen ging es mit ihren eigenen Eltern ganz genauso. Und so weiter und so fort. Jesus sagte: 'Die Sünden der Eltern werden weitergegeben an die Kinder.' Das ist die Wahrheit. Wir haben die gleichen komischen Programme, die wir wiederum an unsere Kinder weitergeben. Die einzige Möglichkeit, diesen Ablauf zu durchbrechen und zu beenden, ist wenn wir dem Verstand mit all seinen Programmen den Rücken zuwenden. Sei Deinen Eltern dankbar gegenüber. Sie haben Dir ihr Bestes geben. Alle Eltern wollen nur das Beste für ihre Kinder, nur kommen einem die Programme immer wieder in die Quere. – Ignoriere den Verstand einfach. Derart befreist Du Dich von all den Programmen."

Der Abend-Satsang ist wieder gewohnt schön. Es ist so wunderbar, mit all den lieben Leuten hier zu sein. Doch übermorgen ist es schon wieder vorbei! Und ich werde mich am Montag Morgen in aller Herrgottsfrühe wieder auf den Weg zu meiner ungeliebten Arbeit machen. Und den allabendlichen Satsang vermissen. Was führe ich eigentlich für ein Leben? Ich muss verrückt sein.

„Samarpan, mein Job ...", jammere ich gequält.

„STOP!", unterbricht mich Samarpan und sagt ungewohnt scharf: „Ich will nichts mehr davon hören!"

Hui!!! Das trifft mich wie ein Messerstich. Er ist total ernst, und ich sitze wie vom Donner gerührt da. – Wow. Was für eine Klarheit. Er liebt mich, aber mit meiner Job-Geschichte darf ich ihm nicht mehr kommen. Mann, oh Mann, da hat er mich aber voll in meine Schranken verwiesen. Huuuaaa, das tut weh und in mir steigt ein abgrundtiefer Schmerz auf. Samarpan sieht es und schaut mich so voller Liebe und Mitgefühl an, dass es mir fast das Herz zerreist:

„Ich kann sehen, dass Du Gott bist!", schreie ich geradezu heraus.

Samarpan schaut weg, senkt seine Augen, sieht auf den Boden und eine Weile ist es still; nur mein Schluchzen ist zu hören. Ich fühle mich so alleine. Wie soll es mit meinem Job nur weitergehen? Irgendwie weiß ich, dass es eigentlich längst Zeit wäre, ihn loslassen, aber ich habe diesbezüglich einfach solch eine furchtbare Angst!!!

Stuttgart, 6. Juli 97

Morgen-Satsang. Gleich nach dem Begrüßungs-Namaste schaut Samarpan mich ganz liebevoll an. Merkt er, dass ich irgendwie noch immer in meiner gestrigen 'Diese-ganze-Illusion-ist-doch-beschissen'-Story festhänge?

„Willst Du etwas sagen?", fragt er freundlich.

„Na ja, ich frage mich gerade schon, wie das ganze Elend denn nun eigentlich wirklich angefangen hat? In der Bibel heißt es bekanntlich: 'Am Anfang war das Wort.'"

„Na ja", grinst Samarpan. „Also es war an einem Samstag Abend, und wir hatten gerade nichts Besseres zu tun," Tosendes Gelächter. Und ich lache mit: Aaaaaaah, stöhn, das tut gut. „als uns die Idee kam: 'Was wäre, wenn?' Das war der erste Gedanke. Das erste Wort. Und so stellten wir uns – Gedanke für Gedanke – Ding auf Ding nach und nach das ganze Universum vor. Als es fertig war, sahen wir, sah Gott, dass es gut war. Und wir fragten uns: 'Wie wäre es wohl, wenn wir diese schöne Welt von innen sehen könnten, als Teil von ihr?' – Und jetzt sind wir hier. Wir sind Das, sind Gott; und sehen unsere Schöpfung; um uns herum. All das ist Gott. Die Blumen, die Vögel: so wunderschön. Alles ist eine Spiegelung unserer eigenen Schönheit. Wir lebten im Paradies. Doch dann kam dann die Schlange und sagte: 'Wenn Du diese Frucht vom Baum der Erkenntnis über gut und böse isst, wirst Du mächtiger als Gott sein.' Das ist der Verstand. Das war der Anfang der Dualität. Der Verstand kennt nur richtig oder falsch, nur oben oder unten. Aber in Wahrheit gibt es kein richtig oder falsch, kein oben und kein unten. Alles ist, wie es ist. Es ist nur der Verstand, der ständig versucht, uns einzureden, dass da etwas nicht stimmt. Doch dies ist nicht die Wahrheit. Wir haben das Paradies nie wirklich verlassen; nur in unserer Vorstellung. Dies IST das Paradies. Wir befinden uns inmitten des Paradieses. Dies ist solch eine schöne Welt, solch ein wunderbarer Planet. Erfreue Dich an Deinem Leben. Genieße Dein Leben. Es ist solch ein immenses Geschenk."

Stille. Und ich habe den Eindruck, dass ich diese Adam- und Eva-Geschichte, die von klein auf kenne, erst jetzt so richtig verstehe.

„All diese wunderbaren Gleichnisse weisen auf die Wahrheit hin. Und weißt Du: Das sind nicht irgendwelche Geschichten, die irgendwann einmal irgendjemand anderem vor langer Zeit widerfahren sind. Dies ist DEINE Geschichte. Es ist die Geschichte von jedem einzelnen von uns. Und sie geschieht Jetzt. Jetzt gerade. Gott hat uns nicht aus dem Paradies geworfen; wir selbst werfen uns jeden Moment aus dem Paradies, wenn wir den Apfel essen, wenn wir auf die Schlange und auf den Verstand hören, der sagt, dass dieses und jenes nicht so ist, wie es sein sollte. – Das ist die Arroganz des Verstandes, der glaubt, er wisse es besser als Gott. Das ist die Hölle. Wenden wir dem Verstand jedoch den Rücken zu und richten unsere Aufmerksamkeit auf die Stille, sind wir im Paradies, sind wir im Himmel, sind wir im Frieden. Unmittelbar."

Wie üblich gehen wir zwischen den zwei Satsangs am Wochenende spazieren, heute im Bad Cannstatter Park, und mir klingen noch Samarpans Worte des Vormittag-Satsang im Ohr. Als ich jetzt neben ihm herlaufe, die Sonne scheint, auf den Wiesen spielen Kinder, um uns herum die anderen 'Satsangis', sage ich überglücklich zu Samarpan:

„Oh, Samarpan! Wir sind wirklich im Paradies!"

„Yes. Yes. Yes", strahlt mich Samarpan mit glänzenden Augen an, und ich kann nicht anders, als ihm in die Arme zu fallen. Ja, das Leben ist so schön! Im Weitergehen erzähle ich ihm von meiner unerreichbaren Traumfrau und dass von Zeit zu Zeit immer noch eine gewisse Sehnsucht nach ihr hoch kommt.

„Ich verstehe, aber das ist die Illusion", kommentiert Samarpan. „Solange sie für Dich unerreichbar ist, ist es ein wunderschöner Traum, ist sie eine wunderbare Traum-Frau. Nicht real. Würdet ihr zusammenkommen, wäre es vielleicht ein paar Wochen das Paradies, aber dann würde sich Deine Traumfrau nach und nach in eine ganz normale Frau verwandeln. Die Realität ist nicht so, wie wir es uns vorstellen. Nie. Lasse sie einfach los."

Samarpan hat leicht reden. Die Frau, die mich in Gedanken jahrelang bei Tag und Nacht begleitet hat, wirklich vollkommen loszulassen ...

„Wenn ich diese Frau los lasse, Samarpan, dann lasse ich alle Frauen los!!", sage ich mit leicht drohender Stimme. Doch wenn ich gedacht haben sollte, dass ich mit dieser Bemerkung Samarpan zum Schweigen bringen würde, weil man das als Mann ja wohl nicht wirklich ernsthaft loslassen will, dann habe ich mich getäuscht, denn Samarpan erwidert ganz lässig, als sei es die normalste Sache auf der Welt:

„Ja, lasse alle Frauen los. Glücklichsein liegt nicht im Zusammensein mit einer Frau. Das ist nur diese Vorstellung. Das wirkliche Glücklichsein ist Hier und Jetzt."

Mittag-Satsang.

„Samarpan, wenn das Göttliche – wie Du sagst – in mir ist bzw. wenn ich das Göttliche bin, da frage mich, was es dann überhaupt für einen Sinn macht zu beten? Zu wem soll ich denn da beten? Von wem soll ich mir denn da etwas wünschen?"

„Wünsche Dir nichts. Jeder Wunsch ist eine Lüge, denn ihm liegt der Glauben zugrunde, dass ich jetzt nicht genug habe, dass ich jetzt nicht habe, was ich benötige; oder dass ich Angst habe, in Zukunft nicht das zu haben, was ich glaube zu benötigen; mit anderen Worten, dass das Leben, dass das Göttliche mich nicht ausreichend versorgt. Doch das ist nicht die Wahrheit. Tatsächlich kümmert sich das Leben um uns, jeden Moment. Es ist nur der Verstand; dieser 'Bettel'-Verstand. Wenn wir dem Verstand glauben, sind wir Bettler. Und haben nie genug. – Die Wahrheit ist: Du bist kein Bettler. Du bist der Kaiser des Universums. Das Universum liegt Dir zu Füßen. Es steht Dir zu Diensten. Und wenn man glaubt, dass man ein Bettler ist, dann versorgt einen das Leben mit diesem. Was immer wir glauben, was immer wir für real halten, das bekommen wir vom Universum vorgesetzt, das bekommen wir vom Leben gespiegelt, sodass wir uns diesen Aspekt der Illusion genauer betrachten und herausfinden können, dass es nicht real ist. Die Wahrheit ist: Es ist alles Deins. Du bist das alles. Nicht Dein Verstand. Sondern Dein Wahres Sein. Es ist alles Hier. Das einzige, für das wir wirklich in aller Demut und Bescheidenheit beten können, ist die Fähigkeit, uns immer mehr und noch mehr dem Leben hinzugeben."

„Und was ist damit?" Ich kann es einfach nicht lassen. „Vor einigen Monaten habe ich einen Workshop besucht, bei dem man lernte, seine eigene Zukunft bewusst selbst zu kreieren. Was hältst Du denn von so etwas?"

„Wir können uns alles kreieren. Schaue Dir nur dieses Universum an. Die Frage ist nur: WER kreiert da?"

„Vielleicht der Verstand?"

„Natürlich, der Verstand. Wenn man sich etwas für die Zukunft kreieren will, dann liegt dem eine Vorstellung zugrunde. Dann ist man mit dem Verstand identifiziert und glaubt: 'Ich weiß, was das Beste für mich ist.' Aber wir wissen es nicht. Der Verstand weiß es nicht. – Lasse uns einmal annehmen: Man hat sich wie gewünscht einen Parkplatz direkt vor seinem Haus kreiert, aber dann fällt genau an der Stelle ein Baum auf das eigene Auto. Was nun? – Erkenne einfach, dass der Verstand nicht weiß, was geschehen soll. Wir brauchen nichts zu tun. Das ist die Aufgabe von Gott. Vertraue einfach, dass alles genauso so kommt, wie es kommen soll. Das ist das Einfachste."

Später, auf dem Weg zum Bahnhof frage ich Samarpan, ob er gerne hätte, dass ich ihn mit dem Auto nach Frankfurt fahre. So richtig Lust habe ich zwar nicht, aber die Chance, ihm einen Gefallen tun und ihm so nah sein zu können, noch dazu alleine, würde ich mir dann doch nicht entgehen lassen.

„Wie Du willst", kommt es von rechts.

Mmh. Ich merke, dass ich mir im Grunde einen ganz schönen Stress aufhalsen würde, jetzt mal kurz nach Frankfurt und wieder zurück zu fahren. Das sind immerhin fünf Stunden im Auto. Und wenn ich ihn nur zum Bahnhof fahre, bin ich in einer halben Stunde zu Hause. Und außerdem sehe ich Samarpan ja übermorgen in München bereits wieder.

„Gut. Dann fahre ich Dich zum Bahnhof." - „In Ordnung."

Schwang da etwas Enttäuschung mit? Sollte ich ihn jetzt erst recht fahren?

„Aber wenn Du willst, könnte ich Dich am Dienstag am Bahnhof in Stuttgart abholen, und wir würden gemeinsam nach München fahren."

„Nein, danke. Das fühlt sich im Moment nicht stimmig an."

Schweigend fahren wir weiter und mit einem etwas mulmigen Gefühl lasse ich ihn am Bahnhof aussteigen. So hatte ich mir das nicht vorgestellt.

München, 8. Juli 97

Die Münchner Satsang-Besucher sind total nett und offen. Liegt das jetzt an mir oder an den Leuten? Denn früher tendierte ich in Gruppen eher dazu ausgegrenzt zu werden und eine Loser-Rolle zu übernehmen. Erstaunlich. Ich glaube, abhängig von meiner eigenen gegenwärtigen Stimmungslage nehme ich auch meine Umwelt entsprechend unterschiedlich wahr. Aber noch erstaunlicher ist, dass ich Samarpan diesbezüglich im Satsang fragen wollte, mir aber jemand anderes mit exakt dieser Frage zuvorkommt.

„Ja, so ist das“, antwortet Samarpan. „Es ist wirklich magisch. In meiner Singlezeit ging ich ab und an in einen Club und manchmal war es wie verhext. Ich wusste vor lauter Unsicherheit überhaupt nicht, wie ich eine der Frauen auch nur hätte ansprechen können. Bei anderen Malen hingegen flogen mir die Frauenherzen nur so zu. Es ist, als ob wir ein Schild um den Hals tragen, auf dem beispielsweise steht: ‘Ich bin ein Opfer, bitte schlagt mich.’ Unsere Umwelt reagiert entsprechend, wir wundern uns und werden in unserem Glauben weiter bestätigt. ‘Ja, so ist es. So bin ich.’ – Aber so bist Du nicht. Das ist nur Deine Programmierung. Es hat überhaupt nichts mit Dir tun. Das, was Du in Wahrheit bist, ist von all dem unberührt.“

München, 9. Juli 97

Weil ich hier niemanden kenne, bei dem ich übernachten könnte, hat mir A., der Samarpan in München managt, nach dem Satsang gestern Abend einen Schlafplatz bei einer älteren Sannyasin organisiert. Und da diese momentan arbeitslos ist, hat sie tagsüber viel Zeit, und wir gehen gemeinsam auf Sightseeing-Tour. Toll! So müsste jeder Tag sein: mit Samarpan von Stadt zu Stadt reisen; tagsüber die Sehenswürdigkeiten, abends Satsang. Das wäre ein Leben!

München, 10. Juli 97

Am Nachmittag sehe ich mir gemeinsam mit meiner Gastgeberin ein Osho-Video von der Ranch in Oregon an und mir laufen die Tränen in Strömen herunter; das muss ja so geil gewesen sein! Schade, dass ich da nicht dabei war. Wie gerne würde ich so etwas auch einmal erleben! – Und abends ist schon wieder Satsang; was verbringe ich gerade für affenstarke Tage! Nach einer längeren Stille-Phase fragt jemand:

„Samarpan? Wie war denn eigentlich die Sache mit Oshos ganzen Rolls-Royce?“

„Schaut: Wir leben in einer wunderbaren Illusion, und wir dürfen uns an ihr erfreuen. Wir müssen nicht nackt im Wald leben, sondern können all den uns zur Verfügung stehenden Luxus genießen. – Erfreue Dich an dieser Illusion. Genieße sie. Mit allem, was sie Dir bietet. Aber halte nicht an ihr fest. – Einst lebte im Wald ein Weiser, dessen Ruf bis zum Palast des Königs drang. Und der König ging zu ihm und lud ihn ein, die Rolle des Weisen bei ihm am Hofe zu übernehmen. Und der Weise willigte ein. Beide kehrten zum Palast des Königs zurück, und der Weise bekam erstklassige Speisen vorgesetzt, wurde mit wunderschönen Gewändern bedacht, bekam eigene Gemächer zugeteilt; der König ließ es ihm an nichts mangeln. So verging einige Zeit. Doch nach und nach kamen dem König immer mehr Zweifel an seinem Weisen. Er schien so gar nicht mehr ein Weiser zu sein, wie er all diesen Luxus genoss. Schließlich ging er eines Tages zu ihm und teilte ihm mit, dass er ihn wieder zurück in den Wald bringen werde. Und der Weise willigte ein. Beim Verlassen des Palastes ließ dieser seine prunkvollen Gewänder fallen und forderte den König auf, dasselbe zu tun. Dieser antwortete bestürzt: 'Aber das kann ich doch nicht machen!' 'Siehst Du', sagte der Weise: 'Das ist der Unterschied.' – Man kann die Illusion genießen. Es ist eine so liebliche Illusion. Da ist nichts verkehrt. Und Osho genoss sie total. Auf der Ranch in Oregon hatte er alles: einen wunderbaren Whirlpool, einen Fuhrpark von Rolls-Royce und jeden anderen nur erdenklichen Luxus. Von außen sah er überhaupt nicht wie ein Weiser aus. Aber als die Zeit gekommen war, all das hinter sich zu lassen, zögerte er nicht eine Sekunde. – Schaut: Es ist nur diese Vorstellung zu glauben, Spirituellsein bedeute, arm zu sein, allem zu entsagen und zurückgezogen im Wald zu leben. Aber das funktioniert nicht. Dann ist da dieses spirituelle Ego. Es ist das gleiche Ego; der gleiche Verstand. Man muss überhaupt nichts entsagen. Es ist alles wunderbar. Wir leben in solch einer wunderschönen Welt. Dies ist solch eine großartige Schöpfung. Genieße sie. Sauge dem Leben jeden Tropfen aus. Das Leben ist so kostbar. Es ist solch ein Geschenk. Und wir werden überschüttet mit Geschenken; die ganze Zeit."

Stille. Nach einer Weile fragt jemand:

„Samarpan? Du erwähntest gerade das spirituelle Ego. Könntest Du diesbezüglich noch etwas weiter ausholen, bitte? Und was hat das mit dem Vermeiden der Illusion zu tun?"

„Es ist folgendermaßen: Wenn man etwas vermeidet, gibt man ihm Energie und macht es stärker. Das ist mir zu meiner Zeit in der Priesterschule klar geworden, als Sex ein absolutes Tabuthema war. Nein! Gehe in die Illusion hinein. Finde heraus, was es damit auf sich hat. Aber tue dies mit einem ruhigen Verstand. Und sage die Wahrheit. Auf diese Weise entdeckst Du, dass die Vorstellung 'Sex macht einen glücklich' nur eine Vorstellung, nur eine Illusion ist. Und das kannst Du mit allem machen. So verliert die Illusion ihre Macht. Nicht indem man sie von sich weist, sich zurückzieht und allem entsagt mit dem erhabenen Glauben: 'Die Welt ist ja ohnehin nur eine Illusion. Was soll ich dort?' Nein! Wenn mir wirklich klar ist, dass es nur eine Illusion ist, gibt es keinen Grund, sie zu vermeiden. Im Gegenteil. Jetzt kann ich beginnen, sie erst recht in vollen Zügen genießen."

München/Gmund, 11. Juli 97 (Retreat)

Gmund liegt südlich von München am Nordufer des Tegernsee. Ich fahre nach dem Frühstück los, nicht über die Autobahn, sondern ganz gemütlich über die Dörfer. Und wie ich so von einem Kuhdorf zum nächsten gondele, denke ich: ‘Eigentlich brauche ich mir nicht wirklich Sorgen zu machen, dass ich eines Tages unter der Brücke enden werde. Irgendeine Arbeitsmöglichkeit wird sich immer ergeben. Und wenn ich notfalls irgendeinen Bauern fragen müsste, ob ich bei ihm als Knecht anfangen könnte. Irgendetwas wird immer auftauchen; da bin ich mir ganz sicher.’ – Weil ich viel zu früh in Gmund ankomme, spaziere ich an der wunderschönen Uferpromenade entlang und gehe erst kurz vor offiziellem Beginn in die Nähe des Seminarhauses. Hier empfängt A., der Samarpan nicht nur in München, sondern auch dessen Retreats in Gmund organisiert, alle nach und nach eintrudelnden Neuankömmlinge; außer mir sind noch ein paar andere Stuttgarter hier, wie schön. Viele Umarmungen. Mitunter auch sehr lang anhaltende. Sehr, sehr schön! Die Atmosphäre ist total herzlich, und der Satsang-Raum selbst ist wunderschön hergerichtet. Spannend! Ich beziehe meine Matratze im Schlafsaal und nun gibt es auch schon Abendessen, was zur Selbstbedienung in der Küche angerichtet steht: lecker. Und um halb acht Uhr beginnt der erste Retreat-Satsang meines Lebens. Mann, was bin ich aufgeregt! Samarpan kommt zu der Gitarrenmusik von Abhijat, einer weiteren Musikerin mit Namen Radhika und Vasant – einem Schweizer, der auch schon in München dabei war – herein und lässt sich für die Namaste-Begrüßung ganz viel Zeit. Jeden schaut er sekundenlang an und als unsere Blicke sich treffen, geht mein Herz total auf. Absolutes Heimatgefühl! Wie schön, dass ich jetzt mit ihm und all den anderen hier sein kann. Es ist ein Traum. Auch ein alter Sannyasin mit Namen Navab, der jeden Satsang auf Kassette aufnehmen wird, ist mit seiner ganzen technischen Ausrüstung hier und wenn ich wollte, könnte ich mir am Sonntag Abend das ganze Kassetten-Paket mit nach Hause nehmen und dort stundenlangen Satsang haben! Aber jetzt bin ich ja erst einmal hier und genieße die göttliche Musik. Schließlich legen alle drei Musiker ihre Gitarren beiseite, und es wird vollkommen still. Dann stimmt Samarpan das OM an, in das alle mit einfallen, und sagt dann:

„May there be peace in the heart of every being in the universe. OM Shanti Shanti Shanti. Namaskar. Welcome to Satsang.“

Stille. Der Satsang geht los. Sind alle anderen auch so aufgeregt? Ich schaue mich im Raum um: so viele schöne Gesichter; eines schöner als das andere.

„Zu glauben, dass wir alle getrennt sind, ist eine Illusion. Die Wahrheit ist: Wir sind alle eins. Das gleiche Wesen. Das gleiche Sein. Wenn wir im Verstand sind, sehen wir es nicht. Weil wir dann als irgendjemand bestimmtes identifiziert sind. Dann bin da ich und dort sind alle anderen. Ich habe eine Geschichte, und die anderen haben eine Geschichte. Das ist die Illusion. Und durch ständiges Reden und den permanenten Austausch von unseren Geschichten halten wir diese Illusion am Leben. Deshalb möchte ich empfehlen, dass wir während der kommenden drei Tage außerhalb des Satsang nicht sprechen. So geben wir dem Verstand nicht konstant Energie, und er kann zur Stille kommen. Und das ist es, worum es im Grunde genommen geht: die Stille. Sie ist die eigentliche Lehrerin. – Wenn es etwas gibt, mit dem der Verstand Dich quält, kannst Du es im Satsang mitteilen, und wir werden gemeinsam das Licht der Wahrheit darauf scheinen. So können sich all unsere Programme in Luft auflösen. Denn sie sind nicht wirklich. Solange wir vor ihnen davonlaufen, solange wir vor unseren Gefühlen davonlaufen, geben wir ihnen Macht; machen wir sie wirklich. Hier im Satsang halten wir an. Hier kann alles hochkommen. Wenn es hochkommt, heißen wir es willkommen und lassen es dann gehen. So verlieren all diese Programme ihre Macht. So verliert der Verstand seine Macht. Und Du bist frei. – Außerdem erfüllt die Stille noch eine zweite Funktion. Da wir hier drin sehr viele sind, schafft die Stille Raum im Innen UND im Außen. Wir werden gar nicht merken, dass so viele da sind. Und so ist es wirklich. In Wahrheit ist da niemand. Nur Du selbst.“

Nach dem Satsang gibt es wieder Musik, und während ich es von den Stadt-Satsangs so kenne, dass eher verhalten mitgesungen wird, machen hier fast alle mit. Totales Einheitsgefühl. Familienmäßig. Heimat. Zu Hause. Total schön!

Gmund, 12. Juli 97 (Retreat)

Endlich kann ich meinen Plan in die Tat umsetzen. Heute werde ich Samarpan fragen, ob er mich als Fahrer anstellen will. Im Satsang warte ich einen günstigen Moment ab, dann wage ich es:

„Samarpan! Du weißt doch: Ich fahre total gerne Auto, und Du fährst immer mit dem Zug: Könnte ich nicht Dein Fahrer sein?“

„Ach, weißt Du: Ich fahre gern mit der Bahn!“, lacht Samarpan.

„Oder vielleicht Dein Kofferträger?“, schiebe ich schnell hinterher. „Dann musst Du nicht so schwer tragen?“

„Nein, nicht nötig. Mein Koffer hat Rollen.“

Alle Lachen. Scheiße, ich würde so gerne mit ihm reisen, aber da ist wohl nichts zu machen, was auch Samarpans Nachsatz deutlich macht:

„Da ist kein Job frei.“

Fuck! Samarpan scheint zu merken, dass ich meine Jobsicherheit einfach gegen die Sicherheit eines anderen Jobs eintauschen will. Aber ich kann doch nicht so ganz ohne Sicherheit sein, verflucht noch mal!!!

„Weißt Du“, sagt Samarpan nun mitfühlend: „Der Verstand will immer Sicherheit. Für den Krankheitsfall, für die Arbeitslosigkeit, für das Alter ...“

Mir kommen die Tränen, und ich erinnere mich an ein Gebet, das ich als Kind eine Zeit lang Abend für Abend an Gott richtete: ‘Lieber Gott. Mach, dass ich nicht erschossen werde: nicht von oben, nicht von unten, nicht von vorne, nicht von hinten, nicht von links und nicht von rechts. Mach, dass ich nicht erstochen werde: nicht von oben, nicht von unten, nicht von vorne, nicht von hinten, nicht von links und nicht von rechts. Mach, dass ich nicht erschlagen werde: nicht von oben, nicht von unten usw..'

„Es gibt keine Sicherheit auf dieser Welt", höre ich Samarpan sagen und weine stärker.

„Aber da ist noch etwas anderes, Samarpan. In meinem Assistentenjob rutsche ich mehr und mehr in den Rang einer Sekretärin ab!"

„Das ist doch wunderbar. Schau: Die ganze Welt versucht, jemand zu sein, versucht jemand Besonderes zu sein; und das ist so anstrengend. Sei ein Niemand. Das ist einfach. Das ist die Wahrheit. Ich selbst habe jahrelang als Taxifahrer, Klempner, Handwerker, Gärtner, Fensterputzer und ähnliches gearbeitet. Das sind alles wunderbare Tätigkeiten, und es ist schwer, in solch einem Job ein Ego zu kriegen. – SEI die Sekretärin. Spiele die Rolle der Sekretärin. Im Augenblick ist das der perfekte Job für Dich."

Na ja. – Nach dem Satsang gibt es Mittagessen und danach ist Pause bis zum nächsten Satsang um 16 Uhr. Ein Spaziergang bietet sich aufgrund der nahen Lage zum See geradezu an, natürlich in Stille. Man trifft so gut wie nur Leute aus dem Satsang. Ich bin alleine unterwegs, andere 'Satsangis' sind zu zweit, zu dritt oder eben auch alleine; so wie diese schöne Dunkelhaarige, die mir da gerade entgegenkommt. Ich habe keine Ahnung, wie sie heißt, da wir ja alle von Anfang an in Stille waren, aber das ist im Moment ja auch vollkommen egal. Wir nehmen Blickkontakt zueinander auf, nähern uns, bleiben voreinander stehen, schauen uns unverwandt an, fassen uns an den Händen, streicheln sie uns sanft, minutenlang, drücken sie dann kurz, werfen uns noch einen letzten liebevollen Blick zu, und jeder setzt seinen Weg fort. 'Gott, wie ist das schön!', würde ich am liebsten laut ausrufen. So viel Liebe. Und alles so unverbindlich. Wenn ich da an früher denke, wo ich gleich überlegt hätte, wie es nachher im Satsang oder im Lauf des Retreat mit dieser Frau weitergehen könnte, sollte oder müsste. Aber nein: Da ist einfach nur dieser Moment, diese Begegnung. Und ich habe ständig derartige Begegnungen. Ich bin so etwas von offen! Und die Leute sind auch so offen mir gegenüber. Ich komme auf dem Uferweg kaum vorwärts, vielmehr stehe ich mit irgendwelchen Schönen händchenhaltend oder umarmt da und genieße. Genieße, diese weiblichen Körper so nah an meinem zu spüren. Einfach nur Genießen.

Zu Beginn des Nachmittag-Satsang stimmt Abhijat ein Lied an, was anscheinend viele kennen, denn zu seiner kräftigen Stimme stimmen gleich alle mit ein. Und da sich der Text, genauer gesagt der Refrain 'Being here in the flow is the most beautiful thing' ständig wiederholt, singe auch ich bald inbrünstig mit und denke: 'Ja, ich möchte wirklich nirgendwo anders sein als hier bei

Samarpan. DAS ist ES; in der Tat.' Als der eigentliche Satsang beginnt, nimmt Samarpan bezug auf diesen Song:

„Das Leben ist wie ein Fluss. Fließe einfach mit ihm mit. Sei einfach ein Teil des Flusses. – Höre auf den Fluss, höre auf das Leben. Lausche auf die Stille. Sie sagt Dir jeden Moment, was zu tun ist; und ob überhaupt irgendetwas getan werden muss. – Ich, zum Beispiel, hatte kürzlich die Idee, den deutschen Führerschein zu machen. Doch als ich die Prüfung nicht bestand, sagte ich zu mir: 'Okay, es soll wohl nicht sein.' Ganz einfach."

Nach dem Satsang gibt es Abendessen und dann beginnt auch schon der dritte und letzte Satsang für heute. Ganz schön intensiv. Aber total schön! Auch wenn mir immer noch ein bisschen die 'Schlappe' von heute Morgen nachhängt.

„Samarpan?", sage ich in eine Stillephase hinein.

„Was ist denn los? Gebe ich Dir nicht genug Aufmerksamkeit?"

Huch! Oh Shit, da ist etwas Wahres dran und in mir meldet sich sofort mein schlechtes Gewissen. Aber was soll ich machen? Ich liebe ihn so sehr und wäre ihm irgendwie gerne ein bisschen näher. Allen scheint klar zu sein, um was es geht, nur mir nicht.

„Äh, ich weiß nicht; aber irgendwie wäre ich Dir gerne näher."

„Aber Du bist mir doch ganz nah." Samarpan setzt sich im Stuhl aufrecht hin und fragt: „Was ist denn im Moment gerade Hier?"

Ich überlege fieberhaft. Samarpan und alle anderen sind jetzt mit ihrer ganzen gesammelten Aufmerksamkeit bei mir. Oh, Mann: Samarpan weckt mich jetzt auf, führt mich jetzt zur Wahrheit: HUUAAA!!! Da darf ich nur ja nichts falsch machen!!!!!

„Nervosität." Hoffentlich war das die richtige Antwort auf dem Weg zu meiner Erleuchtung. Von der Nicht-Erleuchtung habe ich nämlich genug. Mann, oh Mann. – Samarpan sitzt mit geschlossenen Augen da und überlegt wahrscheinlich, wie er mich am besten und geschicktesten und schnellsten aufwekken kann. Huuuaaaa. – Huch? Jetzt hat er gerade etwas gesagt, doch ich bin mittlerweile so durcheinander, dass ich überhaupt nichts mitbekommen habe. Mist! Ich erinnere mich dumpf, dass Samarpan etwas sagte so von wegen 'dem Verstand einfach den Rücken zu zu wenden', doch im Moment habe ich keine Ahnung, wo der Verstand ist, wo es still ist, wo der Frieden ist etc. und schließe meine Augen. Mist! Ich bin sogar zum Erwachen zu dumm, obwohl Samarpan immer wieder sagt, dass es das Einfachste auf der Welt ist. Und er hat sicher sein Bestes gegeben. So ein Scheiß! Und ich dachte immer, ich sei intelligent. Aber das war wohl bloß mein Ego. Ach herrje. Und das Ego muss sterben; also doch alles bestens? Im Moment verstehe ich jedenfalls rein gar nichts, aber laut Samarpan gibt es ja auch gar nichts zu verstehen. Puh. Ich weiß überhaupt nichts mehr. Und trotzdem, oder gerade deshalb, gebe ich noch nicht auf:

„Samarpan! Was soll ich nur machen, damit es endlich ‘klick’ macht?“, frage ich traurig.
„Verliebe Dich einfach in die Wahrheit.“

Gmund, 13. Juli 97 (Retreat)
Auch heute Morgen weiß ich nur eines mit Sicherheit: Ich fühlte mich kein Deut erleuchteter als gestern. Also alles für die Katz?
„Samarpan!“, jammere ich im Satsang. „Ich fühle mich so elend.“
„Das ist gut. Sei eins mit diesem Gefühl. Keine Geschichte, kein Urteil, kein Gedanke; nur dieses Gefühl. Verschmelze mit diesem Gefühl. Werde zu diesem Gefühl. Sei dieses Gefühl. Das ist der Frieden. – Wenn Du Dich gerade elend fühlst, dann fühle Dich einfach elend. Lasse Dich nicht vom Verstand stören und in eine Geschichte hineinziehen, sondern sei total dieses elende Gefühl. Und Du entdeckst die Stille; die gleiche Stille, die auch im Zentrum von jedem anderen Gefühl ist. – Schaut: Das Leben kümmert sich um uns in so wunderbarer Art und Weise, die ganze Zeit. Wir brauchen nichts zu tun, wir müssen es uns nicht erst verdienen. Gib einfach Deine Aufmerksamkeit auf die Stille, das Leben kümmert sich um den Rest. – Ramana[11] ist solch ein gutes Beispiel dafür. Als er zum Arunachala[12] kam, saß er jahrelang einfach nur in Stille da. Er hatte nicht einmal mehr genug Energie, um seinem eigenen Körper Nahrung zuzuführen. Also schickte das Leben ihm jemand, der neben ihm saß, wartete bis er den Mund öffnete und schob ihm dann einen gefüllten Löffel hinein. – Wir brauchen keine Angst vor der Zukunft zu haben. Gott sorgt für uns. Wie eine gute Mutter. Eigentlich sollte es ‘die’ Gott heißen, denn das Göttliche hat in meinen Augen viel mehr weibliche Aspekte. Doch die Wahrheit ist: Es ist alles in uns. Wir sind alle Mann UND Frau. Wir sind alle beides. Und keines. Wir SIND einfach nur. Gott. Allah. Manitu. Der große Geist. Die Wahrheit. Die Stille. Das Selbst. – Jesus sagte: ‘Gott ist Liebe.’ Wie auch immer man es nennen mag. – Papaji nannte es einfach ‘Das.’ Das ist wunderbar, denn von ‘Das’ ein Bild zu kriegen, ist nicht so leicht. Und wie es schon in der Bibel heißt, sollen wir uns kein Bild von Gott machen, sollen wir uns kein Bild von ‘Dem’ machen, von dem, was Gott ist. Jedes Bild ist eine Vorstellung; ein Konzept im Verstand. Selbst wenn wir sagen ‘Bewusstsein’, wird der Verstand sogar daraus noch ein Konzept zu machen in der Lage sein. Sei einfach mit ‘Dem’. Du bist Das. – Bei den frühen Juden war es so, dass der Name Gottes überhaupt nicht ausgesprochen werden durfte. Das ist Weisheit. Denn über Gott kann man nichts sagen. Gott kann man nicht begreifen, der Verstand kann Gott nicht erfassen. Gott offenbart sich nur in der Stille. Sei

[11] Ramana Maharshi: Indischer Heiliger (1879-1950).
[12] Heiliger Berg in Indien.

einfach still. Und Du bist mit Gott. – Kein Name. Keine Form. Keine Gestalt. Keine Maße. Das."

Lange Stille. Ganz schön intensiv heute. Das sind echt die zentralen Themen. Und im Nachmittag-Satsang geht es gerade so weiter:

„Es gibt die Geschichte eines Königs, der sehr beliebt in seinem Reich war. Um sich selbst ein Bild davon machen zu können, wollte er sich einen Tag lag unerkannt unter sein Volk mischen. Er verkleidete sich als Bettler und verließ heimlich sein Schloss. Unglücklicherweise, er war noch nicht weit gegangen, fiel ihm etwas auf den Kopf, und er verlor das Bewusstsein. Als er wieder erwachte, konnte er sich an nichts erinnern und so er an sich herunterblickte, dachte er: 'Aha, ich scheine ein Bettler zu sein.' Wochenlang irrte er unerkannt umher. Alle fragten sich, wo denn der König geblieben war, aber niemand wusste etwas. Bis ihn eines Tages jemand erkannte und ihm sagte: 'DU bist doch der König!'" Stille. Dann fährt Samarpan in sanftem Tonfall fort:

„Dies ist DEINE Geschichte. DU bist der König; ich sehe Dich. Du brauchst Dich nicht länger zu verstecken, denn ich habe Dich gefunden. Du bist nicht dieser Körper. Du bist nicht diese Rolle, die Du gerade spielst. – Du bist der König, die Königin des Universums. Du bist ent-deckt. Ich durchschaue Deine Tarnung. Feiere Deine Ent-Deckung. Feiere diesen Moment. Feiere jeden Moment; denn alle Momente sind dieser Moment. Und jeder Moment ist vollkommen; vollkommen neu. Ein Abenteuer. Das ganze Leben ist ein Abenteuer. Es geht nicht um Sicherheit. Das Leben soll gar nicht sicher sein. Das, was wir in Wirklichkeit sind, ist schon immer gewesen und wird immer sein. Uns kann nichts passieren. Wir sind unzerstörbar. Unsterblich. In dem Moment, da der Körper stirbt, sind wir wieder Das. Und wir sind auch jetzt nur Das. Alles andere ist nur eine Vorstellung. Du bist nicht dieser Körper, Du bist kein Mann, keine Frau, kein Deutscher, kein Ausländer: nichts; das alles sind nur Ideen in unserem Verstand. Wendest Du ihm den Rücken zu, erkennst Du das, erkennst Du: Das. – Versuche nicht, Dein Leben sicher zu gestalten. So ist es nicht gedacht gewesen. Das Leben soll ein Abenteuer sein; eine Erfahrung in Getrenntheit; mit all diesen interessanten Gefühlen wie Trauer und Schmerz, aber auch Freude und Vergnügen. Sei einfach im Frieden mit allem. Genieße alles. Das ist es, worum es geht. Nicht um Geld oder Macht. Sondern um das Erleben selbst. – Die meisten Menschen versuchen, ihr Leben sicher zu gestalten. Und so bauen sie sich ihr eigenes Gefängnis mit immer noch höheren Mauern, bis sie die Sonne überhaupt nicht mehr sehen können. Das ist kein Leben. Das ist ein Tod. Werde lebendig. Fühle alles. Jeden Moment. Das ist ein erfülltes Leben."

Stille. Und in mir steigt eine Erinnerung auf, die ich gleich mitteile:

„Samarpan! Ich erinnere daran, dass ich mich als Kind gefragt habe, wie ich mich entscheiden würde, wenn ich vor der Wahl stände, selbst ewiges

Leben zu haben und damit alle anderen Menschen in die Hölle zu schicken; oder andererseits mich selbst zu opfern, auf ewig verdammt zu sein und damit jedoch allen anderen den Himmel zu ermöglichen. ‘Opfer bringen’ schön und gut, Leiden auch. Aber ewig? EWIG!!!!! Unvorstellbar!! Aber als ‘Braves Kind’, als ‘Guter Christ’ müsste man wohl. Puuuuuh. Da war so eine große Angst, einmal vor diese Entscheidung gestellt zu werden!“

„Das ist das Leben eines Buddhas, das Leben eines Bodhisattvas. Er kehrt erst dann wieder in die Einheit zurück, wenn kein anderes Lebewesen mehr getrennt ist. – Die Wahrheit ist: Niemand ist getrennt. Wir sitzen alle gerade im Himmel und stellen uns nur vor, bilden uns nur ein, getrennt zu sein. Es ist ein Witz.“

Ein Witz, den ich zwar nicht verstehe, aber es tut gut, dass diese von mir als so problematisch empfundene Situation offensichtlich gar nicht so ernst ist, wie ich lange dachte. – Dann das letzte Abendessen und der letzte Satsang.

„Ich bin so traurig, Samarpan. Das Retreat dürfte nie vorüber sein.“

„Wenn bei Dir gerade Traurigkeit ist, dann ist das wunderbar, weißt Du. Traurigkeit hat eine Tiefe. Wunderschön. Ohne die dazugehörige Geschichte ist es einfach eine Körperempfindung, interessant. All unsere Gefühle sind, wenn wir die korrespondierende Geschichte weglassen, einfach nur interessant. Ja! Unsere Gefühle sind es, die das Leben interessant machen. Was wäre unser Leben ohne Gefühle? – Höre einfach nicht auf den Verstand. Nicht auf den Verstand von anderen und insbesondere nicht auf Deinen eigenen. In Wahrheit gibt es sowieso nur einen Verstand. Es ist alles dasselbe.“

Stille. Ich bin nicht der Einzige, der traurig ist. Eine Frau schleppt sich nach vorne, kniet vor Samarpan nieder und shart mit Tränen in den Augen, dass bei ihr ganz viel Traurigkeit über den Tod eines nahen Verwandten ist.

„Erst vor ein paar Tagen hatte ich noch ...“

„Halte an!“, unterbricht Samarpan sie. „Halte inne! Wir müssen erst gar nicht in die Geschichte hineingehen. Das ist nur ein Umweg. In der Geschichte kann man jahrelang sein. Ich werde Dir die Abkürzung zeigen. Schließe einfach einmal Deine Augen und fühle, was gerade Hier ist.“ Sekundenlange Stille.

„Und?“, fragt Samarpan. „Was ist gerade Hier?“

„Wo? Im Verstand?“, erwidert sie.

„Nein, Hier. Im Moment“ - „Traurigkeit.“

„Gut. Fühlst Du die Traurigkeit irgendwo in Deinem Körper?“ - „Ja.“

„Wo in Deinem Körper fühlst Du die Empfindung, die mit dieser Traurigkeit einhergeht?“ - „In meinem Bauch.“

„Gut. Dann sei in der Mitte dieser Körperempfindung in Deinem Bauch. Wie ist es Hier?“ - „Warm.“

„Gut. Dann sei in der Mitte von diesem ‘warm’.“ Stille. Die Gesichtzüge der Frau entspannen sich, und Samarpan fragt:

„Was ist Hier?“ - „Nichts.“

„Wunderbar. Dann siehe einmal, ob dieses Nichts irgendwo ein Ende hat.“

„Kein Ende.“

„Dann siehe einmal, ob ‘Du’ irgendwo endest und dieses Nichts irgendwo anfängt.“ - „Nein.“

„Gibt es Hier irgendeine Trennung zwischen Dir und diesem Nichts?“

„Nein.“

„Gibt es Hier irgendetwas?“ - „Nein.“

„Gibt es Hier Zeit?“ - „Nein.“

„Gibt es Hier Geburt?“ - „Nein.“

„Gibt es Hier Tod?“ - „Nein.“

„Jetzt sage mir: Gibt es Hier eine Trennung zwischen Dir und Deinem Verwandten?“ - „Nein.“

„Fehlt es Hier an irgendetwas?“ - „Nein.“

„Gibt es Hier irgendetwas, das nicht willkommen ist?“ - „Nein.“

Lange Stille. Schließlich öffnet die Frau die Augen und sieht Samarpan strahlend an. Es ist mucksmäuschenstill, und meine Augen füllen sich mit Tränen.

„Ich könnte ewig hier sitzen bleiben“, kommt es von ihr.

„Du kannst so lange Hier bleiben, wie Du willst. – Seht: Das ist die Wahl, die wir haben; jeden Moment. Wir können in den Verstand gehen mit all seinen Geschichten von der Beerdigung und wie furchtbar alles ist; oder wir können einfach Hier sein. Und Hier gibt es keine Geschichte. Einfach nur Frieden. Bleibe einfach Hier.“

Stille. Die beiden sehen sich an und da scheint nur Liebe und Dankbarkeit zu sein. Ich bin ebenfalls ganz ergriffen. Immer und immer wieder aufs Neue. Was hier im Satsang geschieht, ist mit Worten nicht zu beschreiben. In diesem Moment merke ich, dass sich meine Hand und die meiner Nebensitzerin berühren. Und während vorne irgendwelche Sharings weitergehen, beginnen unsere Hände ein zärtliches Spiel. Kriege vom restlichen Satsang nicht mehr allzu viel mit, da meine ganze Aufmerksamkeit bei der Frau neben mir ist. – Als der Satsang schließlich vorbei ist, sehen wir uns das erste Mal an, und unsere Blicke verschmelzen. Liegen beide noch ein paar Minuten im Satsang-Raum herum. Es fühlt sich alles so einfach und leicht an, dass ich, als sie mich fragt, ob ich noch mit zu ihr komme, gar nicht groß darüber nachdenke, sondern einfach nur ‘Ja.’ sage. – Wenig später stehen wir beide mit unserem Gepäck vor dem Haus und sehen Navab zu, der gerade sein ganzes technisches Equipment ins Auto lädt. Als er mich sieht, fragt er:

„Na, bist Du morgen Abend in Hamburg auch dabei?“

Stimmt. Morgen Abend wird Samarpan ja in Hamburg sein. Und der Satsang mit ihm geht dort weiter! Ich schüttele den Kopf und denke: ‘Er hätte mich genauso gut fragen können, ob ich morgen als Matrose auf einem Fischkutter anheuern würde.'

„Nein! Ich habe doch einen Job! Morgen früh muss ich wieder arbeiten!"

Aber muss ich das wirklich? Immer wieder dieselben Fragen. Und ich scheine nicht einen Schritt weiterzukommen. Aber immer noch lieber die sichere Arbeit und ein geregeltes Einkommen, als all das einfach wegzuwerfen. Das wäre doch Wahnsinn! Andere wären froh, solch eine gut bezahlte, sichere Arbeit zu haben, gerade in der heutigen Zeit!

„Hallo!", werde ich von rechts nach Hier zurückgeholt.

„Hallo!", sage ich sie anlachend. Was bin ich nur schon wieder am Grübeln? Vor mir steht eine schöne Frau. Und zwar Jetzt!

Stuttgart, 1. August 97

Ich zerbreche mir mal wieder den Kopf in Bezug auf meine Lebensplanung. Vielleicht werde ich ja wirklich irgendwann einmal aussteigen und einen ganz simplen Job machen, aber wie 'Siddartha' von Hermann Hesse, den ich über viele Jahre hinweg als heimliches Vorbild gehabt habe, will auch ich eigentlich erst ganz oben gewesen sein, bevor ich mich als Bootsverleiher oder ähnliches verdinge, bevor ich mich zur Ruhe setzen kann, weil ich erkannt habe, dass es Geld, Macht und Karriere nicht ist. Aber solange ich nicht ganz oben, im Top Management, war, so lange kann bzw. darf ich mir das nicht leisten. Erst muss ich es mir und der Welt beweisen, dass ich dort sein kann, wenn ich es nur wollte. Bin ich dort, dann darf ich aussteigen, vorher nicht. Immer wieder und wieder habe ich in den vergangenen Jahren davon geträumt, wie ich, mittlerweile so um die Sechzig herum, in einem Liegestuhl auf einem hölzernen Steg an irgendeinem See sitze, Ruderboote herausgebe, Ruderboote wieder in Empfang nehme und ansonsten nicht viel zu tun brauche. Mit den Leuten gibt es nicht viel zu sprechen. Ich darf einfach nur dasitzen und beobachten. Darf zusehen, wie der Großvater seine kleinen geliebten Enkel zum ersten Mal in seinem Leben rudern lässt; darf zusehen, wie am Sonntag eine ganze Familie, um Geld zu sparen, nur ein einziges Boot nimmt und der Familienvater mitten auf dem See seinen Sohn am Ruder antreibt, nach der vereinbarten halben Stunde das Boot wieder pünktlich abzugeben, damit keine Nachgebühr anfällt. Und wenn sie es dann doch nicht ganz schaffen und der Vater mich unsicher fragt, ob sie denn jetzt noch etwas bezahlen müssten, ihm dann liebevoll zu sagen: 'Nein. Es ist schon in Ordnung.' Die sich auf seinem Gesicht ausbreitende Freude und Dankbarkeit zu sehen, die Erleichterung des Sohnes, der Angst hatte, von seinem Vater gescholten zu werden. – Ich darf einem schick gekleideten Geschäftsmann zusehen, wie er mit seiner jungen Sekretärin ein Wochenende im Grünen verbringt. Darf mitbekommen, wie die Sekretärin ihn anhimmelt, nicht zuletzt weil er mir ein fürstliches Trinkgeld gibt, was er natürlich wiederum genießt und, und, und. Einfach nur da zu sitzen und diese wunderschönen Spiele all derer zu beobachten, die sich letzten Endes nur nach Liebe und Anerkennung sehnen, mit dem Wissen: Ich war auch einmal ganz oben. Mir kann keiner was. Nur habe ich erkannt, dass 'es' nicht da oben ist und mich daher jetzt bewusst für dieses einfache Leben entschieden.

Ach ja; wenn ich in diese Vorstellung hineingehe, empfinde ich so viel Freude. Einfach nur dazusitzen und all die Menschen mit Liebe im Herzen zu betrachten. Dummerweise sieht es im Moment nur so aus, dass es noch einige Zeit dauern wird, bis ich ganz oben bin und endlich aussteigen kann.

Stuttgart/Gmund, 15. August 97 (Retreat)

Gleich nach Geschäftsschluss am Freitag Mittag düse ich nach Gmund, wo heute ein zweiwöchiges Retreat beginnt. Leider konnte ich keinen Urlaub nehmen, da ich am Montag in einer neuen Abteilung anfangen werde. Aber die drei Wochenenden werde ich mir auf gar keinen Fall entgehen lassen. Als ich ankomme, sitzen alle im Garten vor dem Haus und essen zu Abend. Wie beglückend, die ganzen lieben Menschen wiederzusehen. Da es wieder ein Stille-Retreat sein wird, sagt niemand etwas, aber all die Lieben mit leuchtenden Augen zu umarmen, ist ja auch viel schöner. Im Grunde gibt es ja auch gar nichts zu sagen. Allerdings flüstert mir dann doch jemand zu:

„Schau mal, die da drüben, an dem weißen Tisch, das ist eine Erwachte!"

Wow, eine Erwachte! Meine erste echte Erwachte. Ich gehe in die Nähe des besagten Tisches, an dem die Erwachte sitzt, schaue sie mir aus der Nähe an und stelle fest: Eigentlich sieht sie ganz normal aus. – Kurz darauf beginnt der erste Satsang des Retreat:

„Du bist nicht Dein Körper. Du bist nicht dieser Körper. Du bist nicht diese Persönlichkeit. Dies ist nur eine Fiktion. Du bist kein Körper. Du bist niemand; Du bist überhaupt gar niemand. Du bist einfach; Du bist immer gewesen und wirst immer sein. Das ist die Wahrheit. Nichts kann Dir passieren. Du bist unzerstörbar. Alles, was Du siehst, alles, was Du erlebst, geschieht nur in Deiner Einbildung, findet nur in Deiner Vorstellung statt. Nichts passiert wirklich. Nichts ist je wirklich geschehen."

Gmund, 16. August 97 (Retreat)

„Da ist nicht wirklich irgendein Unterschied zwischen mir und Euch", beginnt Samarpan den morgendlichen Satsang. „Als ich heute Morgen aufwachte, war da so ein richtig mieses Gefühl. Keine Ahnung, wo es herkam. Wisst Ihr, Erleuchtung heißt nicht, dass diese Dinge nicht mehr auftreten. Manchmal sind da miese Gefühle, manchmal ist da Trauer, Wut, Frustration; alles. Wenn wir einfach damit SIND, ist es in Ordnung. All diese Gefühle sind in Ordnung; wenn wir unser Urteil über sie fallen lassen und im Frieden mit ihnen sind."

Wenn ich Samarpan so reden höre, sauge ich jedes seiner Worte geradezu in mich auf und habe den Eindruck, es gibt wirklich keinen Unterschied zwischen ihm und mir. Fühlt sich schön an. Erholsam.

„Samarpan? Was hat es eigentlich mit dem Wiedergeburts-Gedanken auf sich?“, fragt jemand.

„Das ist nur eine Vorstellung. Da ist dieser Glaube: ‘Ich bin dieser Körper.’ Und wenn dieser Körper stirbt und da immer noch die Identifikation mit diesem Körper ist, dann hält einen diese Vorstellung in der Illusion gefangen. Denn dieser grobstoffliche Körper mag vielleicht tot sein, aber dann gibt es noch die feinstofflichen Körper, die in diesem Fall weiter bestehen. Und das, worauf man sich im christlichen Glauben bezieht, wenn man von Seele spricht, dieser Glaube ‘Ich bin jemand, ich bin irgendjemand, irgendjemand bestimmtes; irgendein bestimmter Körper.’ lebt dann weiter. Und sucht sich einen neuen Körper.“

„Und wer entscheidet, wo und als was man wiedergeboren wird, Samarpan?“

„Nicht, dass ich mich da wirklich auskenne; aber so wie ich es sehe, sind es die unerfüllten Wünsche, die Sehnsucht nach gewissen Erfahrungen, die ungeklärten Dinge, die dann das eine oder andere äußere Geburts-Umfeld für uns attraktiv erscheinen lassen. Schaue Dir all Deine Wünsche an. Gehe in sie hinein. Finde heraus, was es mit ihnen auf sich hat. Jetzt! Verschiebe nichts auf später. Dieser Moment ist alles, was Du je haben wirst. Hier gibt es keine Zukunft. Hier gibt es keine Vergangenheit. Geburt, Tod: Alles geschieht Jetzt. – Was ist Jetzt? Fehlt es Jetzt an irgendetwas? Fehlt es Hier an irgendetwas?“

Im Abend-Satsang ist meine große Stunde gekommen. Viele erzählen von ihren kleinen Wehwehchen, von ihrem Vermieter, ihrem Chef, von dem anderen Autofahrer usw. und mich macht das alles fast wahnsinnig. Als ich Samarpan dann auch noch sagen höre: ‘Die Wurzel all unserer Probleme ist die Identifikation mit diesem Körper, mit diesem Verstand. Dieser ‘Ich-Gedanke’. Durchtrennst Du diese Wurzel, fällt der ganze Baum.’ kann ich nicht mehr an mich halten und in herausforderndem Tonfall verkünde ich mehr, als dass ich frage:

„Wenn das so ist, Samarpan, warum kümmern wir uns dann nicht einzig und alleine um dieses Problem, anstatt dass hier jeder seine kleinen Wischiwaschi-Problemchen groß ausbreitet?“

Ich komme mir ziemlich toll vor, dass ich das eigentliche Problem so klar erkannt habe und angehen will, aber noch bevor ich die Frage zu Ende gesprochen habe, merke ich, dass da auch irgendwie eine gewisse Arroganz mitschwingt. Das wiederum bringt mich so aus dem Konzept und durcheinander, dass ich Samarpans Antwort überhaupt nicht mitkriege; heieiei.

Gmund, 17. August 97 (Retreat)

Im Morgen-Satsang fragt ein älterer Mann etwas jobmäßiges, was mich natürlich auch betrifft.

„Seit Monaten überlege ich jetzt schon hin und her, wie ich mich beruflich entscheiden soll“, shart er.

„Und? Zu welchem Ergebnis bist Du gekommen?“

„Das ist genau das Problem, Samarpan. Wäre ich bereits zu einem Ergebnis gekommen, würde ich jetzt nicht hier sitzen. Ich wäge immer wieder alle Vor- und Nachteile gegeneinander ab, komme jedoch zu keinem Ergebnis.“

„Lasse mich Dir eine Geschichte erzählen. Als ich noch selbst Taxi gefahren bin, gab es einen Kollegen, einen Philosophen, der immer ganz unglaublich lange brauchte, bis er bei den abzuholenden Leuten eintraf. Wir alle rätselten oft, wie das nur möglich war. Eines Tages nun stand ich in einer Taxischlange und auf der anderen Straßenseite stand der besagte Kollege. Über Funk hörte ich, wie er einen Auftrag, eine Adresse genannt bekam. Doch anstatt gleich loszufahren, stieg er erst einmal aus und breitete den Stadtplan auf seiner Motorhaube aus. Fasziniert konnte ich nun beobachten, wie er die nächsten 15 Minuten damit verbrachte, den besten Weg ausfindig zu machen. Wäre er gleich losgefahren, wäre er – egal auf welchem Weg – schon längst dort angekommen.“

„Ja,“ sagt der Frager niedergeschlagen. „Ich bin auch so ein Philosoph. Ich denke oft viel nach. Manchmal denke ich, dass ich zu viel denke.“

„Ja, denke nicht so viel nach. Probiere es einfach aus. So finden wir es heraus. So lernen wir. Und mache Dir keine Sorgen, etwas falsch zu machen. Du kannst nichts falsch machen. Du kannst auch nichts richtig machen. Genieße Dein Leben einfach. – Kennst Du die Geschichte von dem Frosch und dem Tausendfüssler? Der Frosch und der Tausendfüssler standen beieinander und unterhielten sich. Der Frosch war philosophisch veranlagt und wie er so den Tausendfüssler betrachtete, staunte er und fragte ihn schließlich: ‘Wie um alles in der Welt entscheidest Du, welches Bein Du als erstes bewegst?’“ Samarpan macht eine kurze Pause. „Der arme Tausendfüssler! Er hat nie wieder einen Schritt getan!“ Brüllendes Gelächter. „Denke nicht noch länger darüber nach. Springe einfach. Sei einfach im Fluss. Gehe mit dem Leben. Und halte nicht an Altem fest. Das ist der einfache Weg.“

„Aber Samarpan: Woher weiß man denn, wann der Moment zum Springen da ist?“

Samarpan schaut einmal in die Runde und sagt dann:

„Henry Ford wurde einmal gefragt, wie er es geschafft habe, so erfolgreich zu sein, und er antwortete: ‘Ich ‘springe’ einfach immer im richtigen Moment.’ ‘Und woher wissen Sie, wann der richtige Moment ist?’ ‘Ich springe einfach die ganze Zeit.’ – Sei bereit, jeden Moment zu springen. Sei bereit, jeden Moment loszulassen. Das ist die Freiheit. Das ist der Frieden. Ramana sagte: ‘Lasse Dich nirgendwo im Verstand nieder.’ Sei im Moment. Die ganze Zeit. Es ist einfach.“

„Es gibt keine Zeit. Zeit ist nur eine Illusion“, sagt Samarpan im Nachmittag-Satsang.

„Das ist ja alles schön und gut“, gibt jemand zu bedenken, „aber wie soll bzw. kann man dann eigentlich und überhaupt Pläne für die Zukunft machen, wenn es doch gar keine Zukunft gibt?“

„Also ich mache es folgendermaßen: Wenn mich jemand fragt: ‘Könntest Du dann und dann nach X kommen?’, spüre ich in den Moment hinein. Dieser Moment ist alles; er beinhaltet alles: Zukunft und Vergangenheit. Wie fühlt es sich JETZT an, in X zu sein? Und entweder da ist ein ja oder kein ja. So einfach. Aber es ist notwendig, dass man innehält. Sonst sagt man zu: ‘Ja ja, ich komme.’ und wenn dann die Zeit da ist, um die Zusage einzuhalten, ist keine Energie da.“ Und mit einem Schmunzeln fügt Samarpan hinzu: „Sannyasins eilt in dieser Richtung bekanntermaßen ein entsprechender Ruf voraus ... ‘Du, für mich fühlt sich das gerade nicht stimmig an. Da habe ich jetzt gerade keine Energie für.’ - ‘Aber Du hast doch gesagt ...’ - ‘Ja, schon. Aber im Moment ist da einfach keine Energie.’ – Halte inne im Moment der Anfrage. Dann weißt Du. Dann weißt Du Bescheid. Halte einfach inne. Wieder und wieder.“

„Wie steht es damit, Samarpan“, fragt jemand im Abend-Satsang, „dass man an irgendeinem Punkt ‘ins Unbekannte’ springen muss?“

„Weißt Du... All diese Bilder! Wenn der Verstand sie nimmt, macht er irgendein Konzept daraus, irgendeine beängstigende Vorstellung: ‘Das Unbekannte!!! Buaaaaaaaargh, schlotter, zitter.’ – Wenn etwas unbekannt ist, ist es unbekannt. Kein Problem. Erst wenn der Verstand die Vorstellung hat: ‘Da ist ein unbekanntes Etwas, und es ist falsch, dass es unbekannt ist; ich sollte es besser kennen.’, dann ist da Angst. – Hier ist nichts Unbekanntes. Dieses Unbekannte ist das Vertrauteste, das Du hast. Dein eigenes Selbst. Du kennst es. Wie beängstigend könnte es sein, da hinein zu springen? – Schau: Genau genommen brauchst Du nicht zu springen. Auch das ist nur eine Vorstellung. Erkenne einfach, dass Du schon dort bist. Tatsächlich BIST Du Das!“‘

Nach dem letzten Lied im Anschluss an den Satsang flüstere ich Abhijat leise zu:

„Ich muss jetzt leider los, werde aber am Freitag nach der Arbeit gleich wieder hierher flitzen.“

„Ja, bis Freitag. Mach’s gut“, flüstert er leise zurück. Noch eine schnelle Umarmung und los geht es in Richtung ‘Heimat’.

4.

Was hat ein Mensch davon, wenn er die ganze Welt gewinnt, aber am Ende doch sein Leben verliert? Ein verlorenes Leben kann man durch nichts zurückkaufen.
(Matthäus-Evangelium 16.26)

Stuttgart, 18. August 97

Wie geplant, fange ich heute in einer neuen Abteilung an und stehe jetzt am Morgen erst mal am Kopierer. Eine Stunde geht dahin und mit jeder Minute geht es mir schlechter. Ich sehe meine neuen Kollegen hin- und her rennen, höre sie im Hintergrund wichtige Telefonate führen, und all das kommt mir vor, als berühre es mich nicht, als sei ich nicht Teil davon, als sei ich in einer anderen Realität. Von Minute zu Minute habe ich mehr und mehr den Eindruck, am falschen Platz, im falschen Film zu sein. Nicht, dass die anderen nicht alle nett wären, im Gegenteil. Alle, inklusive des Chefs, sind supernett, mein Büro ist nagelneu usw. Vom Verstand her aus betrachtet, ist alles geradezu fantastisch. Und trotzdem bzw. gerade weil eben aus Verstandesperspektive betrachtet alles hundertzwanzigprozentig ist und ich mich gleichzeitig beschissen fühle, sehe ich mit jeder Minute klarer: Ich bin nicht der richtige Mann für diese neue Stelle. Denn wenn ich hier durchstarten will, und eine andere Möglichkeit gibt es in dieser extra für mich neu geschaffenen Position nicht, sehe ich die unabdingbare Notwendigkeit, Weiterbildungskurse zu besuchen, unter Umständen oft bis in die Nächte und auch am Wochenende zu arbeiten; und wahrscheinlich werde ich am Ende – in vielleicht zwanzig Jahren – Chef dieses Geschäftsbereiches sein. Aber will ich das wirklich? Und was bringt mir das überhaupt? Außerdem merke ich im Moment gerade überdeutlich, dass ich für diese Tätigkeit schlichtweg nicht über die notwendige Motivation und den erforderlichen Einsatzwillen und Biss verfüge. Das bedeutet im Klartext: In spätestens zwei bis drei Monaten wird das auch meiner Firma klar sein und dann werden wir uns ohnehin trennen müssen. Also kann ich mir diese zwei, drei Monate Quälerei schon von Anfang an sparen und meine Zelte hier sofort abbrechen. Hui! Da ich nun in meiner mittlerweile dritten Stunde am Kopierer stehe, wird mir klar, dass ich nicht nur diesen Job, sondern diese ganze 'Karriere-macht-glücklich'- bzw. 'Ich-muss-erst-Karriere-machen'-Vorstellung hinter mir lassen kann. Hier Karriere zu machen, und sei es bis ins Top-Management, würde mich nicht glücklich machen. Im Gegenteil: Es wäre die Hölle! Puuh! Ich habe deutlich vor Augen, wie ich mich hier jahrelang abrackere, nur um dann am Ende zu erkennen, dass ich die ganze Zeit einer Illusion hinterher gelaufen bin. Das wäre ja Wahnsinn! Die Verschwendung eines ganzen Lebens. Die Verschwendung MEINES ganzen Lebens! Oder zumindest eines Großteils. Und wie viel Zeit meines Lebens habe ich bereits 'verschwendet'! Sieben Jahre eines Studiums, von dem ich schon am ersten Tag klar und deutlich wusste, dass ich in meinem ganzen Leben nichts damit zu tun haben wollte; verrückt! Aber abgesehen davon: So schlecht wie ich mich fühle, habe ich gar keine Entscheidungsfreiheit mehr, was das Hierbleiben oder Weggehen anbelangt. Es gibt nur noch einen Weg. Und der heißt: aufhören, anhalten, innehalten. Zu allem anderen bin ich überhaupt nicht mehr in der Lage. Ich kann die ganzen Firmenvorgänge, die ganzen Kopien, die sich vor mir stapeln und alles, was um mich herum geschieht, einfach nicht mehr ernst bzw. wichtig nehmen. Und wo sollte dann die Motivation herkommen, mich in diese Thematiken hinein zu knien? Ich fühle mich so saft- und kraftlos, dass ich kaum noch den Kopierer bedienen kann, und es wird immer schlimmer und noch schlimmer. Die Sekunden dehnen sich zu Minuten, und die Minuten dehnen sich zu Stunden. Die Vorstellung noch den ganzen Nachmittag hier zu sein, macht mich schon fast wahnsinnig. Nein, das halte ich nicht aus: Ich muss hier raus! Und zwar so schnell wie möglich, ansonsten drehe ich endgültig durch. – Jetzt, da mir das klar wird, geht es mir etwas besser. Doch die Energielosigkeit bleibt. Mühsam packe ich all meine Unterlagen vom Kopierer zusammen, gehe unverzüglich zum Geschäftsführer. Der fällt aus allen Wolken und kann meinen Standpunkt überhaupt nicht verstehen, schließlich hat er mich in den letzten Jahren als absolut zuverlässigen und engagierten Mitarbeiter kennen gelernt. Und wenn ich hier und heute 'hinschmeiße', kann es natürlich mit meiner Karriere unter Umständen in der Tat für alle Zeit aus und vorbei sein. Aber das ist mir in meinem momentanen Zustand egal. Lieber ein Leben unter der Brücke in Freiheit, als noch einen Tag wie den heutigen überstehen müssen. – 5 Minuten später stehe vor dem Gebäude, die Sonne scheint, und ich fühle mich von den Toten wieder auferstanden. Wahnsinn! Die Vögel zwitschern, das Leben hat mich wieder. Ich fahre zu mir nach Hause und empfinde ein noch nie zuvor gekanntes Freiheitsgefühl. Das Leben ist so schön! Es gibt so viele Möglichkeiten! Und irgendwie werde auch ich etwas finden, was mir Spaß macht. Mit Samarpan umher zu reisen, kann ich mir wahrscheinlich abschminken, nachdem er mich bei meiner letzten Anfrage hat voll auflaufen lassen, aber vielleicht werde ich ja Busfahrer, wer weiß? Zu Hause schnappe ich mir schnell Klamotten für zwei Wochen und dann geht es schon wieder nach Gmund zu Samarpan. Und während ich dieselbe Strecke erst gestern Abend in umgekehrter Richtung noch als Karrieretyp unterwegs war, rausche ich jetzt als absolut freier Mensch dahin und überlege, was ich jobmäßig am liebsten machen würde. Erstens: Ich habe total gerne ein Lenkrad in den Händen; sei es das von einem Auto, einem Lastwagen oder einem Bus. Zweitens: Ich liebe es zu reisen. Und drittens: Ich bin gerne mit so lieben Leuten wie aus dem Satsang-Umfeld zusammen. Eine Kombination aus allen drei Kriterien, wäre natürlich das Optimum! Aber jetzt ist ja erst einmal das Stille-Retreat und danach wird man weitersehen.

– Gegen 18 Uhr bin ich wieder in Gmund, zu Hause. Es ist unglaublich, was sich seit meiner Abreise vor gerade einmal 20 Stunden alles verändert hat. Ich bin ein anderer Mensch geworden. Und ich bin glücklich wie noch nie. Da gerade Abendessenzeit ist, gehe ich gleich freudestrahlend zu Samarpan, der sein Mahl bei sich im Zimmer einnimmt, und ohne lange abzuwarten, platze ich überschwänglich heraus:

„Hi Samarpan! Soll ich Dir sagen, was seit gestern alles passiert ist, oder siehst Du sowieso alles?"

Ich strahle über beide Backen, bin voller Energie, nichts und niemand könnte mich jetzt aufhalten! Jede Zukunftsangst ist gewichen. Ich habe den Absprung geschafft! Ich habe das geschafft, von dem ich noch gestern unheimliche Angst hatte, dass ich es Zeit meines Lebens nie schaffen würde. In ein paar Worten erzähle ich Samarpan, was geschehen ist:

„... und natürlich ist da die Vorstellung, fortan nur noch mit Dir zu sein."

„Ich verstehe. Aber weißt Du, so funktioniert das nicht im Leben. Das ist nicht etwas, das man entscheiden kann. Abhijat, zum Beispiel, war einfach da; er tauchte einfach immer wieder auf."

Es ist völlig klar, dass das die Wahrheit ist, und mir ist es momentan genau genommen auch vollkommen gleich, ob ich nun mit ihm herumreisen werde oder nicht. Wenn es so kommt: gut, und wenn etwas anderes kommt: auch gut. Jetzt habe ich erst einmal zwei Wochen (!!!) Stille-Retreat. Was kann es Schöneres geben?

„Ist klar, Samarpan. Ich habe das auch nicht geshart, weil ich irgendetwas hören wollte." Ich fühle mich so in meiner Kraft, dass es mich gar nicht zieht, ihn zu umarmen. Also nicke ich ihm nur freundlich zu und verlasse den Raum. Was kann das Leben aufregend sein! Und während ich die Treppe nach unten gehe, denke ich: Das Leben weiß jetzt Bescheid und wird alles von alleine arrangieren. Ich brauche mich um nichts mehr zu kümmern. – Und schon ist wieder Satsang; welch ein Leben!

„Es geht nicht darum, etwas Besonderes zu sein, im Gegenteil. Wenn Papaji, der wahrlich ein großer Meister ist, auf dem Markt einkaufen geht, sieht ihn niemand als den, als der er von seinen Schülern gesehen wird. – Erleuchtung ist nichts Besonderes; es ist das Normalste, was es gibt. Es ist Deine wahre Natur, Dein wahres Wesen, Dein wahres Sein. Total normal. Einfach das, was Du bist."

„Aber stellte Osho Erleuchtung mitunter nicht auch als etwas Besonderes dar?", fragt ein Sannyasin.

„Ja", lacht Samarpan. „Osho wusste, dass wir so in unseren Vorstellungen gefangen waren, dass er alles würde sagen müssen, um uns in die Freiheit zu führen. Darauf angesprochen meinte er einmal: 'Wenn ihr erst einmal aus dem Haus heraus und in Freiheit seid, spielt es dann noch eine Rolle, dass ich Euch gesagt habe, dass das Haus in Flammen steht und ihr jetzt feststellt, dass es gar nicht brennt?' – Osho sagte immer wieder: 'Ich bin nur ein ganz gewöhnlicher Mensch.' Aber wir konnten ihn nicht hören. Wir alle dachten, Erleuchtung sei 'weiß Gott was'."

Samarpan ist so bescheiden. Ich bin genau richtig hier. Bei ihm. Zu seinen Füßen.

Gmund, 19. August 97 (Retreat)

Den ganzen Vormittag-Satsang über beobachte ich, dass hintereinander verschiedene Leute zunächst im Schmerz sind, eine Frage stellen und nach ein paar Worten von Samarpan – und vielleicht auch ein paar Tränen – plötzlich in einer Art Glückseligkeit über das ganze Gesicht strahlen. Einer wie der andere, ohne Ausnahme. Es ist unfassbar. Da gibt es nur eins:

„Samarpan! Kannst Du mir nicht auch ein bisschen Schmerz geben?"

Totenstille. Hoppla, was habe ich mich da gerade sagen gehört? Auweia. Vielleicht macht Samarpan mich jetzt zur Sau, nur damit ich einmal richtigen Schmerz kennen lerne ... Oh, oh, oh. – Doch umsonst geängstigt. Denn Samarpan sagt nur:

„Entspanne einfach. Du hast andere durch den Schmerz hindurch gehen sehen und danach im Frieden sein und möchtest jetzt auch dieses schöne Gefühl." Ich nicke. „Sei einfach im Frieden mit dem, was gerade da ist, was gerade Hier ist."

„Ich hätte aber gerne so einen glückseligen Frieden."

„Schau: Wir können uns 'leider' nicht aussuchen, welche Art von Frieden wir gerade empfinden. Wir können einfach immer nur mit dem im Frieden sein, was gerade ist. Wir können immer nur den Frieden haben, der im Moment Hier verfügbar ist."

„Ooooooh." Wie schade, jammere ich im Spaß.

„Ja. Ooooooh", echot Samarpan, und wir beide lachen uns an. Wie schön!

Mittag-Satsang.

Eine junge Frau, die ich heute Morgen nicht im Satsang gesehen habe, shart:

„Ich hatte heute Morgen keine Lust auf Satsang und bin deshalb kurzentschlossen Schwimmen gegangen. Hat total Spaß gemacht."

„Wunderbar. Du warst in Übereinstimmung mit dem Göttlichen. Ein schön verbrachter Morgen. Du hattest Satsang am Strand. Satsang ist überall. Wenn Du schwimmst, dann schwimme und denke nicht, dass Du jetzt eigentlich beim Retreat im Satsang sein solltest. Und wenn Du Hier beim Retreat im Satsang bist, dann wolle nicht am Strand oder sonst irgendwo sein. Sei einfach immer dort, wo Du gerade bist. Sei Hier, wo auch immer sich dieses Hier im Augenblick befindet. Das ist der Frieden."

Abend-Satsang.

„Um offen zu sein, um bereit für die Wahrheit zu sein, müssen wir all unser Wissen hinter uns lassen; inklusive des ganzen esoterischen Wissens, das wir uns angeeignet haben. Nur dann ist da Raum für die Wahrheit. – Hier ist Wissen nicht von Nutzen. Im Gegenteil: Jedes Wissen steht zwischen uns und der Wahrheit. Die Wahrheit ist unendlich, und sie lässt sich nicht mit dem Verstand erfassen. Wenn wir die Wahrheit sehen wollen, müssen wir den Verstand hinter uns lassen. Sonst ist da kein Platz. Und in der Tat gibt es im Verstand keinen Platz für die Wahrheit. – Lasst mich Euch eine Geschichte erzählen. In einem Zen-Kloster war ein Schüler neu aufgenommen worden und nun trat dieser zum ersten Mal vor seinen Meister. Der saß an einem kleinen Tischchen und hieß ihn Platz zu nehmen. Der Schüler setzte sich hin, und der Meister begann, ihm bedächtig eine Tasse Tee einzuschenken. Schließlich war die Tasse voll, doch der Meister goss einfach weiter. Der Tee floss auf den Tisch, auf den Boden, und der Schüler rief: 'Stop! Die Tasse ist voll!' Da stellte der Meister die Kanne wieder ab und sagte: 'Genau.' – Du musst wie eine leere Tasse werden. Du musst leer werden. Erst wenn Du leer bist, kann das wahre Lernen beginnen. Um Gott erfassen zu können, um Gott begegnen zu können, müssen wir vollkommen leer sein und all unser Wissen hinter uns lassen. Selbst die wunderschönen Worte Jesu. Alle Worte von allen Meistern, die je gelebt haben und die je leben werden, können immer nur auf die Wahrheit HINWEISEN. Die Wahrheit selbst lässt sich nicht in Worte fassen." Und nach einer längeren Stillephase fügt Samarpan hinzu:

„Nur eines: Vergiss alles. – Und jetzt lasse auch diesen Satz los. Sei einfach. Einfach nur Sein."

Tiefe Stille. Tiefer Frieden. Oh, Gott: Ist das die Wahrheit? Wenn das die Wahrheit ist, dann ist es ja gerade unglaublich einfach. Und wenn es wirklich so einfach ist, dann kann es hier im Raum doch eigentlich niemanden geben, der diese Wahrheit jetzt gerade nicht sieht.

Gmund, 20. August 97 (Retreat)

„Wisst Ihr, als ich bei dem Retreat meiner Lehrerin Gangaji die Wahrheit erkannte, war es für mich selbstverständlich, mein Leben ganz in den Dienst des Göttlichen zu stellen. Genauso, wie wenn man einen Geldbeutel mit der Adresse des Besitzers darin findet und ihn umgehend an diesen zurückgibt, stand für mich fest, diesen Körperverstand wieder seinem rechtmäßigen Eigentümer zurückzugeben bzw. zur Verfügung zu stellen. – Ich habe an nichts anderem Interesse, als Gott zu dienen, als der Wahrheit zu dienen. Mein ganzes

Leben ist Satsang."

„Und wie kommt es, dass Du jetzt hier in Deutschland Satsang gibst?", fragt jemand.

„Nun, zu der damaligen Zeit arbeitete ich gerade als Handwerker und nach meinem Erwachen war es nur naheliegend, Gangaji anzubieten, jetzt für sie den Handwerker zu spielen. Und Gangaji war einverstanden. Sie bauten ohnehin gerade ein neues Zentrum auf, und alles schien perfekt. Also löste ich alles auf, verkaufte mein Haus und wollte mich noch am selben Tag auf den Weg zu ihr machen, als mich ein Anruf erreichte. Sie hätten sich jetzt nun doch für einen anderen Handwerker entschieden, der schon bei vorangegangenen Projekten federführend gewesen sei. Und so ist es im Leben. Wir haben irgendeine Vorstellung davon, wie wir glauben, dass es in unserem Leben weitergeht bzw. weitergehen soll und ich hatte natürlich gedacht, den Rest meines Lebens bei Gangaji zu sein. Doch dann geschieht etwas derartiges. Das Leben sagt: 'Nein, nicht hier, dort geht es lang.', und unser Lebensfluss macht eine unerwartete Biegung. – Da stand ich also. Ohne Haus. Ohne Job. Ohne Plan. Und dann entstand die Idee, selbst Satsang zu geben, und meine deutsche Frau kam mit der Idee auf mich zu, in Deutschland für mich Satsang organisieren zu wollen. Und ich sagte: 'Okay.' Und nun bin ich hier. Und es ist wunderbar; Hier. Hier ist es immer wunderbar. Ob in Amerika oder in Deutschland, ob in Hamburg oder in München: Hier ist es immer wunderschön. Sei einfach Hier. In diesem Moment."

Gmund, 21. August 97 (Retreat)

Beim Herrichten des Raumes (Saugen, Sitzkissen für die Teilnehmer hinlegen usw.) sehe ich unter der Couch eine Trommel liegen. Und als die Musiker zu Beginn des nächsten Satsang anfangen, nehme ich sie mir einfach und trommele zaghaft mit. Es macht total Spaß, mich bei dem, was hier geschieht, einbringen zu können.

„Samarpan? Warum gibt es eigentlich soviel Horror auf der Welt?", fragt jemand.

„Weil wir den Horror lieben! Das ist die Wahrheit. Kinder, denen man gruselige Märchen von Riesen erzählt; Jugendliche, die sich Horrorfilme ansehen; Erwachsene, die mit der Achterbahn fahren. Wir lieben es, uns zu fürchten. Wir lieben all die Dramen, die uns diese Illusion bietet; werft nur einen Blick auf Hollywood. Auch dort werden nicht nur Liebesfilme produziert. Das wäre langweilig. Hin und wieder braucht es einen Kriegsfilm. Und selbst in den Liebesfilmen muss es wenigstens einen Bösen geben, jemanden, der für den Geliebten oder die Geliebte eine Gefahr darstellt. Ansonsten wäre es ein langweiliger Film, den sich niemand ansieht. Es ist auch versucht worden, eine Zeitung herauszugeben, die nur über positive Meldungen berichtete. Dreimal dürft ihr raten, was daraus geworden ist: Keiner hat diese Zeitung gekauft. Denn die Wahrheit ist: Wir lieben all die Dramen in unserem Leben. Es ist alles interessant. Wenn wir unsere Urteile diesbezüglich fallen lassen, ist es einfach, wie es ist. – Schau: DEIN Lebensfilm – mit all den Dramen – ist perfekt. Er beinhaltet alles, was ein guter Film benötigt. Erfreue Dich daran, dass Du bei solch einem tollen Film mitspielen darfst, ja sogar die Hauptrolle bekommen hast. Es ist perfekt. Du bist perfekt. Dein Leben ist perfekt. Alles, was darin geschieht, ist perfekt. Es ist alles absolut vollkommen; im Leben von jedem einzelnen von uns. Wenn wir dem Verstand den Rücken zuwenden, erkennen wir es. Entspanne einfach und sei Hier."

Im Moment ist wirklich alles toll; ich mache mit Abhijat, Radhika und Vasant zur Freude der Retreat-Teilnehmer noch bis spät in die Nacht hinein Musik, und wir alle haben so viel Freude! Insbesondere die indischen, sich vom Text her immer wiederholenden Bhajans können wir gar nicht lange genug singen; mal lauter, mal leiser – mal wilder, mal sanfter; wunderschön!

Gmund, 22. August 97 (Retreat)

Es ist so faszinierend. Samarpan hat auf alles eine Antwort und doch sagt er, dass er nichts weiß. Im Morgen-Satsang share ich etwas stutzig:

„Samarpan? Auch wenn Du immer wieder sagst 'Ich weiß nichts', habe ich doch das Gefühl: Da ist irgendetwas, was Du weißt, was ich nicht weiß."

„Im Grunde ist es gerade umgekehrt", lächelt Samarpan. „Ich weiß mit absoluter Bestimmtheit, dass ich nichts weiß, während Du noch an dem einen oder anderen Wissen festhältst. Lasse all Dein Wissen los. Wisse nichts. Darin liegt die Weisheit. – Als das Orakel von Delphi aussagte, dass Sokrates der weiseste lebende Mensch sei, rannten seine Schüler voller Stolz zu ihm, doch er sagte nur: 'Das Einzige, was ich weiß, ist, dass ich nichts weiß.' Und seine Schüler eilten wieder zurück zum Orakel, und dieses bekräftigte seine zuvor getroffene Aussage mit den Worten: 'Genau darin liegt die Weisheit!' Das ist die Wahrheit: Die Weisheit liegt im Nichtwissen. Wenn ich weiß, dass ich nichts weiß, wenn ich weiß, dass dieser Verstand nichts weiß, dann bin ich im Frieden. – Wisse nichts. Wie ein kleines Kind. Ein kleines Kind weiß nichts. Es nimmt die Welt mit großen staunenden Augen wahr. Jesus sagte: 'Seid wie kleine Kinder.' Das ist die Wahrheit. Wir alle müssen wieder wie kleine Kinder werden; offen sein für den Moment; offen sein für die Schönheit dieses Momentes."

Stille. Wie schön, dass Samarpan nicht von 'ihm' auf der einen Seite und 'uns' auf der anderen Seite spricht, sondern nur von 'uns'. Welch ein Geschenk! Fühle mich ihm so verbunden!

ge ich den Rest des Satsang und komme immer wieder zu demselben Resultat: Ich scheine tatsächlich erleuchtet zu sein – ja, ich muss erleuchtet sein!!! Jaaaaa!!!!! Ich bin erleuchtet!!!!! Geil!!! Jetzt gehöre ich endlich auch dazu!!! Oh, Mann, was bin ich froh!!!

Als ich nach dem Satsang den Raum verlasse, achte ich insgeheim darauf, wie die anderen mich, jetzt, da ich erleuchtet bin, anschauen. Ansonsten gebe ich ihnen überhaupt keine Aufmerksamkeit, denn ich fühle mich einfach zu gut und vielleicht auch zu erhaben. Und irgendwie tun sie mir auch leid, dass ich es jetzt geschafft habe und sie noch immer unerleuchtet sind, aber das will ich natürlich nicht durchblicken lassen. Doch während ich so durch den Tag und durch das Haus stolziere, fällt mir auf, dass die anderen mich kaum beachten. Eigentlich hätte ich erwartet, dass sie verdammt eifersüchtig sein und bewundernd zu mir aufschauen würden – wie ich sonst in der Vergangenheit, wenn jemand anderes erwachte. Doch davon ist gerade keine Spur zu merken. Im Gegenteil: Alle scheinen total glücklich und im Frieden mit sich selbst zu sein. Wie zum Teufel ist das nur möglich? – Fuck! Je später es am Nachmittag wird, desto mehr fällt mir auf, dass ich im Moment irgendwie ziemlich links liegen gelassen werde; eine Erfahrung, die ich im Satsang-Umfeld bislang so noch gar nicht kannte. Meiden die Unerleuchteten die Erleuchteten? Aber zu Samarpan schauen doch auch alle auf. Oder meiden Erleuchtete die Unerleuchteten? Aber Samarpan meidet doch auch niemanden. Fragen über Fragen.

Abend-Satsang. Tja, jetzt habe ich einen ganzen Haufen Fragen, aber die kann ich ja schlecht stellen. Denn ein Erleuchteter hat ja keine Fragen mehr, oder? Na ja, das dachte ich zumindest bislang. Und würde ich jetzt im Satsang eine Frage stellen, dann wüssten ja alle, oder würden zumindest denken, dass ich doch nicht erleuchtet bin! Scheiße, scheiße, scheiße. Ich kann nur hoffen, dass die Fragen von alleine verschwinden. Doch auch als der Satsang vorüber ist, sind alle Fragen noch da. Am besten ich gehe gleich schlafen bzw. lege mich ins Bett, denn an Schlafen ist im Moment nicht zu denken. Mann, oh Mann. Ich wälze jetzt den ganzen Tag immer wieder dieselben Fragen und bin doch zu keinem Ergebnis gekommen. Seltsam. Sehr seltsam. Vielleicht bin ich doch nicht richtig erleuchtet? Auweia; das wäre ja furchtbar. Das ganze Gehechel nach Erleuchtung würde wieder von vorne beginnen. Oh nein! Alles nur nicht das!

Gmund, 26. August 97 (Retreat)

Gehe noch vor dem Frühstück hinunter an den Strand spazieren. Mir geht es beschissen wie noch nie. Erleuchtung kann das nicht (gewesen) sein. Scheiße! – Jetzt stehe ich auf dem Bootssteg, sehe uninteressiert den Enten zu. Erst gestern stand ich noch hier an exakt der gleichen Stelle und dachte, ich sei im Paradies! So schnell kann sich das ändern.

„Schaaaaaaeeeeeeeiiiiiiisse!“, brülle ich über den See. Und einige Enten nehmen Reißaus. Es ist so zum Kotzen. Ich bin absolut unten und sehe keinen Ausweg. Eines Tages erleuchtet zu werden, kann ich mir wohl endgültig abschminken. – In trostlosem Zustand mache ich mich auf den Rückweg. Ich werde es nie verstehen; habe die Schnauze endgültig gestrichen voll. Verfluchter Dreck! Ich will nur noch sterben. Und das ist ja ohnehin das, worum es geht. Ich bin total verzweifelt und überlege, ob ich aus der Küche ein großes, langes Messer mit in den Satsang-Raum nehmen soll, im Satsang nach vorne gehen, vor Samarpan niederknien, den Kopf nach vorne beugen und ihn bitten soll, mich zu töten. Ich kann mir ja nicht vorstellen, dass er es tatsächlich tut, denn das dürfte doch sowohl für ihn als auch für alle anderen Anwesenden einige Komplikationen mit sich bringen; aber wer weiß; erst neulich sagt er:

„Ein Meister ist vollkommen unvorhersagbar. Der Verstand hingegen ist vollkommen vorhersagbar. Menschen, die auf ihren Verstand hören, sind vollkommen vorhersagbar. Deshalb geben große Firmen auch Millionen Mark für Werbung aus. Der Verstand ist vollkommen logisch. Das Göttliche weiß nichts von Logik. Das Göttliche ist vollkommen unlogisch. Ein Mensch, der nicht auf seinen Verstand sondern auf das Göttliche hört, verhält sich vollkommen unlogisch – ist frei.“

Shit! Der nächste Satsang rückt näher. Was soll ich nur machen? Mmh! Ich glaube, ich lasse die Sache mit dem Messer dann doch lieber bleiben und leide heimlich weiter. Heimlich? Glaube ich wirklich, dass ich irgendetwas vor Samarpan verbergen kann? – Der Satsang beginnt mit einer langen Stillephase. Immer diese Stille, das macht mich noch wahnsinnig!

„Samarpan!!! Ich will jetzt endlich aufwachen, verdammt noch mal!“

„Das ist nur der Verstand, der erwachen will“, lacht Samarpan. „Zuerst will der Verstand Geld, Ruhm, Macht, Beliebtheit etc. und jagt diesen Träumen hinterher. Irgendwann erkennen wir dann, dass es das nicht ist, dass uns das nicht glücklich macht. Und dann kommt man zum Satsang und will Erleuchtung. Osho sagte: ‘Nirwana: der letzte Alp-Traum.’“ Alle lachen, und ich kann nicht anders, als mitzulachen. Ich weiß zwar nicht genau, was daran so lustig ist, aber: ICH LACHE! Aus vollem Hals. Mann, oh Mann, tut das gut. Und Samarpan fährt fort: „Und es ist das Gleiche. Es ist der gleiche Verstand, der nach wie vor im Außen sucht. Aber schau: Es gibt nichts im Außen! Erleuchtung ist nicht im Außen. Erleuchtung ist IN Dir. Erleuchtung ist einfach das, was Du BIST. Deine wahre Natur.“

„Wenn ich es doch nur kapieren würde!“

„Da gibt es nichts zu kapieren. Osho sagte: ‘Vergiss die Erleuchtung. Singe und tanze. Feiere Dein Leben einfach.’ – Und das ist die Wahrheit. Tanzt Euer Leben einfach. Da fehlt es an nichts. Ihr habt es!“

Gmund, 27. August 97 (Retreat und Samarpans Geburtstag)

„Was bedeutet der Geburtstag dieses Körpers? Die Wahrheit ist das Einzige, was zählt. Mein ganzes Leben ist Satsang. Lasst uns ganz normalen Satsang haben. Das ist für mich das Schönste, was ich mir vorstellen kann."

„Wenn wir gerade von Geburtstag sprechen", fängt eine Frau mittleren Alters mit traurigem Tonfall in der Stimme an, „meine Mutter liegt gerade im Sterben." Sie kann nicht weiterreden, da sie von einem heftigen Weinkrampf geschüttelt wird.

„Fühle diese Traurigkeit einfach", sagt Samarpan liebevoll zu ihr. „Lasse Deine Mutter los. Sie hat Dir alles gegeben. Sei ihr dankbar und lasse sie gehen. Ihr Leben ist vollkommen. Halte nicht an ihr fest. – Ramana saß einmal bei einem Sterbenden. Im Raum war es vollkommen still, und der Sterbende lag vollkommen im Frieden da. So ging es stundenlang. Niemand sprach ein Wort. Absolute Stille, tiefster Frieden. Da stürmte plötzlich ein Verwandter herein und klagte und jammerte und heulte, dass auch der im Sterben liegende ganz besorgt wurde. Und als er kurz darauf verstarb, sagte Ramana sagte zu dem Verwandten: 'Jetzt wird er wiederkommen müssen.'"

Die Frau steht auf und geht nach vorne zu Samarpan, wo sie sich zu seinen Füßen niederlässt.

„Lasse Deine Mutter los", sagt Samarpan unendlich sanft. „Sie ist nicht Deine Mutter. Sie ist nur Dein eigenes Selbst. Sie ist nicht getrennt von Dir. Sie kann nicht sterben. Nur der Körper stirbt. All diese Körper werden sterben. Aber WIR sterben nicht. Was uns am Tod anderer berührt, ist unsere eigene Angst vor dem Streben. Fühle diese Angst! Fühle diese Traurigkeit! Fühle, was auch immer durch den Tod Deiner Mutter ausgelöst wird, und Du entdeckst das, was nicht stirbt. – Du kannst damit warten bis zu dem Moment, da der Körper stirbt, oder Du kannst es jetzt entdecken. Es liegt an Dir. Das Göttliche ist willig. Das Göttliche ist jederzeit bereit, sich von uns finden zu lassen, wenn wir nur nach ihm fragen."

„Ich würde es gerne machen." Die Fragende rutscht unruhig hin und her. „Ich würde mich jetzt gerne meinem Tod stellen."

„Wunderbar. Dann schließ' einmal Deine Augen. Was siehst Du?"

„Da ist alles schwarz."

„Gut. Dann sei in der Mitte von diesem Schwarz. Was siehst Du Hier?"

„Meine Mutter, wie sie mich von der Schule abholt."

„Ja, aber das ist im Verstand. Lasse den Verstand für einen Moment allein und sei einfach Hier." Stille.

„Also, was ist Hier?" - „Traurigkeit."

„Gut. Dann sei im Zentrum von dieser Traurigkeit. Was siehst Du Hier?" Die Frau fängt an zu weinen.

„Schau, das ist der Verstand. Mit all den Bildern; mit dieser ganzen traurigen Geschichte. Lasse die Geschichte los und komme wieder nach Hier. Komme zu der Körperempfindung, die mit diesem Gefühl von Traurigkeit zusammenhängt." Sie atmete tief durch. „Ja, wunderbar. Sei jetzt in der Mitte dieser Empfindung. Was ist Hier." - „Entspannung."

„Wunderbar. Gehe jetzt in die Mitte dieser Entspannung. Was ist Hier?"

„Liebe."

„Wunderschön. Und jetzt schaue einmal, ob diese Liebe irgendwo ein Ende hat." - „Meine Mutter ..."

„Nein, nicht im Verstand. Das ist die Vorstellung Deiner Mutter, und die ist im Verstand, oder? Oder ist sie Hier?" - „Nein."

„Komme also einfach wieder nach Hier; komme zu dieser Liebe. Siehe nach, ob diese Liebe irgendwo endet und irgendetwas anderes anfängt."

Lange Stille.

„Diese Liebe ist überall", sagt sie leise.

„Das ist die Wahrheit. Jetzt verstehst Du, was Jesus meinte als er sagte: 'Gott ist Liebe.' Und jetzt sieh' einmal nach, ob es irgendwo eine Trennung zwischen Dir und dieser Liebe gibt." Absolute Totenstille. - „Nein."

„Du weißt, was das bedeutet? Es bedeutet: DU BIST diese Liebe. – Du bist diese Liebe. Es gibt nichts als diese Liebe. Alles andere ist der Verstand. Alles andere ist die Illusion." Tiefste Stille.

„Unglaublich!", kommt es von ihr zutiefst ehrfürchtig.

„Ja. Es ist unglaublich. Und für den Verstand ist es unmöglich, das zu verstehen. Gibt es Hier eine Mutter, die streben kann?", fragt Samarpan liebevoll. „Hier?"

„Nein", sagt die Frau in tiefstem Frieden.

„Das ist die Wahrheit. Deine Mutter kann nicht sterben. Was stirbt, ist nur diese Vorstellung von Deiner Mutter im Verstand, und das löst den Schmerz aus. Kommen wir nach Hier, erkennen wir: Hier stirbt niemand. Deine Mutter IST diese Liebe, die auch Du bist, die ich bin, die Jesus ist. Diese Liebe, die wir alle sind. Diese Liebe, die schon immer da war und auch immer da sein wird. Hier! Vor dem Universum, nach dem Universum: Diese Liebe ist. DU bist."

„Und wenn ich meine Mutter das nächste Mal besuche, soll ich ihr dann erzählen, dass ..."

„Du brauchst Deiner Mutter nichts zu erklären. Sei einfach in Liebe mit ihr. Wenn Du mit ihr im Frieden bist, im Frieden damit, dass dieser Körper stirbt, ist dies das größte Geschenk, was Du Deiner Mutter machen kannst. Sie wird Deinen Frieden spüren. Sie wird Deine Liebe spüren. Sie wird die Liebe spüren, diese Liebe, die Du bist. Diese Liebe, die auch sie ist. – Für gewöhnlich sind diejenigen, die um einen Sterbenden herum sind, selbst in Angst, weil sie Angst vor ihrem eigenen Tod haben und ihn als etwas Schlechtes betrachten. Und daher können sie auch nicht im Frieden mit dem Tod des anderen sein.

Deshalb ist es für einen Sterbenden ein unschätzbares Geschenk, wenn an seiner Seite jemand ist, der ihm aus eigener Erfahrung sagen kann: ‘Es ist in Ordnung.’ Und das ist die Wahrheit. Der Tod ist nicht unser Feind. Er ist unser Freund. Der Tod holt uns nach Hause, und wir tauchen wieder ein in diesen Ozean der Liebe. – Ein Meister hatte zeitlebens davon gesprochen, dass im Tod der Tropfen wieder im Ozean verschwindet. Auf seinem Sterbebett sagte er dann: ‘Genau genommen ist es umgekehrt. Der Ozean verschwindet wieder im Tropfen.’ Das ist die Wahrheit. Du bist dieser Tropfen. Und Du bist dieser Ozean. Und es ist alles Hier.“

„Oh, Samarpan, meine Mutter hat mich mein ganzes Leben über nie verstanden, und ich frage mich, ob sie jetzt verstehen wird.“

„Das spielt keine Rolle. Die meisten unserer Eltern verstehen uns nicht. Und das ist in Ordnung. Wenn Du am Sterbebett Deiner Mutter sitzt und ihr die Hand hältst, dann ist kein Verständnis von Nöten. Sei einfach Hier. Sei einfach in dieser Liebe. Du brauchst nichts zu sagen. Wenn Deine Mutter ihre Urteile loslassen kann, gut, wenn nicht, dann nicht. Das liegt nicht innerhalb von Deiner Verantwortung. Deine Mutter hat ihr Leben gelebt, wie sie es für richtig hielt. All unsere Eltern, jeder Mensch auf der ganzen Welt lebt sein Leben so, wie er es für richtig hält. Und es ist in Ordnung. Nichts braucht sich zu verändern. Niemand braucht sich zu verändern. Wir sind alle Buddhas. Manche wissen es, und manche wissen es nicht. Und es spielt keine Rolle; es geht nicht um Deine Mutter. Es geht nur um Dich. Sei DU im Frieden. Siehe DU den Buddha in Dir und in Deiner Mutter. Sei einfach in Liebe bei ihr. Begegne dem Buddha in ihr. So findet eine wahre Begegnung statt. So bist Du bei ihr. In Frieden. Immer. Auf ewig. Hier.“ Stille. „Für eine Person, die im Sterben liegt, ist es wirklich ein Geschenk, jemanden bei sich zu haben, der im Frieden ist. Und wenn derjenige fähig ist loszulassen, ist es eine Gnade. Aber man kann es nicht beeinflussen. Übe Dich JETZT im Loslassen. Lasse Dein ganzes Leben zu einer Übung im Loslassen werden. Es gibt nichts, an dem man festhalten kann, also kann man es auch gleich loslassen. Dieses Leben ist so kurz. Verglichen mit der Ewigkeit, ist es winzig, ist es nichts. Nimm es nicht ernst. Das Leben ist nicht ernst. Es ist nur ein Spiel. Und bei Deiner Mutter ist einfach dieses Spiel zu Ende. Vielleicht ist es ihr letztes Spiel, vielleicht wird sie noch viele Spiele spielen, wir wissen es nicht. Und es ist egal. Denn es ist solch ein schönes Spiel. Das Leben ist so reich an Abenteuern. Dieser Planet ist solch ein wunderbarer Spielplatz. Er beinhaltet alles. Jede Form von Spielzeug. Wir können jede Art von Spiel spielen. Wir können Soldat spielen, Börsianer, Schaffner und vieles andere mehr. Das Leben kann soviel Freude machen, wenn man es nicht ernst nimmt. Und es ist nicht ernst. Es ist nicht wirklich. Es ist nur ein Traum. Niemand stirbt wirklich; Du hast es eben selbst entdeckt. – Schau: Es ist egal, ob Deine Mutter oder sonst irgendjemand auf der ganzen Welt Deine Erleuchtung bemerken wird. Lebe Du einfach ein erleuchtetes Leben. Sei Du einfach im Frieden."

Stille. Als Zeichen tiefster Demut und Dankbarkeit senkt die Frau für einige Sekunden den Kopf und geht dann wieder an ihren Platz, während ich mir meine Tränen aus den Augen wische.

Gmund, 28. August 97 (Retreat)

„Jede Sicherheit ist eine Illusion. Unser Körper WIRD sterben. Früher oder später. Das steht fest. Was für eine Sicherheit kann es da geben? Die Welt kann im nächsten Moment enden. Wir wissen es nicht. Man findet keine Sicherheit in der Illusion. – Die einzige Sicherheit ist die Wahrheit dessen, wer Du bist. Dieses 'Ich bin', das schon immer war und immer sein wird."

Gmund, 29. August 97 (Retreat)

Alle scheinen zu erwachen, nur ich nicht. Mist! Vielleicht sollte ich meine Entwicklung mit Drogen etwas antreiben. Und ich frage Samarpan, der sich mir zuwendet und eindringlich sagt:

„Versuche nicht, irgendetwas zu tun! Versuche nicht, irgendetwas zu tun! Versuche nicht, irgendetwas zu tun!" Zu den anderen gewandt fährt er fort: „Gautama Buddha sagte wichtige Dinge immer dreimal zu seinen Schülern, damit er sicher war, dass sie es auch hörten."

Stille. Und ich merke, dass es in diesem Fall wirklich notwendig war, mir dies dreimal zu sagen, denn so tatenlos herum zu 'losen' so von wegen 'ist ja eh alles bestens' liegt mir überhaupt nicht.

„Schau", spricht Samarpan weiter, „Versuche nicht, irgendetwas zu erzwingen. Das Leben versorgt Dich exakt mit dem, was Du benötigst, in der richtigen Menge, zur richtigen Zeit. Alles läuft genau nach Plan. 'Es ist zu wenig.' oder 'Es ist nicht schnell genug.' sind nur Mantren des Verstandes. Wiederholen wir sie ständig, bekommen sie Energie und werden scheinbar real. Deshalb ist es erforderlich, sie in Frage zu stellen. Denn sie sind nicht die Wahrheit."

„Aber es muss doch irgendetwas geben, das ich anstellen kann, um mein Erwachen zu beschleunigen, Samarpan?"

„Da gibt es nichts zu tun. Jedes Tun würde vielmehr in den Weg geraten. – Du kannst Dein Erwachen nicht beschleunigen. Du kannst es auch nicht verhindern. Es geschieht, wenn es geschieht. Dein Erwachen ist bereits programmiert; alles läuft auf Autopilot. Das ist die Wahrheit. Du kannst dem vertrauen. Es gibt nichts zu tun. Entspanne einfach."

„Weißt Du denn, wann es geschehen wird?"

„Lasse mich Dir eine Geschichte erzählen. Ein älterer Mönch saß in Meditation, als ein Meister vorbeikam. Der Mönch fragte ihn: 'Wohin gehst Du?' Und der Meister sagte: 'Ich gehe Gott besuchen.' 'Wenn Du zu Gott gehst', fuhr der Mönch fort: 'Könntest Du ihn etwas für mich fragen?' 'Ja', antwortete der Meister. 'Frage Gott doch bitte, wie viele Leben ich noch meditieren muss, bevor ich erwachen werde.' Und der Meister versprach, Gott diesbezüglich zu fragen und setzte seinen Weg fort. Kurz darauf kam er zu einem jüngeren, ebenfalls meditierenden Mönch und sprach ihn an: 'Ich bin auf dem Weg zu Gott. Der ältere Mönch dort drüben hat mich gebeten, Gott zu fragen, wie viele Leben er noch meditieren muss, bevor er die Wahrheit realisiert. Möchtest Du, dass ich Gott dieselbe Frage in Bezug auf Dich stelle?' Und der jüngere Mönch war einverstanden. Auf dem Rückweg kam der Meister wieder zunächst bei dem älteren Mönch vorbei. Dieser erwartete ihn schon sehnsuchtsvoll: 'Und? Was hat Gott gesagt?' 'Noch drei Leben', antwortete der Meister. 'Was? Noch drei Leben?', entrüstete sich der Mönch. Kurzerhand stand er auf, ging verärgert ins nächste Dorf und betrank sich. – Inzwischen kam der Meister bei dem jüngeren Mönch an und fragte ihn: 'Möchtest Du wissen, was Gott mir gesagt hat?' 'Ja.' 'Siehst Du diesen Baum?' Und damit zeigte er auf den großen, in voller Blüte stehenden Laubbaum, unter dem der Mönch saß. 'Du hast noch so viele Leben vor Dir, wie dieser Baum Blätter trägt. Für jedes Blatt ein Leben.' Als der Mönch das hörte, sprang er auf und rief: 'Das hat Gott gesagt? Ich werde wirklich erwachen? Und nur noch so wenig Leben?' Vollkommen außer sich vor Freude fing er beglückt an zu tanzen. In diesem Moment kam ein kräftiger Windstoß und blies alle Blätter vom Baum." Schöne Stille.

Gmund, 30. August 97 (Retreat)

„Was ist es, das immer Hier ist?", fragt Samarpan im Satsang. „Was ist Hier, wenn Du die Augen schließt und einfach nur bist?"

Ich überlege. Bei mir ist es da nur dunkel, und ich verstehe nicht, was an dieser Dunkelheit so besonderes sein soll. Die Rezeptoren oder Stäbchen oder wie auch immer diese Teile in meinen Augäpfeln heißen und die mir bei geöffneten Lidern mir meine Umwelt 'melden', melden bei geschlossenen Lidern dann eben quasi die Innenseite meiner Lider, wo es nun mal nicht besonders viel zu sehen gibt. Und je nachdem, ob ich meine Hände auf sie lege oder nicht, ist es mal dunkler und mal heller. Zu Samarpan sage ich:

„Diese Dunkelheit, dieses Nichts – wenn Du so willst, was ich bei geschlossenen Augen sehe, ist dasselbe Nichts, was ich sehen würde, wenn ich mit offenen Augen in einem stockdunklen Zimmer wäre. Und was soll daran so besonderes sein? Und vor allem: Wer sagt mir, dass dieses Nichts nicht ebenfalls weggeht oder aufhört da zu sein, wenn ich, wenn dieser Körper – samt Augen – stirbt?"

„Was siehst Du denn in dieser Dunkelheit? Siehst Du da irgendjemanden? Ist Hier irgendjemand?"

Lange Stille. Eigentlich sehe ich zwar nichts und niemand, aber dies zu sagen, lässt mein Verstand nicht zu, denn es klänge viel zu sehr erleuchtet und da ich noch immer nicht erleuchtet bin ... So ein Mist! Was soll ich bloß sagen?

„Irgendwie lässt mein Verstand nicht zu, dass ich etwas 'Erleuchtetes' sage."

„Du hast so ein großes Herz;" Samarpans liebevoller Blick ruht auf mir und mir steigen die Tränen in die Augen. „und solch einen schnellen Verstand."

Das kommt mir auch so vor. Und die Tränen beginnen zu fließen. Ich fühle mich meinem Verstand gegenüber ziemlich hilflos, aber wenigstens ist Samarpan bei mir und versteht mich.

„Schau: Dein Verstand kennt es nicht. DU kennst es! Jede Nacht, wenn Du schläfst und gerade nicht träumst, badest Du darin. Deshalb wachst Du morgens auch erfrischt wieder auf." - „Ich weiß nicht."

„Der Verstand weiß nicht. DU weißt sehr wohl!"

„Ich kenne die Wahrheit nicht!" Verdammt noch mal!!

„Doch. Du kennst die Wahrheit. Tue nicht so, als ob Du sie nicht kennst."

Huch! Vielleicht kenne ich die Wahrheit ja wirklich, aber:

„Trotzdem habe ich das Gefühl, das es da an etwas fehlt!"

„Das ist kein Gefühl, das ist ein Gedanke. Wende ihm einfach den Rücken zu."

„Vielleicht ist es ja so, Samarpan, wie es bei mir war, als ich noch klein war und mit anderen Kindern Schatzsuche gespielt habe. Auch wenn ich den Schatz schon aus den Augenwinkeln gesehen hatte, tat ich so, als hätte ich ihn noch nicht gesehen, um das Spiel noch am Laufen zuhalten."

„Wunderschön", sagt Samarpan.

Mmmmh ... Wenn ich mir nur sicher wäre, dass ich den Schatz wirklich schon gesehen habe. – Abends erfahre ich, dass die Trommel einem Schweizer Retreat-Teilnehmer gehört und ich sie bis auf weiteres erst einmal behalten! Super!

Gmund, 31. August 97 (Retreat)

„Ich weiß einfach nicht, was ich im Leben machen will", shart eine junge Frau.

„Frage umgekehrt. Frage nicht: 'Was will ich vom Leben?', sondern frage stattdessen: 'Was will das Leben von mir? Was möchte Gott, das ich tue? Wo möchte Gott mich hinstellen?' Das ist die Kunst des Lebens. Ohne eigenen Willen zu sein und sich einfach treiben zu lassen. Osho sagte: 'Sei wie eine Wolke.' Eine Wolke hat keinen eigenen Willen. Eine Wolke wird mal hierhin, mal dahin getrieben; sehr harmonisch; wunderschön. – Tue nichts. Es kommt alles, wie es kommt, und Du wirst überrascht sein. Es ist immer eine Überraschung. Jeder Tag ist eine Überraschung. Das ganze Leben ist eine Überraschung. Es ist perfekt. Es ist alles perfekt."

Stille. Und ich denke: welch ein schönes Retreat-Ende. Das waren genau die Worte, dic ich heute noch hören musste, um wieder in Frieden zu sein. Morgen werde ich nach Stuttgart fahren, ein paar Sachen klären und am 8. September ist Satsang in Frankfurt, worauf ich mich jetzt schon freue. Es ist so glasklar, dass das Leben mich dort haben will.

Frankfurt, 8. September 97

Mein erster Nicht-Retreat-Satsang als 'Freier Mensch' findet am gleichen Ort wie beim letzten Mal statt, wo ich auch übernachten kann. Super! Und vor dem Satsang treffe ich die ganze Mitreise-Truppe wieder: Abhijat, Radhika, Vasant und Navab. Wie schön, sie wieder zu sehen. – Im Satsang geht es wieder einmal um das Thema Erleuchtung, und jemand erzählt, wie er seinen Meister vor Hunderten seiner Schüler gefragt hat:

„'Meister, ist es möglich, dass Du gar nicht erleuchtet bist?' Alles hielt die Luft an, und der Meister antwortete: 'Es ist nicht nur möglich, sondern absolut sicher, dass ich nicht erleuchtet bin.'"

Stille. Und ich denke: Das gibt es doch nicht! Dieser Meister war überhaupt nicht erleuchtet? Und gab es auch noch zu? Das ist ja ein Ding!

„Das ist die Wahrheit", sagt Samarpan: "'Ich' bin nicht erleuchtet. Wenn da ein 'ich' ist, ist da keine Erleuchtung. Solange ich glaube 'Ich bin irgendjemand, ich bin dieser Körper', bin ich im Verstand und dann ist da ein Ich. Und dieses 'Ich' wird nie erleuchtet werden. Der Verstand wird nie erleuchtet werden. Wenden wir dem Verstand den Rücken zu, ist Erleuchtung Hier. So einfach."

Frankfurt, 9. September 97

Während auch heute alle ständig nur von Erleuchtung und Erwachen reden, ist mir hingegen im Moment alles scheißegal. Dieser ganze Erleuchtungsscheiß! Und einerseits würde ich am liebsten wieder zurück in mein altes, relativ friedliches Leben; andererseits weiß ich, dass mich das auch nicht wirklich glücklich machen würde. Im Satsang höre ich Samarpan zu jemand anderen sagen: „Ja! Der Verstand möchte wieder zurück an die Macht. Aber Du kannst nicht mehr zurück. Du hast jetzt einen Geschmack von der Freiheit, von der Wahrheit. Und das wird Dich nicht in Ruhe lassen, das wird Dich nicht ruhen lassen. Und das ist perfekt! Du befindest Dich gerade einfach zwischendrin. Du hast den alten Boden verloren, und der neue ist noch nicht da. In diesem Moment ist es wichtig, sich nicht von der Wahrheit wegzubewegen. – Sei mit diesem Gefühl. Es ist gut, dort zu sein, wo Du gerade bist. Die christlichen Mystiker nennen dies die dunkle Nacht der Seele. Da ist nichts verkehrt. Das ist ein sehr wichtiger Abschnitt. Fühle die Unsicherheit. Fühle die Frustration. Fühle, was auch immer gerade Hier ist und versuche nicht, irgendetwas zu verändern. Lasse alles, wie es ist. – Papaji sagte: 'Es ist, als ob Du in der Abflughalle am Flughafen bist. Du hast Dein Gepäck aufgegeben, Dein Flugzeug ist noch nicht da, es gibt nichts anderes zu tun, als einfach abwarten. Und fange vor allem jetzt nicht an, die Möbel hier umzustellen, um es wohnlicher, um es angenehmer zu machen. Es ist nur vorübergehend. Sei einfach still. Es ist alles perfekt.' – Vertraue auf das Göttliche. Es läuft alles genau nach Plan."

Stille. Und ich denke: Welch ein Geschenk ist es doch, Samarpan begegnet zu sein!!

„Oh Samarpan! Es ist solch ein Glück, dass ich Dir begegnet bin. Und zwar genau im richtigen Moment in meinem Leben."

„Wisst Ihr: Wenn man um Hilfe bittet, ist die Hilfe da: unmittelbar", sagt Samarpan liebevoll. „Wenn Dein Gebet von Herzen kommt, wirst Du erhört. Jesus sagte: 'Klopfet an und Euch wird aufgetan.' – Wenn jemand bereit für die Wahrheit ist, erscheint der Meister. So ist es einfach."

Wie wunderbar! Es ist so eindeutig, dass ich die nächste Zeit erst einmal an Samarpans Seite verbringen werde. Und in vier Tagen ist er schon wieder in Karlsruhe. Ich kann es kaum erwarten!

5.

Die Jünger fragten Jesus: Wann wird denn das Reich kommen?
Er aber sprach: Es kommt nicht, indem ihr darauf wartet.
Man kann nicht sagen: Hier oder da ist es. Denn das Reich des Vaters ist schon ausgebreitet über die Erde, nur können es die Menschen nicht sehen.
(Thomas-Evangelium 113)

Karlsruhe, 13. September 97

Ich betrete die kleine Wohnung im Stadtkern von Karlsruhe, in deren Wohnzimmer der Satsang stattfinden soll und komme mir unter all den Fremden anfangs etwas verloren vor. Setze mich daher ganz hinten hin. Doch als Abhijat mich sieht, der mit seiner Gitarre bereits ganz vorne sitzt, winkt er mich zu sich, der Liebe. Allerdings ist mir das dann doch zuviel der Ehre. Ich gehe nur kurz zu ihm, nehme mir den Regenmacher – ein mit Reiskörnern gefülltes Bambusrohr – und gehe wieder an meinen Platz an der Türe. Und da kommt auch schon Samarpan.

„Das Leben ist wie ein Kartenspiel. Manche Menschen haben hohe Karten, und es ist ein einfaches Spiel. Andere haben niedrige Karten, und es ist eine Herausforderung. Manche haben viel Geld, andere haben wenig. Manche Menschen werden mit nur einem Arm geboren, andere werden blind geboren; aber das eine ist nicht besser oder schlechter als das andere. Es ist alles interessant. Die Welt zu erleben, ohne etwas zusehen, kann eine interessante[14] Erfah-

[14] Inter (lateinisch): zwischen; esse (lateinisch): sein.

rung sein; wenn man damit im Frieden ist. – Wenn wir der Meinung sind, dass etwas falsch daran ist, wenn wir sagen: 'Ich will diese Karten nicht, ich hätte gerne die Karten meines Nachbarn', heißt das, dass wir Gott unterstellen, er hätte uns die falschen Karten ausgeteilt. Und dann ist da Leid. – Sei im Frieden mit den Karten, die Du auf der Hand hast. Sei im Frieden mit Deinem Leben. So wie es ist. Es ist perfekt."

Karlsruhe, 14. September 97

Mit grimmigem Gesicht kommt Samarpan heute Morgen ins Zimmer und nennt auch gleich den Grund dafür. Fast keiner der ca. zwanzig Teilnehmer hat gestern gespendet.

„Da es hier offenbar niemand zu schätzen weiß, wenn ein Buddha zu ihm kommt, wird der Satsang heute Mittag ausfallen. Bitte nehmt den Spendenkorb hinten am Ausgang weg; ich will Euer Geld nicht. Und das wenige, das gestern drin lag, gebe ich den Musikern." Samarpan reicht das Geld Abhijat. „Sie haben ihr normales Leben hinter sich gelassen, um mit uns hier sein zu können."

Hoppla! Von Seiten der Leute werden einige Gründe aufgeführt, unter anderem, dass viele erst am letzten Satsang heute Nachmittag spenden wollten, doch Samarpan zeigt sich davon wenig beeindruckt, und der Rest des Satsang findet – meiner Wahrnehmung nach – in ziemlich angespannter Atmosphäre statt. Zum Ende hin ist die Stimmung jedoch wieder sehr schön und nun fragt jemand:

„Könnten wir jetzt nicht doch noch einen Satsang heute Mittag haben?"

„Au ja! Ja, bitte!", kommt es von allen Seiten. Doch Samarpan entgegnet:

„Nein, denn das hieße, den Schlag zurückzunehmen. Fühlt einfach den Schmerz."

Namaste und Ende. – Nach dem Satsang stehen wir vor dem Haus. Was nun? So wie es aussieht, haben wir heute Mittag also nichts vor. Und irgendjemand von den Karlsruhern fragt, ob nicht wir Musiker wenigstens noch da bleiben wollen.

„Wir könnten doch alle gemeinsam an einen See fahren ..."

Abhijat und Radhika haben keine Lust – vielleicht wollen sie Samarpan auch nicht in den Rücken fallen –, aber Vasant und ich sind hellauf begeistert. Tolle Idee! Machen wir einfach Party; mit oder ohne Samarpan: Was spielt das für eine Rolle? Der Himmel ist strahlend blau, die Sonne scheint, und ich denke, wenn Samarpan ein Problem mit den Karlsruhern hat, dann ist das sein Problem. Also fahren Vasant, ich und noch einige andere an einen einsam gelegenen Baggersee und haben sehr viel Spaß. Ich glaube, der Satsang hätte auch nicht mehr Spaß gemacht. Und morgen geht es nach Hamburg! Nicht, dass ich mich schon fest zum Samarpan-Staff, zu den mit ihm Umherreisenden zählen würde, aber das ist einfach im Moment das, wohin es mich am meisten zieht: in Samarpans Nähe zu sein. Und wenn Samarpan morgen nach Hamburg fährt, werde ich morgen ebenfalls nach Hamburg fahren. Ich kann mir überhaupt nicht vorstellen, morgen nicht nach Hamburg zu fahren! Ich habe ja sonst nichts mehr! Samarpan ist mein Leben! Satsang mit Samarpan ist mein Leben! Mein neues Leben!

Hamburg, 15. September 97

Spannend. Eine neue Satsang-Stadt. Ich betrete Terra inkognita, im Gegensatz zu Samarpan, der von vielen stürmisch begrüßt wird. Jeder will ihn umarmen. Und da Samarpan vor jedem Satsang immer mindestens eine Stunde zu früh da ist, bleibt dafür auch genug Zeit. Auch ich kriege ein paar Umarmungen ab. Schön, wenn die Leute so offen sind. Fühle mich total zu Hause, was aber vor allem an der Gegenwart Samarpans liegt. Ich glaube, selbst wenn ich mich im hintersten Winkel des Universums befände – mit Samarpan an meiner Seite, wäre alles in Ordnung. Die Hauptsache ist: Samarpan ist bei mir und ich bei ihm. Aber so kann es doch nicht auf ewig weitergehen, oder? Irgendwie muss ich mich doch einmal zu irgendetwas entscheiden, oder? Im Satsang höre ich Samarpan zu diesem Thema sagen:

„Entscheide gar nichts. Wenn etwas nicht klar ist, ist es nicht klar. Gibt Dir das Leben gerade Unklarheit? Gut, dann soll es offenbar gar nicht so sein, dass da Klarheit ist. Das ist nur der Verstand, der denkt, da sollte Klarheit ein. – Warte einfach ab und tue nichts. Die Klarheit kommt von ganz alleine; und zwar genau dann, wenn sie kommen soll. Entspanne einfach."

Stille. Wunderbar, fürs Erste bin ich bzw. mein Verstand wieder beruhigt. – Am Ende des Satsang fragt Samarpan in die Runde, ob jemand Schlafplätze für uns fünf hat: Abhijat, Radhika, Vasant, Navab und mich. Einige melden sich, und wir kommen alle irgendwo unter. Vasant und ich landen bei einer Dame mittleren Alters, die ein schönes Haus am Rande des Stadtparks bewohnt, wo wir bis spät in die Nacht noch zu dritt Wein trinkend in ihrem Wintergarten sitzen: SUPER! Was für ein Leben!

Hamburg, 16. September 97

„Wenn Jesus sagte: 'Liebe Deine Feinde', dann ist das die Wahrheit. Denn es gibt keinen anderen, es gibt niemanden außerhalb von Dir. All die anderen Menschen sind genauso göttlich wie Du. Sind genauso Gott, wie Du es bist. Deshalb ist auch jedes Urteil, das wir über andere fällen, genau genommen ein Urteil über uns selbst. – Es gibt keine Sache und keine Person, die von Dir getrennt ist. Du bist das alles. Deshalb heißt es auch: Wer mit einem Finger auf andere zeigt, zeigt mit drei Fingern auf sich. Oder wie Jesus sagte: 'Wer andere richtet, wird selbst gerichtet werden.' – Verurteile niemand anderen. Akzeptiere jeden, so wie er ist. Und akzeptiere Dich, so wie Du bist. Jeder Mensch ist auf seine ganz spezielle Art und Weise schön. Das Göttliche hat uns alle so gemacht. Und es ist perfekt."

Nach dem Satsang bleibt Samarpan wie üblich noch eine Weile vor dem Haus stehen, raucht ein oder zwei Zigaretten und steht zur allgemeinen Verfügung, sodass man auch hier noch Gelegenheit hat, Fragen zu stellen. Wie schon gestern Abend hänge ich ihm auch jetzt wieder wegen meiner Zukunftsängste in den Ohren und suche die körperliche Nähe zu ihm.

„Sage Deinem Verstand einfach genau das Gleiche, was auch man einem kleinen Kind sagt."

Samarpan schnippt die Asche von seiner Zigarette und fährt geduldig und mit sanfter Stimme fort:

„Es ist alles in Ordnung. Da ist nichts, wovor Du Angst zu haben bräuchtest."

Stille. Ich liege in Samarpans Armen und würde ihn am liebsten gar nicht mehr loslassen. Er ist im Moment das Einzige, das mir noch Halt gibt. Alles andere ist mir bereits entglitten bzw. entgleitet mir mehr und mehr. Absolut beängstigend. Ich drücke Samarpan fest an mich und höre ihn beruhigend sagen:

„Schau: Es ist nur der Verstand, der denkt, es wäre seine Aufgabe, sich um all das zu kümmern, aber das ist es nicht. Gott ist derjenige, der sich um alles kümmert. – Du brauchst keine Angst zu haben. Das Göttliche kümmert sich um Dich."

„Na, wenn Du es sagst."

„Schaue einfach selbst hin, und Du erkennst: Das ist die Wahrheit."

Hamburg, 17. September 97

Gehe vor dem Satsang in der Nähe des Dammtorbahnhofs spazieren und treffe später im Satsang-Haus die erwachte (?) Frau aus Stuttgart. Sie muss erwacht sein, denn sie sagt mir, dass sie – als sie vorhin mit dem Zug am Dammtorbahnhof ankam – gespürt hat, dass ich in der Nähe bin. Oh, Mann, das kann nur eine Erwachte spüren! Oh, Gott: Vor mir steht eine Erwachte! Ich rede mit einer Erwachten! Oh, Gott, oh, Gott, Oh, Gott!

„Wie ist es denn so, erwacht zu sein?", frage ich schließlich, um das unangenehme Schweigen zu durchbrechen, und sie antwortet: „Eigentlich ganz normal."

Normal?! Dass ich nicht lache! Wenn man weiß, dass man eins mit allem ist, dass das ganze Universum in einem selbst enthalten ist ... Ich kann mir beim besten Willen nicht vorstellen, was daran normal sein soll!

„Wenn Du weißt, dass Du alles bist, dass Du also zum Beispiel auch 'Indien' bist," frage ich sie, „oder ist es eher so, dass Du gleichzeitig überall, also jetzt gerade hier UND in Indien bist ..." Ich stocke, denn als Nicht-Erwachter kann ich schließlich nicht ahnen, wie es für einen Erwachten ist. „Wie ist das?“, fahre ich fort. „Weißt Du alles über ... Indien; um bei diesem Beispiel zu bleiben?“ Scheiße, in mir steigt eine ganz ungute Eifersucht auf; egal was sie gleich sagen wird.

„Es ist in etwa so“, antwortet sie, „Wenn ich an Indien denke, dann kommen Informationen wie so in einem Paket daher.“

Häääh????? Ich verstehe nur Bahnhof. Sie versucht, es mir noch genauer zu erklären, aber ich kriege nichts mehr mit. In meinem Kopf entstehen immer mehr Vorstellungen von Erwachten, die überall gleichzeitig sind (oder auch nicht?) und sich mit Informations-Paketen auf einem ganz hohen, astralen Energielevel telepatisch verständigen. Trotzdem frage ich immer weiter nach und in meinem Hals schnürt sich etwas unaufhörlich zusammen. Auweia; da gibt es etwas, was ich zweifelsfrei nicht habe! Und unter Umständen nie bekommen werde! Horror! Hölle! – Im Satsang sitzend lausche ich Samarpans Worten und entspanne ein wenig. Mein ‘Problemchen’ zu sharen, traue ich mich nicht. Lange Stillephasen. Und es ist wunderbar. Ich entspanne mehr und mehr. Hin und wieder öffne ich meine Augen und sehe zu Samarpan. Und einmal sieht er mich an. Da ist einfach nur Stille. Und Liebe; so viel Liebe!

„Samarpan, der ganze Raum ist erfüllt von dieser wunderbaren Liebe“, shart jemand anderes.

„Ja. Das ist diese Christusenergie; diese Liebe, die immer da ist, die immer Hier ist. Und wenn wir zusammen kommen, mit der Absicht unsere Aufmerksamkeit auf die Wahrheit, auf die Stille, auf das Göttliche zu richten, wirkt das wie ein Verstärker. Genau das ist es, wovon Jesus sprach, als er sagte: ‘Wenn zwei oder mehr in meinem Namen zusammen kommen, da bin ich mitten unter ihnen.’ Diese Liebe. Diese Stille. Und sie ist Hier. Jederzeit. Alle Zeit.“

Ich befinde mich so tief in diesem Frieden, dass ich Samarpan sehr dankbar bin, als er nach dem Namaste die Empfehlung ausspricht, noch in Stille zu bleiben und auch in Stille nach Hause zu gehen.

„Ihr braucht kein Wort zu sagen, Ihr braucht Euch nicht zu verabschieden. Geht einfach in Stille nach Hause. Nehmt diesen Frieden mit Euch mit.“

Stille. Wie schön. Ich bin wieder total im Frieden. Auch wenn ich mein Problem heute gar nicht angesprochen habe, hat sich doch alles zum wiederholten Mal in Luft aufgelöst. Doch während ich noch friedlich mit geschlossenen Augen auf meiner Trommel sitze, höre ich erst leises, dann immer lauter werdendes Gemurmel. Schließlich wird in allen Ecken geschnattert und gequasselt. Ich könnte sie alle umbringen und denke: ‘Diese Arschlöcher! Missachten Samarpans Empfehlung! Werfen diese wunderbare Stille einfach weg! Treten diese Schönheit und diesen Frieden mit Füßen! Wie können sie nur?’ Doch hinter meiner Wut ist tiefe Traurigkeit verborgen und nun überkommt mich ein totaler Weinkrampf. Die Stuttgarter Erwachte sieht mich, kommt zu mir, und ich erzähle ihr, was mich so bestürzt.

„Aber vielleicht soll es genauso sein", gibt sie zu bedenken. „Was wäre, wenn das Göttliche auch dies genau so will: dass diese Leute sich jetzt gerade so verhalten?"

„Das kann ich mir nicht vorstellen." Wieso sollte das Göttliche dieses blöde Gequatsche zulassen, geschweige denn 'wollen'? Aber wie auch immer. Wenn ich die Erwachte so weise reden höre, bin ich schon wieder in meiner Eifersuchtsgeschichte – eifersüchtig auf sie und alle anderen Erwachten auf der Welt. Denn so, wie sie gerade eben geredet hat, kann nur eine erwachte Person reden. Die Hoffnung, dass sie – wie ich – nicht erwacht ist, kann ich damit wohl endgültig begraben. Heul! Und Samarpan ist auch schon weg. Es ist alles so beschissen!!

Hamburg, 18. September 97

Die Erwachte ist bei Vasant und mir untergekommen und beim Frühstück lerne ich ein neues Wort aus der 'Szene': Mindfuck. Was soviel bedeutet wie 'Unnötiges Überlegen bzw. Kopf-Zerbrechen'. Ich scheine diesbezüglich ein Experte zu sein. – Abends vor dem Satsang bittet mich Samarpan, ihn nachher nach Hause zu fahren und natürlich sage ich zu. Ich würde ihn jederzeit bis ans Ende der Welt fahren; wenn ich nur mit ihm zusammen bin!

Im Satsang selbst geht es um das Erwachen, und Samarpan erzählt von Basho[15], der die wohl kürzeste Geschichte über das Erwachen geschrieben hat: 'Uralter Teich, Frosch springt, platsch.' Cool! Es erinnert mich fast ein wenig an moderne Gedichte, mit denen ich bislang wenig oder überhaupt nichts anfangen konnte. Aber wie ich höre, sind wohl einige dieser Autoren erwacht gewesen. Erstaunlich, jetzt zu merken, wie viele Personen in der Menschheitsgeschichte Erwachte waren. Und wie viele, inklusive mir, das gar nicht wussten. Aber was dieses 'Plopp' anbelangt, da entwickelt mein Verstand immer wieder eine gewisse Vorstellung über das Erwachen, und ich share dies wehmütig gegenüber Samarpan.

„Ja", sagt er. „Jahrelang hatte auch ich diese Vorstellung von einem 'Big Bang'. Aber als ich die Wahrheit realisierte, war es sehr still. Ich erkannte einfach, dass dieser Samarpan überhaupt nicht existierte. Dass das, was ich glaubte zu sein, nur eine Fiktion war."

Lange Stille. Schließlich ist der Satsang vorbei, und ich bin mal wieder total am heulen. Mann, oh Mann. Wenn mich jetzt meine Eltern sehen könnten! Ich bin schon wieder voll auf dem Trip bzw. in der Story, dass es bei mir nie plopp machen wird. – Bleibe sehr lange im Satsang-Raum und hoffe, dass

---

[15] Japanischer Dichter (1644-1694).

Samarpan jemand anderen finden wird, der ihn nach Hause fährt. Ich möchte ihm jetzt einfach nicht gegenüber treten. Das wäre einfach zu schmerzhaft. Ich kleiner Wicht und er, der Erwachteste von allen. – Schließlich gehe ich doch runter und wer steht noch da: Samarpan; mit der anderen Erwachten im Arm. Oh, Gott! Auch das noch. Samarpan ist offenbar überhaupt nicht wütend, dass ich erst jetzt komme, obwohl er für die Kühle der Nacht viel zu dünn angezogen ist.

„Können wir?", fragt er freundlich, doch statt einer Antwort nicke ich nur. Mein Hals ist wie zugeschnürt. Die Erwachte möchte auch noch mitfahren, was insofern auch naheliegend ist, da unsere gemeinsame Gastgeberin und Vasant schon gefahren sind. Würg! Kann man einer oder einem Erleuchteten überhaupt irgendetwas abschlagen? Man ist ja ohnehin der andere, oder? Und was ist mit der Illusion? Und den Paketen? Wenn ein Erleuchteter alles ist, dann ist er oder sie ja auch die Zukunft, oder? Und dann muss er bzw. sie die Zukunft doch eigentlich kennen! Also wieso fragt er oder sie dann erst überhaupt? Scheiße, scheiße, scheiße. Je mehr ich darüber nachdenke, desto beschissener fühle ich mich. – Kurz darauf sitzen wir zu dritt in meinem Auto. Ich am Steuer, Samarpan auf dem Beifahrersitz, die Erwachte hinten in der Mitte. Und so fahren wir jetzt durch Hamburg. Die zwei Erwachten und der Wurm. Ich bin voll im Schmerz, wische mir von Zeit zu Zeit die Tränen aus den Augen, um den Verkehr klar sehen zu können, sage jedoch nichts. Was sollte ich auch sagen? Was sollte ich, der Lakai, dem König und der Königin auch sagen? Den Herrschern über die Stille und die Illusion. Wie könnte ich es auch nur wagen, sie anzusprechen? Mein Gott, wenn ich daran denke, was für unsinnige, belanglose Fragen ich Samarpan in den vergangenen Monaten schon gestellt habe, ihm, einem Buddha, einem Gott! Oh, Gott, ich werde ihn nie wieder etwas fragen können! Ich werde ihn nie wieder ansprechen können! Puuuuuh. Hin und wieder reden die beiden ganz normale Sachen miteinander und gehen gar nicht auf mich und meinen Schmerz ein. Irgendwie tun sie so, als seien wir drei alle auf einer Ebene, aber so leicht können sie mir nichts vormachen. Sie sind zwei Götter, die sich gegenseitig gefunden haben. Sie sind das kaiserliche Paar und mir wird nun einmal gerade die Ehre zuteil, deren Kutscher sein zu dürfen. Jauuuuul!

Hamburg, 19. September 97

Frühstück mit Vasant und der Erwachten. Vasant scheint aus unerfindlichen Gründen mit seiner Nichterleuchtung im Frieden zu sein; beneidenswert. – Zu dritt fahren wir tagsüber nach St. Peter Ording, einem ziemlich touristischen Strandort nördlich von Hamburg, gehen hier gemütlich am Meer entlang spazieren und reden über alles, nur nicht über Erleuchtung; Gott sei es gedankt. Und da sie sich genauso unerleuchtet wie Vasant und ich verhält und gemeinsam mit uns am Strand herumtollt, kann ich wieder ganz gut entspannen. Was für ein schöner Tag! Was für ein wunderschöner Tag. Vor vier Wochen saß ich um diese Zeit noch in meinem Büro am Computer. Was für ein schönes Leben! Was für ein schönes neues Leben! Und abends ist schon wieder Satsang. Wahnsinn!

„Die Menschen anzunehmen, die uns lieben, ist einfach. Aber die Menschen anzunehmen, die uns die Knöpfe drücken, DAS ist die Herausforderung. Diejenigen, die einen selbst nicht annehmen, diejenigen, die Wahrheit nicht hören können, anzunehmen, das ist wahre Akzeptanz. – Wisst Ihr: Jesus war solch ein großartiger Lehrer. Er war so voll von Liebe und Akzeptanz, dass er sogar noch am Kreuz über diejenigen, die ihn misshandelten, sagte: ‘Vater, vergib ihnen, denn sie wissen nicht, was sie tun.’ Das ist wahre Akzeptanz. Das ist die göttliche Akzeptanz, die keine Bedingungen stellt, weil sie alles als göttlich erkennt. – Du bist diese Akzeptanz. Wenn Du in der Stille bist, ist alles willkommen, weil da niemand ist, der irgendetwas nicht willkommen heißen würde. – Sei einfach in Stille. Und Du bist eins mit dem Göttlichen. – Du bist ohnehin eins mit dem Göttlichen, wir sind alle eins mit Gott, aber wenn wir im Verstand sind, sehen wir es nicht. Nur in der Stille. Hier ist es offensichtlich. Es ist alles in der Stille.“

Stille hin, Stille her; der Satsang ist vorbei, aber von Frieden bei mir keine Spur. Ich bin total im Verstand und wenn ich an meine Zukunft denke, wird mir ganz anders. Wo soll das alles nur noch hinführen mit meinem Leben? Ich passe Samarpan vor dem Gebäude ab und erzähle ihm – entgegen meinem gestrigen Entschluss – von meiner Angst.

„Ich erzähle Dir eine Geschichte“, sagt er mit einem Lächeln. „Diese Geschichte handelt von einem Samurai, der mit seiner frisch getrauten Gemahlin eine Bootstour unternahm. Als sie mitten auf dem See waren, kam ein Unwetter auf und die immer höher schlagenden Wellen warfen das Boot hin und her. Während die Frau Todesängste ausstand, saß ihr Mann still und friedlich da. ‘Wie kannst Du in solch einer Situation nur die Ruhe bewahren?’, fragte sie ihn. Doch statt einer Antwort, zog der Samurai sein Schwert, hielt es ihr an den Hals und fragt sie: ‘Hast Du Angst?’ Und seine Frau sagte: ‘Dieses Schwert in Deiner Hand; wieso sollte ich Angst haben? Du bist mein Geliebter und würdest mir nie etwas zuleide tun.’ ‘Siehst Du’, entgegnete daraufhin der Samurai.“ Samarpan sieht mich an und sagt mit sanfter Stimme: „Wir sind in den Armen des Göttlichen. Das Göttliche liebt uns. Das Göttliche kümmert sich um uns. Wir brauchen uns keine Sorgen zu machen. Es ist alles in Ordnung. Es ist nur der Verstand, der Angst hat, weil er spürt, dass er keine Kontrolle mehr über Dich hat. Genau genommen hatte er zwar nie wirklich die Kontrolle, aber diese Illusion von Kontrolle tritt immer deutlicher zutage. Und das ruft beim Verstand Angst hervor.“

Oooooooooh!!! Ich halte es kaum aus und klammere mich hilfesuchend an Samarpan.

„Fühle einfach diese Angst." - „Ich dachte, ich hätte sie schon gefühlt!"

„Es ist kein Problem." Samarpan hält mich, und ich drücke ihn fest an mich. „An diesen Gefühlen ist nichts verkehrt. An dieser Angst ist nichts verkehrt. Sie ist nicht Deine Feindin; sie ist Deine Freundin! Heiße sie einfach willkommen. Sei im Frieden mit ihr. Wenn sie gehen will: gut; wenn sie noch ein bisschen bleiben will: gut. Und wenn sie gegangen ist, sich dann jedoch nach Dir sehnt und noch einmal auf einen Besuch vorbeikommen will: auch gut. Sei einfach im Frieden mit ihr. Sei immer im Frieden mit dem, was gerade da ist."

Langsam löse ich mich wieder von ihm und schaue ihn jetzt an:

„Heißt das, ich soll meine Aufmerksamkeit vom Verstand abwenden?"

„Beachte Deinen Verstand überhaupt nicht, sondern sei einfach mit dem, was gerade Hier ist. Das ist der Schlüssel. Das ist immer der Schlüssel. Sei im Frieden mit dem, was gerade Hier ist."

„Und wenn da Angst ist, wie kann ich mit dieser Angst im Frieden sein, wenn ich sie doch gar nicht haben will?"

„Es ist nur der Verstand, der sie nicht haben will."

„Verdammt noch mal! Ich kapiere überhaupt nichts mehr."

„Entspanne einfach."

„Kann ich aber gerade nicht."

„Gut. Dann sei total angespannt. Was immer gerade Hier ist. Was immer gerade Hier sein will. Was immer gerade gefühlt werden will."

Ich schließe meine Augen.

„Und?" - „Besser." - „Was ist jetzt da?" - „Müdigkeit."

„Wunderbar. Dann sei vollkommen müde."

„Ich fühle mich sterbensmüde."

„Wunderbar. Dann stirb." - „Ich will aber nicht streben."

„Stop. Das ist der Verstand. Sei einfach mit diesem Gefühl. Was ist das für ein Gefühl?" - „Da ist Widerstand."

„Perfekt. Dann sei total im Widerstand." - „Das fühlt sich gut an."

„Ja. Das ist Deine Kraft."

Das fühlt sich echt gut an. Aber schon ...

„... fühle ich mich wieder total schwach."

„Gut. Dann fühle Dich vollkommen schwach." - Oh, scheiße ... „Ich will nicht mehr ..."

„Wunderbar, dann gib einfach auf."

„Es ist so anstrengend ..." Mir kommen die Tränen.

„Ja. Festzuhalten ist anstrengend. Aber loszulassen ist leicht."

Ich widerstehe dem Impuls, mich Samarpan erneut in seine starken Arme zu werfen, sondern stehe mit Tränen in den Augen da. Dass irgendwelche fremden Passanten an uns vorbeilaufen, nehme ich kaum war. Was interessieren mich irgendwelche anderen Leute? Der einzige Mensch auf der ganzen Welt, der mich noch interessiert, ist Samarpan. Eltern, Freunde, Geschwister usw.: alles unwichtig. Für mich gibt es nur noch Samarpan. Und der redet von Dingen, die ich nicht verstehe oder die mein Verstand nicht versteht, was weiß ich. Jedenfalls scheint er im Moment vollkommen unerreichbar. Ich schaue Samarpan in seine blauen Augen und sage:

„Ich weiß überhaupt nicht mehr wohin.“ - „Perfekt. Wisse nichts.“

„Ja, ich weiß echt überhaupt nichts mehr.“ - „Wunderbar.“

„Was soll daran wunderbar sein? Ich bin fix und alle.“

„Ja. Das ist die Freiheit. Das ist der Frieden.“

Ich stehe mit geschlossenen Augen da und spüre in diesen Frieden hinein. Langsam kehrt Ruhe ein.

„Aber ...“ - „Kein Aber. Das ist nur der Verstand. Lasse den Verstand im Moment aus dem Spiel. Es ist wunderschön, was Hier gerade geschieht. – Wenn der Verstand sich hingibt, wenn Du entdeckst, dass Du ‘fix und alle’ bist, dass diese Vorstellung von Dir ‘am Ende’ ist, dann bist Du frei. Denn Du bist nicht diese Vorstellung. Du bist Freiheit. Und im Erkennen dessen liegt der Frieden.“

Mann, oh Mann, ich weiß im Moment überhaupt nicht mehr, wo mir der Kopf steht.

Hamburg, 20. September 97

Angst!!! Ich habe tatsächlich nur noch Samarpan. Alles andere ist mir unwichtig. Karriere, Frau und Kind, die ich nicht habe, aber dachte, vielleicht einmal zu haben ... alles, all diese Vorstellungen, was meine Zukunft anbelangt, brechen auseinander und fallen wie ein Kartenspiel in sich zusammen.

„Was soll ich jetzt nur machen?“, frage ich Samarpan besorgt im Satsang.

„Mache überhaupt nichts. – Schau: In unserem christlichen Glauben haben wir die Vorstellung von Gott als dem Schöpfer. Und wenn in unserem Leben etwas zusammenbricht, glauben wir, dass das nicht Gott ist, dass das nicht göttlich ist. Aber das ist nicht die Wahrheit. Es ist alles göttlich. – In der indischen Tradition gibt es drei Götter: Brahma, den Schöpfer und Vishnu den Erhalter, sowie Shiva, den Zerstörer. Auch das ist nur eine Vorstellung, aber dieses Bild weist auf die Wahrheit hin: dass Gott Dinge auch zerstört. Da ist soviel Weisheit; in jeder Religion. Wenn Dich Dein Partner verlässt, Du Deine Arbeit verlierst oder ähnliches, ist auch dies das Göttliche, ist auch dies Gott. Gott, der zerstört, um neu zu erschaffen; um etwas neu erschaffen zu können. – Gegenüber von Margas Wohnung in Frankfurt war bis vor kurzem ein großer Automobilhändler. Der kam nun weg und bevor ein neues Gebäude errichtet wurde, wurde das alte bis auf die Fundamente abgerissen und entfernt. Manchmal sind die Übergänge fließend, manchmal abrupt. So ist es einfach. Wobei das eine nicht besser ist als das andere. Das ist bloß der Verstand. Nur wenn in Deinem Leben etwas zerstört wird, entsteht Raum für etwas Neues in Deinem Leben. Nur so kann etwas Neues geschehen: ein anderer Partner, ein anderer Job; oder kein Partner und kein Job. Wir wissen es nicht. – Glaube nicht Deinem Verstand, der sagt, dass da irgendetwas falsch ist. Es ist alles genau richtig. Es ist alles der Wille des Göttlichen. Entspanne einfach und genieße die Reise."

Lange Stille. Ich habe so eine verfluchte Scheißangst und fühle mich total allein und einsam. Nur noch Samarpan ist mir wichtig, doch der ist erwacht und kann mir nicht wirklich beistehen, da er eben dummerweise schon woanders steht. Beim gemeinsamen Mittagessen in einem asiatischen Lokal in der Nähe des Satsang-Hauses, liege ich mit dem Kopf auf dem Tisch und heule vor mich hin. Was mich quält, ist die Vorstellung: 'Samarpan ist erleuchtet, ich bzw. wir sind es nicht.' Wundern tut mich allerdings, dass diese Tatsache den anderen nichts auszumachen scheint. Sie amüsieren sich alle prächtig. – Endlose Einsamkeit. Keiner kann mich aufheitern, auch wenn es eine Frau an meinem Tisch mehrfach versucht. Ich kann mir im Moment beim besten Willen nicht vorstellen, wie ich je wieder lachen können soll. Puuuuh. Und Samarpan beachtet mich überhaupt nicht. Ist wahrscheinlich auch am besten.

Hamburg, 21. September 97

Da Samarpan morgen irgendwie nach Rostock kommen muss, biete ich ihm, gleich als ich ihn heute Morgen sehe und bevor mir irgendjemand anderes zuvor kommt, an, bei mir mitzufahren. Denn ich werde natürlich auf alle Fälle dorthin fahren. Logisch!

„Ja, sehr gerne", sagt Samarpan. Hurra!! – Im Vormittag-Satsang sind Naturkatastrophen Thema und insbesondere das damit einhergehende Elend der Betroffenen.

„Schaut: Solange wir nach Zufriedenheit im Außen suchen, werden wir immer wieder enttäuscht werden und leiden. Es gibt keine Sicherheit in dieser Welt. Das Einzige, worauf wir uns verlassen können, ist, dass sich alles verändert. Das Einzige, was immer da war, immer da ist und immer da sein wird, ist die Stille, ist der Frieden, der Du bist. Halte Deine Aufmerksamkeit auf Das gerichtet, und die Illusion wird mehr und mehr verwelken. – In diesem Prozess des Erwachens wird noch einiges geschehen. Viele Menschen, die an der Illusion festzuhalten, werden sterben. Das ist in Ordnung. Die Wahrheit ist: Niemand stirbt wirklich. Es ist nur der Körper. Sie kriegen einfach einen neuen Körper. Es gibt noch so viele andere Planeten, auf denen sie weiterspielen können; da ist nichts verkehrt. Sei Du einfach im Frieden. Auf diese Weise wird die ganze Welt erwachen."

Bin ich froh, dass ich in diesen stürmischen Zeiten Samarpan zur Seite habe. – Nach dem Mittagessen gehen wir alle an der Außenalster entlang spazieren. Natürlich wie üblich in Stille. Sonne, Wasser, liebe Leute, wobei die uns entgegen kommenden Spaziergänger teils verwirrt, teils neugierig interessiert schauen, da eine schweigende zwanzigköpfige Gruppe hier wohl nicht zum üblichen Erscheinungsbild des Parks gehört ... Das Leben ist so schön! – Als auf dem Nachhauseweg ein kleines Eichhörnchen unseren Weg kreuzt, bleibt die ganze Gruppe stehen, und wir sehen zu, wie es in aller Seelenruhe eine Nuss verspeist: welche Anmut! – Am Anfang des Nachmittag-Satsang spricht Samarpan diese Begebenheit an:

„... wie wir alle an- und innehielten. Und einfach nur still waren. – Schaut: Es geht immer wieder um das Anhalten, das Innehalten. Übe Dich im Innehalten. – Gurdjeff[16] pflegte seine Schüler irgendeine Tätigkeit ausführen zu lassen, z. B. ein Loch zu graben. Und wenn er vorbeikam und 'Stop!' rief, mussten alle mitten in ihrer Bewegung innehalten. – Halte inne. Sei im Moment. Sei Hier. Sei die ganze Zeit 'gestoppt'. Der Verstand ist nie gestoppt. Er ist immer in Bewegung. – Sei Du gestoppt. Dann bist Du eins mit dem, was immer gestoppt ist; eins mit dem, was Du wirklich bist."

Stille. Da fragt Abhijat plötzlich belustigt:

„Wie war eigentlich die Nuss, Samarpan?"

Samarpan lacht, und ich denke: 'Häää?' Aber dann wird mir klar, was Abhijat vermutlich meint: Samarpan ist ja alles und jeder; also ist er auch das Eichhörnchen. – Na ja, zugegeben: So ganz verstehe ich das nicht. Aber vielleicht ergibt sich ja morgen auf dem Weg nach Rostock eine Gelegenheit, an dieser Stelle nochmals anzuknüpfen. – Gleich nach dem Satsang brechen Abhijat und Radhika in die Schweiz auf – beide haben dort irgendwelche Termine – und werden erst wieder in knapp einer Woche bei dem Retreat in Stiersbach in der Nähe von Stuttgart zu uns stoßen. Spannend.

Hamburg/Rostock, 22. September 97

Als ich Samarpan gegen 11 Uhr an seiner Wohnstatt abhole, frage ich ihn:

„Willst Du lieber die kürzere Strecke auf der Landstraße fahren, oder bevorzugst Du die Autobahn, die kilometermäßig jedoch länger ist?"

„Lasse uns die Autobahn nehmen."

Gut, ist mir auch recht. Eigentlich ist mir gerade alles recht. Das Leben ist schön. – Unterwegs machen wir an einem Parkplatz Halt und während Samarpan im Toilettenhäuschen verschwindet, habe ich das Gefühl: 'Eigentlich ist alles ganz einfach. Eigentlich ist alles Hier. Und wenn ich im Moment bin,

---

[16] Russischer Mystiker (1877-1949).

jetzt gerade hier auf dem Parkplatz, ist alles bestens.' – Sollte das das große 'E' sein?!!!

„Samarpan," sage ich, als er wieder kommt, „so wie ich es gerade sehe, ist das Einzige, was mich davon abhält, erleuchtet zu sein, die Vorstellung, ich sei nicht erleuchtet."

Samarpan lächelt, und ich denke: Ja, ich hab's! Das war's! Endlich! Es ist alles ganz einfach. Es geht einfach nur darum, im Moment sein. Eigentlich war mir das ja schon länger klar. Sieg! In Hochstimmung fahren wir weiter:

„Samarpan, wenn das alles eine Illusion ist und hinter dieser Illusion nur Bewusstsein ist; was ist dann hinter dem Bewusstsein?"

„Was soll hinter Bewusstsein noch sein?" - „Keine Ahnung."

„Schau: Der da fragt und verstehen will, ist nur der Verstand. Da gibt es nichts zu verstehen. Der Verstand kann die Wahrheit nicht verstehen. Versuche es erst gar nicht."

Am frühen Nachmittag treffen wir in Rostock ein und werden von der hiesigen Organisatorin auf das Herzlichste empfangen. Was für eine schöne Begrüßung in einer fremden Stadt!! Wir unterhalten uns über dies und über das und als ich gefragt werde, was ich so mache, antworte ich:

„Na ja; im Moment reise ich einfach mit Samarpan herum."

„Ah. Also bist Du ein Lebenskünstler?"

Huch! Lebenskünstler? Ich?!!! Lebenskünstler: Das waren für mich bislang immer die anderen, aber im Grunde, im Moment:

„Na ja, also irgendwie schon."

Nun kommt auch Vasant mit einer Hamburgerin sowie einem jungen Paar aus Lübeck angefahren; irgendwie lustig, diese 'alten' Bekannten, von denen ich mich gestern erst innig verabschiedet habe, jetzt und hier in der 'Fremde' wieder zu treffen. Und wie wir so vor dem Haus stehen, in dem der Satsang nachher stattfinden soll, stellt sich die Frage des Dolmetschens. Derjenige, der Samarpan hierher eingeladen hat, möchte nicht und fragt in die Runde, ob nicht einer von uns das übernehmen könnte. Vasant lehnt dankend ab, und ich ... na ja, mich reizt es schon. Beim Dolmetschen in Stuttgart vor einigen Monaten bin ich zwar durch die Hölle gegangen, aber gleichzeitig war es auch sehr schön. Genau genommen war es himmlisch, war es göttlich, Samarpan so nahe sein zu können.

„Okay. Ich mach's."

Danach beziehen wir unsere Zimmer. Nobel, nobel. Extra für uns wurden zwei Appartements angemietet. Cool! Samarpan hat eins für sich, und wir fünf teilen uns das andere. Was ist das nur für ein obergeiles Leben! So verdammt schön! – Wenig später gehen wir alle gemeinsam essen, und der Lübecker reicht eine Aura-Fotografie von Samarpan herum, die er letzte Woche in Hamburg gemacht hat: Rings um Samarpans Kopf herum ist alles strahlend weiß!!!

Tja, das ist eben MEIN Meister. Hehehehehe. – Totales Gemeinschaftsgefühl. Heimat. Zuhause. Familie. Und Samarpan als Familienoberhaupt sagt uns über den Tisch hinweg etwas, was bei mir einen Groschen fallen lässt.

„Das ganze Leben ist ein einziges Theaterstück. Jetzt gerade, genau jetzt im Moment stehen wir auf der Bühne und spielen alle unsere Rollen. Und weil wir das schon so lange tun, haben wir vollkommen vergessen, dass es gar nicht die Realität ist. Dass es nur ein Spiel, ein Schauspiel ist. Und meine Aufgabe ist es einfach, Dich daran zu erinnern, wer Du wirklich bist."

Das ist ja der absolute Hammer!!! Wenn das wirklich wahr ist ...

„Samarpan!!", rufe ich. Mein Gott! „Ist es also so, dass wir jetzt gerade, jetzt im Moment, jetzt ... also jetzt gerade" Huuaa, bin ich aufgeregt! „mitten in diesem Spiel sind und dies alles ist gar nicht wirklich?"

„Genau so ist es. Das alles ist nicht real. Es ist nur ein Traum. Du, ich, dieses Lokal ... das ist die Bühne. Und ich, in meiner Rolle als Meister, sage Dir, dass es nur ein Spiel, ein Film, ein Traum ist."

„Wahnsinn! Wahnsinn!! Oh, Gott! Das stellt ja alles auf den Kopf!" Jetzt verstehe ich auch, was es heißt, 'erwacht' bzw. ein Erwachter zu sein.

„Ja, das stellt wirklich alles auf den Kopf. Diese sogenannte Realität ist nicht wirklich real, sie ist nur eine Illusion. Und die wirkliche Realität ist Hier, im Nicht-Verstand."

„Das heißt: Ich träume jetzt gerade, dass ich mit Dir hier sitze? Und Du bist auch in meinem Traum und sagst mir, dass das nur ein Traum ist? Du bist quasi außerhalb des Traumes bzw. Dir ist bewusst, dass das nur ein Traum ist?! Oh, Mann!"

Samarpan strahlt mich an, während ich halb fasziniert und halb ungläubig den Kopf schüttele: ICH BIN JETZT GERADE AM TRÄUMEN !!! Das ist alles nur ein Traum ! Es ist alles nicht wirklich ! Ich habe also alles nur geträumt ! Und tatsächlich, in Wirklichkeit, ist gar nichts passiert ! Es ist unfassbar. Alles ist nur ein Spiel. Mir fehlen die Worte.

Während der Kellner unser Essen bringt, erinnere ich mich an ein Computerspiel, das mich manchmal so gefangen nahm, dass ich im Lauf der Stunden – in denen ich vor dem Bildschirm saß – vollkommen vergaß, dass es auch noch etwas anderes gab, dass sich die eigentliche Realität außerhalb des Spiels, außerhalb des Computers befand. So sehr war ich mit der Hauptperson in diesem Spiel identifiziert. Und erst wenn mich meine Mutter zum Essen rief, holte sie mich damit aus dem Traum heraus. Wahnsinn! Und jetzt soll auch das hier, mein ganzes Leben, nur ein einziger, etwas längerer Traum sein? Ich fasse es nicht. Das stellt wirklich alles in den Schatten, was ich je gehört habe. Waaaahnsinn. – Beim Nachtisch erzählt uns Samarpan von seiner Ex-Frau. Und wie sie sich immer angeschrieen haben ...

„Also mein Ding wäre das ja nicht", lache ich. „Ich habe es gerne harmonisch."

„Nein. Es war perfekt. Denn es zwang mich ganz einfach, mehr und mehr in Frieden zu kommen, mehr und mehr den Frieden IN MIR zu finden. Und mittlerweile – mit Marga – ist es mir vollkommen egal, was im Außen gerade geschieht, denn: Ich bin im Frieden."

Junge, junge! Mit so jemandem zusammenzuleben oder sogar verheiratet zu sein, stelle ich mir nicht gerade einfach vor. Selbst ständig die Knöpfe gedrückt zu bekommen, während der andere seelenruhig fortwährend einfach nur im Frieden ist ... Mama mia!

„Ist das nicht eine Wahnsinnsherausforderung unter diesen Gegebenheiten zu heiraten? Wenn man selbst immer noch und vielleicht sogar häufig am 'Kochen' und der andere ständig nur im Frieden ist?"

„Na, dann rate doch mal, WER von uns beiden im Frieden ist!", grinst Samarpan.

„Ja, das ist mir schon klar. Aber für Marga muss das doch unheimlich schwer sein?"

Plötzlich verstummen alle Geräusche am Tisch. Oh, Gott! Was habe ich da gesagt? Was habe ich mir da gerade erlaubt zu sagen? Bin ich verrückt, oder was? Oh, oh, oh! Samarpan sieht mich an, wie ein getroffener Hund. Am liebsten würde ich mich entschuldigen, würde sagen, dass es mir leid tut. Andererseits hat er sich das jetzt selbst zuzuschreiben. Und diesen Schmerz kann ich ihm nicht mehr nehmen. – Totenstille. Huuuaaa. Am liebsten würde ich wegsehen und alles rückgängig machen; aber dafür ist es zu spät. Der Pfeil wurde abgeschossen und hat offenbar ins Schwarze getroffen. Huuu. Es ist totenstill. Samarpan und ich sehen uns an. Eine halbe Minute vergeht. Ich würde gerne wegsehen, kann jedoch nicht. Unsere Blicke sind wie aneinander genagelt. – Eine Minute. Und mein Verstand rast. Am liebsten würde ich ihn angrinsen, ihm zuzwinkern. Dann würde er vielleicht zurückgrinsen, und alles wäre wieder gut. Aber nach Grinsen ist mir im Moment absolut nicht zumute. Ich habe den Meister quasi angeschossen! Oh, Gott! Gibt es etwas Schlimmeres? – Da! Puuuuuh, endlich! Samarpan schaut weg; ohne das sonst zwischen uns übliche Zwinkern am Ende eines langen Blickkontaktes. Ich schließe die Augen und denke: 'Au, au, au.'

„Die Rechnung, bitte", höre ich Samarpan sagen. „Alles zusammen."

Eine halbe Stunde später beginnt der Satsang. Kaum dass unser gemeinsames 'Oooooooooom' verklungen ist, steht unsere im Publikum sitzende Gastgeberin plötzlich auf und hält eine kurze Einführungsrede:

„Ich darf Sie alle recht herzlich zu 'Satsang mit Samarpan' begrüßen ... blablabla, blablabla ... Vielleicht können Sie, Samarpan, zunächst etwas über ihre persönliche Herkunft sagen ... blablabla, blablabla. Ich freue mich nun mit Ihnen auf den heutigen Vortrag ... blabla ..."

Nun ist Samarpan das Wort erteilt, und der mag sich zu fragen, was die Leute hier für eine Vorstellung von Satsang haben.

„Satsang ... Wahrheit ... Illusion ... nicht real ... keine Arbeit ... kein Geld ... alles kein Problem ...“

Lange Gesichter. Und mein Eindruck ist, dass lediglich zwei, vielleicht drei Leute etwas mit Samarpans Worten anfangen können. – Nach dem Satsang treffen wir sechs uns in Samarpans Zimmer, und er erzählt uns aus seiner Anfangszeit in Deutschland.

„... als jemand meinte, ich sollte doch in Budapest Satsang geben. Und ich bin tatsächlich nach Budapest gefahren. Allerdings ist es dort nie zu einem Satsang gekommen. Sehr schnell stellte sich heraus, dass man dort nur Interesse an irgendwelchen Zaubertricks hatte. Und das ist es nicht, worum es bei Satsang geht.“

Lange schöne Stille. Wir alle haben die Augen geschlossen. Welch ein Moment! Hier, jetzt, mit einem Buddha. So nah; so intim.

„Samarpan?“, sagt die Frau aus Hamburg plötzlich. „Ich beschäftige mich seit vielen Jahren mit allen möglichen Sachen. Es fing mit Pendeln an, Kartenlegen, Zukunftsdeuten,“ Sie stockt. „und jetzt lassen mich die Geister, die ich rief, nicht mehr los. Insbesondere bei Nacht! (unter Tränen fährt sie fort) Samarpan!!! Die dunkle Seite lässt mich nicht mehr in Ruhe!!!!!“

Auf Ihrem Gesicht zeichnet sich absolute Todesangst ab und bei der Vorstellung, um was für furchtbare Besucher es sich zu handeln scheint, läuft es mir eiskalt den Rücken herunter. Huua. Jetzt kriegt sie auch noch einen totalen Schreikrampf und mir wird ganz ‘anders’. Samarpan schaut sie einfach nur liebevoll an, breitet einfach seine Arme aus und mit einem Satz ist sie auf seinem Schoß und weint und weint und weint. Minuten später ist alles friedlich – sie sitzt wieder glücklich auf ihrem Platz – und ich denke bei mir:

‘Schon Wahnsinn! Samarpan scheint wirklich vor überhaupt nichts Angst zu haben. Weder vor diesseitigen Gefahren, noch von jenseitigen. Was kann es Besseres und Sicheres geben, als an seiner Seite zu sein?’ Nur eines verstehe ich nicht:

„Samarpan, wenn alles, wie Du sagst, nur eine Illusion ist, was ist dann mit solchen ‘bösen Mächten’, Geistern usw.?“

„Wisst Ihr: Bei all dem geht es um Macht. Und das ist der Verstand. Das ist die Kraft und die Macht des Verstandes. All dies ist nicht real, all dies ist nur eine Illusion. Aber wenn wir der Illusion Kraft geben, dann kann sie sehr real aussehen. Wenn wir dem Verstand Macht geben, wird er diese gegen uns einsetzen; garantiert. – Ignoriert den Verstand einfach. Dann gibt es kein Problem.“

Rostock, 23. September 97

Gleich nach dem Frühstück unternehmen wir fünf (ohne Samarpan) einen kleinen Ausflug nach Warnemünde, wo wir gemütlich am Strand spazieren gehen. Wie schön! Was für ein Leben! Ein Traum von einem Leben! – Beim Satsang am frühen Nachmittag erscheinen nach dem 'Fiasko' von gestern außer uns fünfen nur noch weitere sechs Leute. Also gähnende Leere. Na ja; vielleicht haben die Leute hier einfach noch ganz andere Probleme.

„Wisst Ihr: Die meisten Menschen suchen das Glück im Außen, im Erreichen gewisser äußeren Umstände. Dabei sind wir im Gegensatz zu den Bewohnern von Entwicklungsländern wahrhaft gesegnet, weil wir die Chance haben zu erkennen, dass es nicht die materiellen Dinge sind, die einen glücklich machen. In armen Ländern denkt man: 'Hätte ich nur eine Wohnung und genug zu essen, dann wäre ich glücklich.' Wir hingegen haben alles: Heizung, fließendes Wasser, elektrisches Licht, Auto, Fernseher, Video-Recorder usw., und wir wissen: Diese Dinge machen einen nicht glücklich. Was wir jedoch denken, welcher Illusion wir jedoch unterliegen, ist die Vorstellung: 'Hätte ich nur den richtigen Job, den richtigen Partner, mehr Geld usw., dann wäre ich glücklich.' – Schaut: Es ist ALLES eine Illusion. Glücklichsein ist NICHT da draußen. Es ist HIER. In diesem Moment. JETZT."

Beim Abschied für die nächsten zwei Tage – übermorgen geht es mit Satsang in Stiersbach weiter – sagt Samarpan mir noch, dass er meine schöne Sing-Stimme mag, und ich denke: Wie schön, dass zwischen uns wieder alles stimmt. Auch was meine Dolmetschkünste anbelangt, war es um 'Stufen' besser als noch vor ein paar Monaten; es ist ja auch einiges passiert seitdem. – Wenig später, Samarpan ist auf dem Weg nach Frankfurt, die Hamburger fahren zurück nach Hamburg, frage ich Vasant:

„Und was machen wir zwei Hübschen jetzt?"

„Mmh. Ich habe einmal eine Zeit in Hengelo gelebt. Wenn Du Lust hast, könnten wir meine Freunde von damals dort besuchen."

„Klar, warum nicht?" - „Toll, also los." - „Jau."

Diese Freiheit! Un-glau-blich. Die ganze Welt liegt mir zu Füßen. – Fünf Stunden später treffen wir in Holland bei Vasants Freunden ein und wie er mir unterwegs schon prophezeite: Es ist eine wilde Bande. Wild und lustig, locker und frei. Geil!

Hengelo, 24. September 97

Verbringe die Nacht mit einer holländischen Schönheit und komme erst zum Mittagessen ins Zentrum zurück. Hier treffen sie sich alle und hier verbringen sie ihre Tage. Mit Musik und Tanz. Cool! Und ich mittendrin. Noch cooler.

„Hallo!", werde ich von allen freudig begrüßt. Eine tolle Truppe. Während wir die folgenden Stunden zu Vasants Gitarrenbegleitung und meiner Trommelunterstützung einen Osho-Song nach dem anderen singen, bekommen für mich allmählich auch diese indischen Namen der ganzen Sannyasins hier im Kreis einen ganz neuen Sinn: ein neues Leben – ein neuer Name. So wie aus Saulus Paulus wurde. Oder Simon, der von Jesus in Petrus umbenannt wurde. Und mir kommt da so eine Idee: Vielleicht sollte ich Samarpan ja ebenfalls nach einem neuen Namen fragen. Das Leben, das ich zur Zeit lebe, ist schon ein ganz anderes als das normalbürgerliche, wie ich es bisher kennen gelernt und auch selbst gelebt habe. Doch mehr und mehr, von Tag zu Tag, kann ich mir immer besser vorstellen, auch so zu leben. Und wer weiß: Vielleicht stehe ich ja gerade an einem Wendepunkt in meinem Leben. Bis jetzt habe ich im Verstand gelebt, habe mir von ihm diktieren lassen, wo es lang geht. Und ab jetzt werde bzw. würde ich gerne im Herzen leben; mich vom Herzen durch das Leben geleiten zu lassen. – Am späten Nachmittag hat jemand die Idee nach Amsterdam zu fahren ...

„Hey, warum nicht? Großartig!"

Also fahren wir nach Amsterdam. – Grachten, enge Gassen, tolle, lockere Leute, nette Kneipen: super! Was für ein Leben! Erst gestern ging ich noch an der Ostsee spazieren ... Wahnsinn! Auch unser Übernachtungsplatz ist obercool: Wir können alle bei einem Sannyasin schlafen, der hier auf einem Hausboot lebt; urig und kultig! Fantastisch! Was für ein Leben!!!

Amsterdam/Stiersbach, 25. September 97

Frühmorgens geht es los. Kurzer Halt in Hengelo, ' tschüss' sagen, 'hugging' und weiter geht's in Richtung Frankfurt. Jetzt, da unser Auto wieder leer ist, holt Vasant die Gitarre zu sich nach vorne zu sich und unterhält mich mit seinen Liedern. Er ist ein Sänger mit Leib und Seele – anders kann man es wirklich nicht sagen. Und auch ich entdecke mehr und mehr meine Freude am Singen und stimme mit ein. Laut und wild singend fahren wir über die Autobahn. Sein Gitarrenhals ragt mir zwar ständig im Gesichtsfeld herum, aber was soll's. Wir haben so viel Spaß! Ich liiieeebe das Leben! – Im Lauf der Fahrt wird unser Gesang immer freier, spontaner, 'im-momenter'. Immer weniger Worte, nur noch rhythmische Silben: Ä ho, bumm tscha –, ä ho, bumm tscha – usw., wobei wir uns gegenseitig zu immer verrückteren Sachen aufstacheln. Schließlich lässt Vasant auch noch seine Gitarre weg und jetzt ist es ganz 'direkt':

„A", sage ich laut und zähle leise: '2, 3, 4, 5, 6, 7, 8'. „HEHA." 2, 3, 4 usw. „HEHA." 2, 3, 4 usw. Und Vasant singt irgendwelche Phrasen in die Pausen hinein. Dazu zucken wir beide rhythmisch und manch einer der uns überholenden Autofahrer mag denken, hier seien zwei Epileptiker unterwegs. „LIFE IS SO GREAT." - „HEHA." - „SOOOOOOO MUCH FUN." - „HEHA." - „WEEEEEE ARE DRIVIN'." - „HEHA." - „TOOOOOOO FRANKFURT." - „HEHA." - „TOOOOOOO SAMARPAN." - „HEHA." Ich merke, wie mich die Lust packt, „OOOOH YEAH." - „HEHA." etwas vollkommen Verrücktes zu tun „SCHUBBI." - „HEHA." bzw. zu singen, zu sprechen. „HEHA." Vasant gibt alles, „HEHA." geht voll aus sich heraus, „HEHA." wird immer NOCH kreativer; „HEHA." Neid meinerseits, „HEHA." denn ich begnüge mich nach wie vor „HEHA." mit dem ewig gleichbleibenden: „HEHA." Vielleicht sollte ich auch einmal „HEHA." etwas Neues ausprobieren? „HEHA." Wenn da nur nicht diese Angst wäre! „HEHA." Diese Angst, mich zu blamieren! „HEHA." Mann, bin ich konservativ! „HEHA." Vasant scheint derartige Überlegungen nicht zu kennen. „SCHUBIDU." - „HEHA." - „SCHUBIDA." - „HEHA." - „OH YEAH" - „HEHA." - „IIIIIIIIIIIIIT'S ALL HERE." - „HEHA." - „IIIIIIIIIIIIN THIS MOMENT." - „ROLLOROLLOROLLO." Jaaaaaa!!!!!! Ich habe es geschafft!!!!! Ich habe es geschafft!!!!! „WEEEEEEEE BOHO-TH." - „ROLLOROLLOROLLO." Ich bin frei!!!!! Ja! Ja! Ja! „AAAAAAARE BROTHERS." - „ROLLOROLLOROLLO." Ich bin aus meinen 'Heha'-Gefängnis ausgebrochen!!! „AAALL THE TIME." - „ROLLOROLLOROL-LO." Und muss jetzt nur aufpassen, dass ich nicht gleich „GOOOOOOOING NOWHERE." - „ROLLOROLLOROLLO." wieder in meinem nächsten „NO-, NO-, NOWHERE." - „ROLLOROLLOROLLO." 'Rollorollo'-Gefängnis stecken bleibe. „OOOOOOOOH OSHO." - „ROLLORIUNDROLLORA." Vasant schaut zu mir herüber. Offensichtlich hat er schon die ganze Zeit auf etwas mehr Kreativität von meiner Seite gewartet, vielleicht aber auch nicht. Jedenfalls scheint er sich zu freuen und strahlt mich an. Und ich strahle ihn an. „IT'S AAAAAAAALL." - „HEYAHEYAHEYAHO." - „THE SAHAME." - „SCHRABBELSCHRABBELSCHRABBEL." - „OJAOJAOJAOJAOJA." Ja! Ich werde von Mal zu Mal immer freier. „JA ZACK JA ZACK JA ZACK JA." - „JA ZACK JA ZACK JA ZACK NEIN." „HULLAHULLAHULLA-HO." - „HULLAHULLAHULLAHU." Ha, das macht Spaß: Der eine gibt vor, der andere kommt nach. „TRITRATRULLA." - „DER KASPERLE IST WIEDER DA." Vasant und ich brechen in ein totales Lachen aus. Ich glaube, seit meiner Kindergartenzeit hatte ich nicht mehr so viel Spaß. „DER HOT-ZENPLOTZ." - „OINKOINK." - „IM SPRITZENHAUS, IM SPRIIIIIIIT-ZENHAUS." - „LABERLABERLABER." - „DER MÖÖÖÖÖÖÖÖÖCHT SO GERNE." - „WASDENNWASDENNWASDENN?" - „WIEDER RAUS." - „HERAUSHERAUSHERAUS." - „RUBBELREBBELRIBBEL." - „DOCH WIR JA WIR JA WIR JA WIR JA WIR." - „OLÉ." - „SIND KEIIIIIIINE DUMMEN." - „HEHE, HAHA, HOHO." - „DER SOOOOOHOHOLL." - „AUF EEEEWIGWIG." - „NOCH WEITER BRUMMEN." - „BRUMM-BRUMM." - „QUAKQUAK." - „WIIIIIIIEHERSCHNAUFSCHNAUF." - „TRÖÖÖÖÖÖÖÖT." - „WAAAAAAUWAUWAU." - „MIIIIIIIIHIJAU." - „MIJAU; MIJAUMIJAUMIJAU." usw. usf..

Etwas heiser kommen wir um die Mittagszeit bei Samarpan in Frankfurt an. Wahnsinn! Bei 'Jesus' zu Hause. Cool! Sitzen zu dritt in der Küche und rauchen. Auf keinen Fall will ich diese Gelegenheit versäumen, gemeinsam mit einem Buddha eine zu rauchen; also schließe ich mich an! – S t i l l e. Nur Rauchen. Und ich denke an Jesus und seine Jünger. Es ist nicht zu fassen: Ich hier! Ich sehe Samarpan voller Liebe in die Augen und bedanke mich wortlos, dass er mir so intime Einblicke in seine Privatsphäre gewährt. Welch ein Geschenk! Welch ein Segen, einem Meister so nahe zu sein dürfen! – Wenig später gesellt sich Marga zu uns. Nett, sie auch einmal außerhalb des Satsang-Rahmens kennen zu lernen und mit ihr zu plaudern. Doch schon geht es bereits wieder weiter. Was für ein Leben!

Als wir hinter Heilbronn an der Autobahnraststätte 'Hohenlohe' vorbeikommen, sage ich ihnen, dass ich hier vor einem Jahr – mit Aktenkoffer und in Anzug und Krawatte – eine geschäftliche Besprechung geführt habe.

„Und jetzt kommt es mir vor, als sei es eine Ewigkeit her; wie aus einem früheren Leben."

Und so ist es wirklich. Jeden Tag früh aufstehen, schick anziehen, ins Auto, quer durch Stuttgart, den ganzen Tag ganz 'wichtige' Dinge tun ... Wie weit liegt das nun schon hinter mir? – Bei Kupferzell verlassen wir die Autobahn und fahren Richtung Schwäbisch Hall. In Untermünkheim biege ich von der Hauptstraße ab, rechts in den Ort hinein und gleich wieder steil bergauf, weil ich so Schwäbisch Hall umfahren kann, wo um diese Zeit einiges los sein dürfte. Ich frage mich gerade, was Samarpan wohl denken mag, dass ich hier so über einen mehr oder weniger besseren Feldweg fahre, als auch schon seine Frage kommt:

„Was geht hier vor sich?"

„Äh, das ist eine Abkürzung. Ich kenne die Gegend hier sehr gut, denn damals, als es mir nicht so toll ging, am Anfang meines Studiums, bin ich oft von Stuttgart aus mit meinem Motorrad zu meiner Oma nach Rothenburg ob der Tauber gefahren. Häufig auf Nebenstrecken." - „Ach so."

Wieder Stille. Meine Herren; wenn ich an diese Zeit zurückdenke: Wie oft stand ich aufgrund meiner 'Ist-doch-eh-alles-scheißegal'-Haltung und meiner dementsprechenden Fahrweise mit einem Bein im Grab? Nahezu täglich gingen potenzielle fünfzig zu fünfzig Unfallsituationen gut aus, dass ich mir dachte: Gott scheint mit mir noch etwas vorzuhaben, denn ansonsten hätte es garantiert schon mehr als einmal gekracht. Und zwar nicht zu knapp. Mann, oh Mann! – Ich muss wohl leise aufgestöhnt haben, denn Samarpan wendet sich mit fragendem Gesichtsausdruck mir zu, und ich sage:

„Ich dachte gerade einfach noch einmal zurück an die Zeit, als es mir nicht so gut ging; ich keinen Sinn in diesem ganzen 'Geburt-Schule-Uni-Job-Ehe-Kinder-Rente-Tod'-Ding sah."

Junge, junge. Ich empfinde es jetzt gerade so, als wäre diese Hölle gerade erst gestern gewesen.

„Deshalb sagte ich Dir auch“, höre ich in diesem Augenblick Samarpans Stimme, „dass Du Rama bist. Erinnerst Du Dich?“

„Aaaaah!“ Mir dämmert etwas: ‘Rama’, genau! Das ist ja etwas! „Mensch! Samarpan! Und vor ein paar Tagen habe ich noch überlegt, ob ich Dich nach einem neuen Namen fragen sollte!“

Samarpan schaut mich an und deutet mit seinen Händen, die Handflächen nach oben: ‘Bitte, da hast Du ihn.’ – Wow! Ein neuer Name! So unverhofft! Huuuuu! Doch natürlich meldet sich auch mein Verstand zu Wort, denn für ihn kommt das jetzt doch ein wenig überraschend.

„Äh, Samarpan. Eigentlich hätte ich ja gerne ein ‘i’ in meinem Namen. Denn ein ‘i’ wirkt auf mich, wenn ich ein Wort geschrieben sehe, warm; ein ‘o’ hingegen kalt.“

Samarpan schaut mich an und glaubt wohl, seinen Ohren nicht zu trauen. Verflucht; bin ich eigentlich verrückt? Höchstwahrscheinlich geht es doch darum, den vom Meister zugeteilten Namen anzunehmen, sich ihm hinzugeben.

„Es geht eigentlich eher darum zu sehen, was dieser Name in Deinem Körper macht.“

In diesen Namen hineinspüren? Also gut: ‘Rama’, sage ich leise vor mich hin. Mmmh? Ich merke überhaupt nichts. Soll ich das jetzt sagen oder lieber schweigen? Na, ich schweige lieber mal. Oder doch nicht? Mann!

„Also, äh, ich fühle da gar nichts.“

Samarpan sagt nichts, ich schweige ebenfalls. Und Vasant auf der Rückbank schweigt schon die ganze Zeit. Na ja, was soll’s? Ich brauche diesen Namen ja niemanden zu sagen. Genau! Ich werde diesen Namen einfach für mich behalten. Puuh, gerettet! Wir erreichen wieder die Hauptstraße und fahren in südlicher Richtung weiter gen Stiersbach. Einsam liegt es am Waldrand. Beim Aussteigen sage ich zu Vasant, bevor er Abhijat, Radhika oder einem der vielen anderen, die zu unserer Begrüßung auf uns zukommen, Hallo sagt, dass er ‘Rama’ erst einmal für sich behalten soll. Und Samarpan brauche ich wohl nichts zu sagen. Könnte ich ja auch schlecht. Würde sich nicht gut machen, denke ich.

Da sind sie schon. Viele Umarmungen. Es sind auch einige aus München da, unter anderem auch diejenige, die dort immer dolmetscht. Irgendwie muss sie mitbekommen haben, dass ich in Rostock gedolmetscht habe, denn sie fragt mich:

„Sollen wir uns immer abwechseln. Einmal Du und einmal ich?“

„Ja, gerne“, sage ich und nach dem Abendessen beginnt auch schon der erste Satsang.

„Wisst Ihr“, sagt Samarpan, „das Leben hat keinen anderen Sinn, als hin zur Wahrheit zu erwachen; zu erkennen, dass der Sinn des Lebens darin besteht, alles zu genießen, sich an all den unterschiedlichen Erfahrungen zu erfreuen.“

„Und es gibt nichts zu lernen?“, fragt jemand.

„Wenn es etwas zu lernen gibt, dann dies: mit all den unterschiedlichen Erfahrungen im Frieden zu sein. Sich all dem hinzugeben.“

Das trifft wahrscheinlich auch auf den Namen zu, den man vom Meister kriegt. Aber ‘Rama’, ich weiß nicht so recht. – Nun erzählt Vasant von unserem ersten Streckenabschnitt heute Morgen; wie wir im Auto vollkommen verrückt gesungen haben.

„Ich dachte bislang, ...“ Vasant erwähnt meinen bürgerlichen Namen, „wäre so ein eher zurückhaltender und steifer Typ, aber Du, Samarpan, hattest mir ja gesagt, ich solle meine Urteile fallen lassen.“ Vasant lacht. „Und jetzt, auf der Fahrt von Hengelo nach Frankfurt: wir beide: so verrückt!“

Vasants Sharing löst in mir zwei Dinge aus. Zum einen habe ich mich bislang schon für einen coolen (na ja, so ein bisschen zumindest) Typen gehalten; und dass ich auf Vasant einen offenbar steifen Eindruck gemacht habe; na ja. Aber es stimmt: Mit Vasants Coolheit kann ich bei weitem nicht mithalten. Von seiner Wildheit kann ich mir noch eine ganze Scheibe abschneiden. Und das andere ist: Als Vasant meinen bürgerlichen Namen aussprach, fand ich es zunächst toll, dass er meiner Bitte nachkam, ‘Rama’ nicht zu erwähnen, doch gleichzeitig hörte sich mein bürgerlicher Name für mich auf einmal total komisch an. Eigentlich und überraschenderweise hätte sich ‘Rama’ richtiger angefühlt. Also sage ich gleich nach dem Satsang zu Vasant, dass ‘Rama’ jetzt in Ordnung geht. Spannend! Und obwohl wir ja hier auf einem Stille-Retreat sind, spricht sich diese Neuigkeit unter den Teilnehmern doch ganz erstaunlich schnell herum, denn ich werde noch am heutigen Abend von einigen beglückwünschend darauf angesprochen. Wie schön. Und jetzt kann es mir auf einmal gar nicht mehr schnell genug gehen, dass es möglichst bald alle wissen!

6.

Es sei denn, dass jemand von neuem geboren werde,
so kann er das Reich Gottes nicht sehen.
(Johannes-Evangelium 3.1)

Stiersbach, 26. September 97 (Retreat)

Als mich die ersten heute Morgen ‘Rama’ nennen, fühlt sich das schon irgendwie unheimlich gut an. Ein neuer Lebensabschnitt. Und auf einmal bin ich ganz angetan von diesem neuem Namen und übe meine neue Unterschrift; natürlich heimlich. – Im Satsang beklagt sich jemand über einen Verlustschmerz, und Samarpan antwortet ihm:

„Schmerz gehört zum Leben einfach dazu; ist ein Teil von ihm. Er ist die Würze des Lebens, das Salz in der Suppe. – Schau: Verschließen wir uns vor dem Schmerz und sagen somit Nein zu der einen Hälfte der Gefühle, dann verschließen wir uns automatisch auch vor der anderen Hälfte. Und das ist es, was wir gemacht haben. Wir haben unsere Welt in zwei Hälften geteilt. Die eine Hälfte ist gut, die andere Hälfte ist schlecht. Das ist der Verstand. – In Wahrheit gibt es nichts Gutes und nichts Schlechtes. Alles ist, wie es ist. Akzeptiere alles, so wie es ist. Dann bist Du eins mit dem Göttlichen. Sei offen für alles. Dies ist das Leben. Es ist ein Spiel. Werde lebendig. Fühle alles. Schaue Dir alles an. Das Leben ist ein Abenteuer. Es geht nicht um Sicherheit. Das, was Du bist, ist Sicherheit selbst. Lebe gefährlich. Das ist ein gut verbrachtes Leben."

„Samarpan? Muss man wirklich nicht an sich arbeiten?", fragt jemand im Abend-Satsang.

„Woran kann man denn überhaupt arbeiten? Das, was nicht erleuchtet ist, der Verstand, wird nie erleuchtet werden. Und das, was erleuchtet ist, bedarf keiner Arbeit, sondern ist bereits erleuchtet. Und Du bist Das. – Verschiebe einfach Deine Aufmerksamkeit weg von dem, was nicht erleuchtet ist, hin auf das, was erleuchtet ist. So einfach. Da gibt es nichts zu tun. Das, was Du bist, das, was Du wirklich bist, ist erleuchtet; ist Erleuchtung. – Papaji sagte: 'Beende die Suche.' Und das ist die Wahrheit. Wenn man Hier angekommen ist, gibt es nichts mehr zu suchen. – Papaji sprach die Wahrheit so klar. So schön. Und wisst Ihr, Papaji war wirklich ein 'Papa'. Zu ihm kamen sie mit all ihren Anliegen. Und er vermittelte, verhalf hier und dort zu einem Job; ganz der liebevolle Papa."

Stille. Und während Samarpan mit geschlossenen Augen da sitzt, habe ich den Eindruck, er denkt an Papaji bzw. fühlt den Schmerz über dessen Tod vor ein paar Tagen. Denn Samarpan spricht immer so liebevoll von Papaji und jetzt ist dieser tot. Samarpan sieht so traurig und so unendlich einsam aus, dass auch ich total traurig werde. Ständig kommen Leute zu Samarpan, um sich von ihm halten zu lassen, und er hat niemanden, er hat keinen Meister mehr, zum dem er gehen kann. Papaji ist tot, Gangaji weit weg und außerdem schickt es sich für einen Satsang-Geber vermutlich nicht, selbst zu jemandem zu gehen und sich halten zu lassen. Insofern hat mein Nicht-Erwacht-Sein durchaus auch seine positiven Seiten.

Stiersbach, 27. September 97 (Retreat)

„Da ist kein Unterschied zwischen mir und Euch", sagt Samarpan inmitten des Morgen-Satsang. „Ob ich oder einer von Euch hier vorne auf dem Stuhl sitzt, ist genau dasselbe."

Das hört sich toll an. Doch was ist das? Samarpan steht auf, SAMARPAN STEHT AUF, mein Gott, und sagt:

„Wenn einer möchte, bitte." Damit setzt er sich zu den normalen Retreat-Teilnehmern mitten in den Raum mit dem Gesicht nach vorne – wie alle.

Niemand sagt etwas. Außer meinem Verstand: 'Ja, los! Das ist DIE Gelegenheit! Auf, auf! Setze Dich auf seinen Stuhl!' – Da heute ich mit dem Dolmetschen dran bin, sitze ich ohnehin schon vorne auf dem Dolmetscherstuhl. Und es ist schon schön hier. Aber sich auf den Stuhl des Meisters zu setzen! Du meine Güte, Panik! Da steht plötzlich die vermeintlich, vermutlich Erwachte aus Stuttgart auf und geht nach vorne.

„Und jetzt sprich die Wahrheit", ermutigt Samarpan sie, woraufhin diese auch etwas sagt, und ich dolmetsche, jedoch nichts von alldem mitkriege, da ich einmal mehr von Null auf hundert in mein Nichterleuchtungsprogramm bzw. in mein Ich-will-auch-endlich-erleuchtet-sein-Programm hineingerauscht bin. Auch als sie kurz darauf wieder an ihrem Platz und Samarpan wieder vorne neben mir sitzt, zweifele ich einmal mehr sehr an dieser Aussage, dass wir angeblich alle bereits erleuchtet sind. – Als Samarpan nach dem Satsang den Raum verlässt, schließe ich mich ihm an und frage:

„Könnten wir einen kleinen Spaziergang machen?" - „Okay."

Die ersten dreihundert Meter gehen wir schweigend die Straße hinauf. Dann klage ich Samarpan lang und breit mein Leid. Der hört zwei Minuten lang zu und meint dann:

„Worauf wartest Du eigentlich, Rama? Wartest Du darauf, dass sich die Wolken teilen und eine donnernde Stimme vom Himmel erschallt: 'Dieses ist mein geliebter Sohn, an welchem ich Wohlgefallen gefunden habe.'? – Du BIST der Sohn Gottes! Du hast die Wahrheit gesehen! Verleugne es nicht immer wieder!"

Samarpan ist ja ganz schön streng, aber vielleicht brauche ich das; vielleicht braucht mein Verstand das. – Stille. Wir schauen uns unentwegt und unbewegt an. Irgendwie kann ich gerade einfach noch nicht loslassen.

„Aber mein Verstand zweifelt immer noch."

„Lasse Deinen Verstand aus dem Spiel; der Verstand wird immer zweifeln. Ignoriere ihn einfach."

Es tut mir richtiggehend für Samarpan leid, dass ich offensichtlich so begriffsstutzig bin und er sich immer und immer wieder mit mir und meinem Thema abgeben muss. Aber irgendwie 'schnalle' ich es einfach nicht.

„Was ist denn mit diesem Moment?", fragt Samarpan. „Genau so wie er ist."

„Ja, gut, aber ..." - „Was aber?"

Ich überlege, und Samarpan meint:

„Du scheinst immer noch irgendeine Vorstellung zu haben, wie Erleuchtung aussieht."

„Mmh, ja, das stimmt. Wenn ich andere so daher reden höre ..."

„Vergiss die anderen. Es gibt keine anderen. Es gibt nur diesen Moment. So wie er jetzt ist."

„Und das ist Erleuchtung?"

„Das ist die Wahrheit. Es gibt nichts anderes.“

„Und das ist alles?“ - „Das ist alles.“

Stille. Und irgendetwas entspannt in mir.

„Vielen Dank für Deine Geduld, Samarpan. Ich ... bzw. mein Verstand ... stöhn ... Du verstehst ...“

„Ist okay.“ Jetzt lächelt er wieder! Puuuh. Erleichterung macht sich breit. Ich atme auf, falle ihm um die Arme und schmelze erneut dahin.

Ich sitze gerade gemütlich im Nachmittag-Satsang, als ich die Worte einer sharenden Frau höre:

„Wenn ich die Wolke anschaue, bin ich die Wolke. Was immer ich betrachte, das bin ich.“

Das hört sich verdammt erleuchtet an, und ich weiß sofort, dass jetzt gleich mein Verstand heranstürmen und mich wieder mit meiner eigenen Nicht-Erleuchtung foltern wird. OOOOOOOOOH, NEEEEEEIIIIIIN!!! Bitte nicht!! Nicht jetzt, nachdem ich gerade erst wieder relaxt habe, nicht nachdem Samarpan mich gerade erst wieder zum abertausendsten Mal aus dieser verfluchten Story herausgeholt hat. – Ich schaue besorgt zu Samarpan, doch der sagt zu allem Unglück auch noch:

„Das ist die Wahrheit.“

ALLES KLAR; DAS WAR’S; SIE IST ERWACHT: SCHEISSE! Ooooooh; aaaaaaah! Ich sehe Leid am Horizont in Form einer dunklen Gedankenwolke auf mich zukommen. Nein! Ich sehe sie nicht!! Ich will sie nicht sehen!!! Aaaaaaah, Scheeeeeeiiiße. – So sehr ich auch versuche, das drohende Unheil zu ignorieren, diese dunkle Wolke kommt unaufhaltsam über mich. Ich hasse dieses Gefühl des Verlorenseins. Mist, verdammter! Mir wird also nichts anderes übrigbleiben, als es zu sharen, auch wenn ich weiß oder besser gesagt, glaube zu wissen, dass ich der Story damit erst Recht Energie gebe und mich dann noch mehr von den anderen isoliere, als ich mich ohnehin schon isoliert fühle. So ein Mist aber auch.

„Samarpan? Wann immer etwas derartiges wie gerade eben passiert, wird bei mir unmittelbar so ein verdammtes Programm aktiv. Ich habe dann das Bild, dass wir uns alle auf einem sinkenden Schiff befinden. Es gibt keine Rettungsboote, was bedeutet: Die einzige Möglichkeit zu überleben besteht darin, dass man rechtzeitig lernt zu fliegen. Also stehen wir jetzt alle auf Deck und schlagen mit den Armen. Und jedes Mal, wenn jemand erwacht, lernt derjenige fliegen und erkennt: Er kann nicht sterben und flattert vergnügt davon. Dabei lacht er darüber, wie einfach alles ist und sagt möglicherweise sogar noch, dass er ja im Grunde schon immer fliegen konnte. Während wir anderen und insbesondere ich nach wie vor auf dem Deck stehe, umso kräftiger mit den Armen wedele und versuche, doch auch endlich abzuheben. Und je mehr Leute um mich herum erwachen, desto größer wird meine Scheißangst, dass ich am Ende als Einziger übrig bleiben und mit dem verdammten Kahn schließlich absaufen werde!“ Angst! Todesangst!!!

„Schau: Es ist, als ob Du in einem Trichter voller Sand bist, der an der Unterseite mit zunehmendem Tempo entweicht. Und Du versucht mit letzter Kraft nach oben zum Rand des Trichters zu kommen, um herauszuklettern, was Dir jedoch nicht gelingt, weil Du Dich nirgendwo festhalten kannst. Der Sand rutscht Dir buchstäblich durch die Finger.“

Ich nicke. Ja! Genau so fühlt es sich an.

„Höre einfach auf.“ - „Wie? Was?“

„Lasse einfach los.“ Samarpan schaut mich verständnisvoll an, und ich weiß nicht, ob ich dazu in der Lage sein werde. Aber es tut ungemein gut, dass Samarpan mich versteht und mir immer hilfreich zur Seite steht.

„Da gibt es die Geschichte eines Mannes“, fährt Samarpan fort, „der sein ganz Leben lang Atheist gewesen war. Und jetzt hing er sich an einer Wurzel festhaltend über einem Abgrund und wusste nicht weiter, da er nicht mehr über ausreichende Kräfte verfügte, um nach oben zu klettern. In seiner Verzweiflung rief er: ‘Falls es da oben einen Gott gibt: Was soll ich tun?’ Und es ertönte eine Stimme: ‘Lasse los.’ Der Mann überlegte kurz und rief zurück: ‘Gibt es da oben noch jemanden?’“ Kurze Stille. „Lasse einfach los. Vertraue auf das Göttliche, vertraue auf Gott; dass er sich um Dich kümmert.“ - Ich beginne zu schmelzen, und Samarpan fährt fort: „Tatsächlich kümmert sich das Göttliche in so liebevoller, rührender Art und Weise um uns. Jeden Tag. Jede Minute. Jeden Moment. Du BIST in den Armen der göttlichen Mutter. Dir kann nichts passieren. Lasse einfach los.“ - „Ich werde es versuchen.“

„Versuche es nicht, TUE es einfach. Lasse einfach los.“

„Mann, oh Mann. Ich glaube, ich bin echt eine harte Nuss, aber ich hoffe, dass ich trotzdem eines Tages in der Lage sein werde loszulassen.“

„Hoffe auch nicht“, unterbricht mich Samarpan. „Jedes Hoffen ist das Hoffen auf etwas in der Zukunft. Es gibt keine Zukunft. Es gibt nur Jetzt. Lasse einfach los. Jetzt.“

Oh Gott! Schmerz, abgrundtiefer Schmerz; Angst, abgrundtiefe Angst. Und ich heule voll drauf los.

„Fühle es einfach“, sagt Samarpan sanft, und ich denke: Oh Gott, ich kann sowieso nichts anders mehr machen, so sehr wie dieser Schmerz, diese Angst gerade im Vordergrund stehen. Und plötzlich, von einem Augenblick zum nächsten: Stille, vollkommene Stille. Nicht ein Gedanke. Puuuuuh. Das war mal wieder eine schwere Geburt.

„Samarpan?“, fragt jemand im Abend-Satsang. „Du wirst von einem anderen Satsang-Lehrer ja etwas abfällig ‘Swami Valium’ genannt. Weil es in Deinen Satsangs so ruhig zugeht. Wie ist das denn zu verstehen? Eigentlich sollte man doch davon ausgehen, dass alle, die die Wahrheit kennen, an einem

Strang ziehen, oder?“

„Ja und nein. – Die Wahrheit ist: Wir sind alle eins. Gleichzeitig“, Samarpan setzt, wie mir scheint, ein verschwörerisches Lächeln auf und fügt verschmitzt hinzu: „haben alle Satsang-Lehrer einen Wettkampf am Laufen: in wessen Satsangs die meisten Menschen erwachen.“ Einige lachen. Und ich denke: immer wieder dieses Thema! Es mag zwar nur ein Witz gewesen sein, aber trotzdem: Es ist zum verrückt werden!

Stiersbach, 28. September 97 (Retreat)

„Samarpan? Irgendwie geht es mir gerade beschissen, und ich habe den Eindruck: Alles läuft schief in meinem Leben“, shart jemand im Morgen-Satsang. „Das ist doch ein Zeichen dafür, dass ich gerade nicht ‘in tune’ bin, dass ich es falsch mache, oder?“

„Die Wahrheit ist: Du machst überhaupt nichts. Du machst nichts richtig, und Du machst nichts falsch. Das ist alles nur der Film. Du bist nur der Beobachter. Und im Moment beobachtest Du gerade eben das, was Dein Verstand als ‘Nicht-in-tune-Sein’ beurteilt. Aber das ist nur der Verstand. In Wirklichkeit ist da nichts verkehrt. Es ist alles perfekt.“

Und schon ist er da, der letzte Satsang. Unglaublich, wie schnell die Retreats immer vorübergehen.

„Ich will nicht streben! Zumindest noch nicht so bald“, heult jemand und weint dabei ganz furchtbar.

„Weißt Du,“ sagt Samarpan sanft, „es steht alles schon geschrieben. Alles ist in diesem Moment bereits enthalten; auch Dein Tod. Egal, was man unternimmt. – Ein König bekam von seinem Berater gesagt, dass er noch am selben Tag sterben würde. Diese Mitteilung versetzte den König natürlich in Panik und in aller Eile rief er seine Weisen zu sich. Einer von ihnen sagte ihm, er könne dem Tod entkommen, wenn er mit Hilfe seines schnellsten Pferdes noch vor Sonnenuntergang im benachbarten Königreich ankommen würde. Flugs nahm sich der König das schnellste zur Verfügung stehende Pferd und galoppierte so schnell es nur ging in Richtung des anderen Königreiches. Kurz vor Sonnenuntergang kam er dort gerade noch an und im Licht des letzten Sonnenstrahls sah er den Tod vor sich stehen, der offensichtlich auf ihn gewartet hatte und nun zum König sprach: ‘Da bist Du ja. Ich befürchtete schon, Du würdest es nicht rechtzeitig schaffen.’ – Schau: Wir können tun und lassen, was wir wollen. Die Wahrheit ist, dass wir nicht eine Sekunde früher und auch nicht eine Sekunde später sterben werden, als wir sterben sollen. Der Tod kommt, wenn er kommt. Also brauchen wir uns keine Sorgen zu machen. Entspanne ganz einfach. Es ist alles in Ordnung. – Wenn da Angst vor dem Tod ist, dann fühle diese Angst. Letzten Endes geht es bei jeder unserer Ängste immer um diese eine existentielle Angst. Und auch wenn die meisten Menschen diese Angst ständig vor sich herschieben; eines Tages müssen wir dem Tod ohnehin ins Auge schauen. Also warum nicht jetzt gleich? Je früher Du erkennst, was stirbt und was nicht stirbt, desto eher bist Du frei und kannst den Rest Deines Lebens in Freiheit verbringen. – Das, was Du wirklich bist, ist nie geboren worden und wird nie streben. Du bist. Ohne jede Vorstellung. Jenseits aller Vorstellungen.“ - Stille. Frieden. Wunderschön.

Gleich nach dem Satsang packe ich Samarpans Koffer in mein Auto und dabei geht mir durch den Kopf, dass ich jetzt doch so etwas wie sein Fahrer und Kofferträger geworden bin. Ein Traum! Und wie sich alles von selbst ergeben hat! Es hätte nicht schöner geschehen können. – In Stille fahren wir dahin. Ich liebe diese Fahrten ganz alleine nur mit Samarpan; fühle mich so eins mit ihm und sage jetzt, dass ich bei jeder im Satsang gestellten Frage immer ein bisschen mit ihm bange, ob er denn hoffentlich auch die richtige Antwort finden möge.

„Es kommt einfach, was kommt“, entgegnet Samarpan.

„Ich glaube, Samarpan, der Punkt ist, dass ich nicht erleben möchte, dass“ Für den Bruchteil einer Sekunde stocke ich, weil ich nicht weiß, ob ich ‘Du’ oder ‘Mein geliebter Meister’ sagen soll. ‘Mein geliebter Meister’ deutet auf eine ‘Vergötterung’ des Meisters hin, und das ist ja eigentlich nicht so toll. Aber irgendwie ist es das, was es mich zu fragen drängt und was vermutlich hinter dieser Angst steckt. „... mein geliebter Meister einmal etwas nicht weißt.“

„Kam das denn noch nicht vor?“ - „Bis jetzt noch nie.“

„Warte einfach ab; Du wirst es noch erleben.“

Schluck. Das höre ich aber gar nicht gerne.

Stuttgart, 30. September 97

Wieder einmal hole ich Samarpan vom Bahnhof ab und erzähle ihm, was sich hier in der Bahnhofshalle vor zehn Jahren abgespielt hat.

„Ich hatte noch etwas Zeit, bevor mein Zug nach Ulm abfuhr, wo ich meinen Wehrdienst absolvierte und da es recht kalt war, ging ich in die Buchhandlung hier. Von einem Umschlag aus schaute mich ein indischer Guru, den ich sonst nur als ‘Baghwan’ aus der Zeitung kannte, freundlich an. Und so nahm ich mir das Buch zur Hand und blätterte ein wenig darin. Alles, was ich las, hatte Hand und Fuß und als ich es kurz darauf wieder weglegen musste, um meinem Zug noch zu erreichen, dachte ich bei mir: ‘Damit muss ich mich bei Gelegenheit nochmals genauer beschäftigen.’“

Samarpan schmunzelt, und ich fühle mich total mit ihm verbunden. – Wenig später beginnt der Satsang. Und irgendwie ist klar, dass ich derjenige sein werde, der dolmetscht.

„All Deine Illusionen müssen sterben. Deine Illusionen, was Geld anbelangt, Beziehungen, Macht, Berühmtheit, Beliebtheit und, und, und ... müssen als solche erkannt werden. Das ist meine Aufgabe. Das ist die Aufgabe jedes Meisters. Und letzten Endes muss auch diese Vorstellung, dass es einen Meister außerhalb von Dir gibt, losgelassen werden. Denn das ist ebenfalls nur eine Illusion. Und jeder wahre Meister wird Dich immer wieder zu dem zu führen, was wirklich ist; zu dem, was Du wirklich bist; zu der Wahrheit von Dir selbst; zu der Wahrheit Deines Selbst. – DU bist der Meister. Das ist die Wahrheit. Buddha sagte zu seinen Schülern: 'Wenn Du mir unterwegs begegnest, töte mich. Wenn ich irgendwann zwischen Dich und das Höchste trete, zerstöre mich.' Und das ist die Wahrheit! Wenn Ihr die Vorstellung habt, dass ich getrennt von Euch bin, dann lasst sie los. Es gibt keinen Meister. Und es gibt keinen Schüler. Es gibt nur Das. Und Du bist Das."

Lange Stille. Es ist alles so schön. Seit ich Samarpan begegnet bin und insbesondere seit ich mit ihm herum reise, ist da soviel Liebe, dass ich hoffe, unsere Wege würden sich nie wieder trennen.

„Danke für Dein Dolmetschen", sagt Samarpan, als ich ihn nach dem Satsang zu B. fahre.

„Oh, Samarpan! Es ist mir eine Ehre, für Dich dolmetschen zu dürfen!"

„Es ist mir eine Ehre, wenn Du für mich dolmetschst", erwidert er. Mein Gott! Wie sehr liebe ich ihn!!!

Stuttgart, 1. Oktober 97

Heute gehe ich schon zwei Stunden vor dem Satsang zu Samarpan und werde von B. eingeladen, gemeinsam mit ihnen zu Abend zu essen. Wie schön. Sie selbst zieht sich allerdings relativ schnell zurück und nun bin ich mit Samarpan allein. Stille. Total heilige Atmosphäre. Hin und wieder finden unsere Blicke zueinander; es ist wunder-, wunderschön. – Später im Satsang fragt jemand:

„Samarpan? Hat es eigentlich etwas zu bedeuten, wenn man körperliche Beschwerden hat?"

„Du meinst diesen New Age Glaube von wegen 'gesunder Körper gleich gesunder Geist'? – Schau: Das ist nur ein Glaube; nur eine Vorstellung. Es ist nicht die Wahrheit. – Ramana, Ihr seht in hier." Samarpan nimmt das Bild, das er immer direkt neben sich auf dem Blumentisch stehen hat, hoch und hält es uns hin. „Dieser wunderschöne Buddha, die personifizierte Stille. Sein Gesicht zuckte manchmal unkontrolliert und daraufhin angesprochen antwortete er: 'Mit der Erleuchtung ist es so, als würde ein Elefant durch eine kleine Hütte laufen. Die Hütte wird danach nie wieder dieselbe sein.' – In diesem Prozess des Erwachens gehen alle möglichen Veränderungen im Körper vor sich. Tue, was Du tun kannst, aber lasse den Körper ansonsten im Großen und Ganzen in Frieden. Du bist nicht dieser Körper. Du hast mit diesem Körper überhaupt nichts zu tun. Du bist; ohne Körper. Bevor dieser Körper da war, wenn dieser

Körper wieder weg sein wird und auch jetzt: Du bist. Du bist das, was gesund ist. Du bist Gesundheit an sich.“

Stuttgart, 2. Oktober 97

„Es ist in diesen Tagen so einfach, die Wahrheit zu sprechen und zu hören. Früher wurde der Schüler gefragt, ob er bereit sei, mindestens 12 Jahre bei dem Meister zu bleiben. Falls nicht, konnte man gleich wieder gehen. Und was sind schon 12 Jahre für die Freiheit und das Ende vom Kreislauf von Millionen Leben in Leid? Nichts! Doch selbst wenn der Schüler bereit war, erfolgte über Jahre hinweg eine langwierige Einweisung und erst ganz am Schluss bekam der Schüler die einfache Wahrheit gesagt. – Hier machen wir es anders. Hier schauen wir uns gleich die Wahrheit an und kümmern uns dann um eventuell noch offene Fragen. – Es ist so einfach. Und so schnell. Unmittelbar. Man braucht nur zu fragen.“

Stuttgart, 3. Oktober 97

„Die meisten Menschen tragen solch eine große Last umher; die Last des Verstandes. Um in Frieden zu sein, muss man sich bloß vom Joch des Verstandes befreien. Er ist solch ein schrecklicher Tyrann. Als Jesus von einem Reichen gefragt wurde, wie er Gott dienen könnte, sagte Jesus: ‘Lasse Dein ganzes Geld zurück und komme mit mir mit.’ Doch dazu war der Reiche nicht in der Lage. So weit reichte sein Vertrauen nicht. Jesus daraufhin: ‘Eher kommt ein Kamel durch das Nadelöhr, als dass ein Reicher in den Himmel kommt.’ Das Nadelöhr war ein enges Tor in der Stadtmauer von Jerusalem und nur wenn ein Kamel nicht beladen war, passte es dort hindurch. – Und das ist die Wahrheit: Wenn wir das Paradies betreten wollen, so müssen wir alles hinter uns lassen; all die Dinge, die uns lieb und wertvoll sind. Denn nur ohne diese Last, nur ohne den Verstand mit all seinen Vorstellungen, Glaubensätzen und Konzepten können wir vor Gott treten. Wenn es irgendetwas gibt, an dem Du noch festhältst, ist es nicht möglich.“

Stuttgart, 4. Oktober 97

Wochenende!! Das heißt, es gibt zwei Satsangs: wie schön. Im Mittag-Satsang versucht Samarpan mit einer Engelsgeduld minutenlang einem Typen, der nach Pfarrer aussieht, die Wahrheit näher zu bringen bzw. aufzuzeigen. Allerdings ist dieser voll im Verstand, kapiert überhaupt nichts, ist überhaupt nicht offen und fragt immer wieder kritisch nach. Schmerzhaft. – Ich kann beim Dolmetschen kaum an mich halten, so bringt mich diese Sturheit ‘ auf die Palme’. Doch Samarpan versucht es erneut:

„Du hast keine Kontrolle! Du sitzt HINTEN im Auto, hast das Lenkrad nicht in der Hand, das ist die Aufgabe des Göttlichen! Das Leben geschieht, ohne dass wir Einfluss nehmen können!"

Und was sagt der Typ?

„Aber wenn ich, wenn das Auto stirbt ..."

Jetzt reißt mir endgültig der Geduldsfaden und bevor Samarpan irgendetwas sagen kann, bricht es auch schon aus mir mit einer 'Verdammt noch mal, kapier' es doch endlich Energie!' heraus:

„Niemand sagt, dass DU das Auto bist!!!" Du Vollidiot!

Totenstille. Huch!!!!!!! Alle, inklusive Samarpan, schauen mich ob meines eigenmächtigen Vorstoßes an, und ich blicke beschämt zu Boden. Oh, oh, oh! Samarpan führt daraufhin die Hände zum Namaste zusammen und während ich ihm sonst dabei immer in die Augen sehe, halte ich sie nun geschlossen. Oh mein Gott, ist mir das peinlich! – Beim Mittagessen mache ich einen großen Bogen um Samarpan. Und auch wenn ich von anderen gesagt kriege, dass es gut war, diesem Typen seinen eigenen Frust zu spiegeln, fühle ich mich doch schuldig. – Beim Begrüßungs-Namaste des Abend-Satsang halte ich die Augen wieder geschlossen.

„Hast Du eigentlich vor gar nichts Angst, Samarpan?", fragt jemand.

„Was gibt es, vor dem man Angst zu haben bräuchte? Wenn man die Illusion als Illusion, als Täuschung erkennt, erkennt man, dass sie einem nichts anhaben kann. Nichts kann uns passieren. Wir sind unverwundbar. – Es gab einmal einen Samurai, der war fürchterlich grausam, mordete, wohin er kam, und alle hatten schreckliche Angst vor ihm. Eines Tages erreichte er ein kleines Kloster, in dem er jeden der Mönche, die ihm in die Quere kamen, einfach abschlachtete. Dann stand er vor dem Meister, der still und im Frieden da saß. Er hob sein Schwert, doch der Meister rührte sich immer noch nicht. 'Was ist mit Dir?', brüllte er den Meister an: 'Weißt Du nicht, wer ich bin? Ich haue die Leute in zwei Hälften, ohne mit der Wimper zu zucken!' Und der Meister sprach: 'Weißt Du nicht, wer ich bin? Ich bin ein Mensch, der sich in zwei Hälften hauen lässt, ohne mit der Wimper zu zucken.' – Das ist die Wahrheit! So schön dieser Körper ist; aber wenn er eines Tages nicht mehr ist: kein Problem. Ich bin nicht dieser Körper. – Ein wahrer Meister hat vor nichts Angst, sondern ist bereit, in jede Hölle hinein zu gehen; in jede Hölle des Verstandes; sei es die des eigenen oder die des Schülers. Im Grunde ist es dasselbe; es gibt nur einen Verstand. – Sei bereit, in jede Hölle zu gehen; in jeden Schmerz. In all diesen Erfahrungen liegen so viele Geschenke verborgen."

Stille. Fragen. Stille. Und im Lauf des weiteren Satsang merke ich, dass es sich für mich mit geschlossenen Augen beim Namaste eigentlich viel stimmiger anfühlt. Geht es nicht darum, nach Glücklichsein in sich selbst Ausschau zu halten? Und nicht beim Meister, nicht in den Augen des Meisters? – Schweigen auf dem Heimweg im Auto. Samarpan ahnt wohl, wie es mir geht. Nämlich beschissen. Immer noch wegen heute Morgen. Ich bin aber auch beknackt. Da sagt Samarpan:

„Weißt Du: Ich mag es, wenn Du um mich herum bist.“

„Oh Samarpan! Für mich gibt es doch nichts Schöneres, als mit Dir zu sein!“

Wieder schweigen wir. Wieder ist es still. Doch die Welt hat sich verändert! Nur ein Satz! Und ich bin aus der Hölle in den Himmel gekommen. Das Leben ist so schön!

Stuttgart, 5. Oktober 97

„Da ist soviel Leid auf dieser Welt“, äußert eine alte Frau im Satsang, und

Samarpan sagt liebevoll:

„Weißt Du: Auch in meinem Leben war viel Leid und genau das war es, was mich motivierte, nach der Wahrheit zu fragen. Menschen, bei denen alles im Leben optimal läuft, haben keinen Grund, nach der Wahrheit, nach Gott zu suchen. Sie sind glücklich mit der Illusion. Es sind ja gerade all die Schmerzen in unserem Leben, die in uns den Wunsch auslösen zu erwachen. – Papaji sagte, er habe sämtliche Planeten besucht und es gäbe solche, auf denen große Harmonie herrsche. Nur habe dort keiner ein Interesse am Erwachen. Alle seien mit der Illusion zufrieden. Papaji war auch in allen Dimensionen und fand nirgendwo so viel Leid wie hier auf der Erde. Und das ist eine GUTE Nachricht. Ja! Es ist wunderbar. Denn unser Leid ist der perfekte Motivator für uns, um zu erwachen. Aus einem süßen Traum erwachen will niemand. Wenn Dein Leben jedoch ein einziger Alpraum ist, dann ist dies großartig! Ja, es ist in der Tat ein großes Geschenk. Denn dann wirst Du Dich nicht mit der Illusion zufrieden geben und so lange nach der Wahrheit fragen, bis Du die Freiheit gefunden hast.“

Stuttgart, 7. Oktober 97

Verbringe eine schöne Nacht bei und mit einer alten Bekannten. Es gibt echt keine Grenzen. Alles ist möglich, wenn man ehrlich zueinander ist. Und dann ist da am nächsten Morgen auch keine komisches Gefühl, wenn man wieder auseinander geht, weil man/frau sich nichts vorgemacht hat. – Ach ja; einfach immer im Moment sein, das ist das Paradies. Und gerade dieses spezielle Paradies liebe ich besonders. Was gibt es Schöneres, als vor sich ein weibliches Wesen, das sich einem hingibt?

Stuttgart/München, 11. Oktober 97

Da es morgen von München aus nach Sizilien geht, fahre ich schon einmal heute dorthin, selbst wenn die Nacht recht kurz werden dürfte, weil ich auch hier eine hübsche, unkomplizierte ‘Übernachtungsmöglichkeit’ habe.

München/Sizilien, 12. Oktober 97 (Retreat)

Treffe Samarpan und all die anderen Lieben am Münchner Flughafen. Schöner Flug. Urlaub! Italien! Ein Traum! Ja, das Leben ist wirklich ein wunderschöner Traum! – Nachmittags: Transfer in unser Hotel in Taormina; abends der erste Satsang. Ich dolmetsche. Wer sonst? – Ein Mann shart, dass er immer am Kämpfen ist, und ich denke, dass Samarpan so etwas sagen wird wie: ‘Kämpfen ist Leid, Loslassen ist Frieden.’ Aber wie so oft, werde ich eines ‘Besseren’ belehrt.

„An Kämpfen ist nichts verkehrt“, sagt Samarpan. „Aber kämpfe fair. Kämpfe für die Wahrheit. Dann kann Kämpfen Spaß machen.“

Samarpans Antworten sind wirklich vollkommen individuell auf den Fragenden und diesen Moment zugeschnitten. Auch dieses Mal scheint er den Nagel wieder einmal auf den Kopf getroffen zu haben, denn die Person atmet erleichtert auf:

„Ja, das stimmt, Samarpan. Eigentlich macht mir das Kämpfen Spaß. Nur dachte ich: Du redest immerzu nur von Akzeptanz und dem Aufhören mit allem Kämpfen!?“

„Vergiss alles, was ich gesagt habe. Wenn Du gerne kämpfst, ist das wunderbar. Schaue nur genau hin, ob das, wofür Du kämpfst, den Kampf wert ist. Häufig kämpfen wir um Dinge oder für Ziele, die nicht lohnenswert sind. Und das ist Energieverschwendung.“

„Aber was hat es dann mit dieser Akzeptanz auf sich? Gilt es nicht, diesen Moment zu akzeptieren, genau so wie er ist?“

„Das ist richtig, aber was ist, wenn dieser Moment auch den Impuls zu kämpfen beinhaltet? – Schau: Dann gilt es, diesen Impuls ebenfalls anzunehmen. Das Andere ist nicht Akzeptanz, sondern eine Vorstellung von Akzeptanz; eine Vorstellung des Verstandes von Akzeptanz; dieser christliche Glauben, dass man alles hinnehmen und erdulden muss. – Wenn Du den Impuls hast etwas zu verändern, verändere es.“ Samarpan schaut den ‘Kämpfer’ an und fragt auf deutsch: „Alles klar?“

„Noch nicht ganz. Woher weiß man, wann es gilt, eine Situation einfach anzunehmen und wann zu kämpfen bzw. zu verändern?“

„Bei den anonymen Alkoholikern gibt es ein wunderschönes Gebet: ‘Gott, gib mir die Gelassenheit, die Dinge anzunehmen, die ich nicht ändern kann; den Mut, die Dinge zu verändern, die ich ändern kann; und die Weisheit, das eine vom andern zu unterscheiden.’“

Der Kämpfer hakt noch einmal nach:

„Samarpan, ich glaube, ich muss es noch einmal hören. Es ist also in Ordnung, wenn ich kämpfe?“

„Kämpfe, weil es Dir Spaß macht und nicht weil Du dem anderen schaden willst. Kämpfe einfach aus Freude am Kämpfen. Wenn eine persönliche Anhaftung oder Emotion mit im Spiel ist, wenn da ein Kämpfer ist, jemand, der kämpft, dann macht es keinen Spaß mehr. – Es gab einmal zwei Samurai-Krieger, die sich schon seit Jahren bekämpft hatten, und jetzt schien das Ende gekommen. Der eine lag wehrlos am Boden, während der andere über ihm stand, und gerade als ihm dieser sein Schwert ins Herz rammen wollte, wurde er von dem am Boden liegenden ins Gesicht gespuckt. Da hielt der stehende Samurai inne und steckte sein Schwert wieder weg. Der andere fragte ihn verwundert: ‘Wieso hast Du mich nicht getötet? Nach all den Jahren schienst Du doch am Ziel gewesen zu sein!’ ‘Das mag wohl stimmen, aber als Du mich angespuckt hast, stieg in mir Wut auf. Und ich konnte Dich nicht töten.’ Von soviel Weisheit ‘erschlagen’ wurde der am Boden liegende daraufhin zu seinem Schüler.’ – Kämpfe immer mit dem Bewusstsein, dass es letztendlich nicht darum geht zu gewinnen; sondern um die Freude am Kämpfen. Wenn Du Spaß am Kämpfen hast: wunderbar. Da ist nichts verkehrt. Genau richtig.“

Sizilien, 13. Oktober 97 (Retreat)

„Du siehst gar nicht wie ein Meister aus, Samarpan“, äußert jemand etwas, das oft geäußert wird.

„Wisst Ihr, als ich noch bei Gangaji war, dachte ich: ‘Sie spricht die Wahrheit so klar, da kann ich unmöglich heranreichen.’ Aber irgendwie kamen und kommen Leute zu mir zum Satsang. Ich sehe vollkommen gewöhnlich aus und inzwischen sehe ich, dass das mein Geschenk ist, das ich zu teilen habe. Mein Normalsein. Ich bin genau wie ihr. Da ist kein Unterschied.“

Lange Stille. Samarpans Normalität, sein Rauchen, sein Trinken usw. ist wirklich und in der Tat solch ein Geschenk und irgendwie fühle ich mich auf einer Ebene mit ihm; so schön. Im Satsang am Abend packt mich allerdings schon wieder die Angst, was meine Zukunft anbelangt. Zum Glück habe ich Samarpan, der mir sagt:

„Wenn der Verstand mit irgendwelchen Furcht einflößenden Vorstellungen daher kommt und Dir befehlen will, was Du am besten tun sollst, dann ignoriere ihn. Und ganz schnell wird der Verstand ruhig werden. – Weißt Du: Es ist notwendig, dass wir unseren Verstand disziplinieren. Wie einen Diener. Und das tut man, indem man ihn ignoriert. Wenn Du in einem Restaurant am Tisch sitzt und sich dann der Kellner zu dir setzt und Dich in penetranter Art und Weise zu irgendetwas überreden will, fängst Du dann eine Diskussion mit ihm an? Natürlich nicht. Ignoriere den Verstand einfach. Wende ihm den Rücken zu. So wird aus ihm ein guter Diener. Ein guter Diener erscheint nur, wenn man ihn braucht, ansonsten ist er außer Reichweite; nicht zu sehen. Kaum ist das Glas leer, taucht er aus dem Nirgendwo auf, bedient einen und verschwindet wieder; ohne ein Wort. Das ist ein guter Diener. – Wenn es darum geht herauszufinden, wie Du zur Straßenbahn kommst und an welcher Haltestelle

Du aussteigen musst: Das ist eine Aufgabe für den Verstand. Aber wenn es um Gott geht, wenn es um die Zukunft geht; hierbei hat der Verstand nichts verloren. Denn hiervon versteht der Verstand nichts. Hierbei gibt es für den Verstand nichts zu tun. Hier gibt es überhaupt nichts zu tun. Und Hier gibt es keinen Verstand. 'Hier' ist für den Verstand unbekannt. 'Hier' kennt der Verstand nicht. 'Hier' weiß der Verstand nicht. – Der Verstand ist ein schrecklicher Tyrann; aber ein wunderbarer Diener. Und genau genommen liebt der Verstand es, der Diener zu sein. Denn das ist es, was er gut kann."

„Aber Samarpan: Der Verstand lässt sich doch sicher nicht so einfach mir nichts Dir nichts von seinem Sessel vertreiben und in die Dienerrolle drängen? Der leistet doch garantiert Widerstand, oder?"

„Am Anfang vielleicht. Und daher ist es wichtig, dass Du stark bleibst und ihn konsequent ignorierst. Und irgendwann gibt er auf; irgendwann gibt er sich hin. Und dann ist Ruhe; dann ist Frieden."

Sizilien, 14. Oktober 97 (Retreat)

Als ich Samarpan im heutigen Satsang sagen höre, dass das Erwachen jeden Moment stattfinden kann, fühle ich mich ziemlich niedergeschlagen. Irgendwie wäre es ja schon traurig, wenn meine Story, meine Millionen Jahre alte Geschichte, wenn das Leben, die Existenz von Rama heute jetzt und hier zu Ende sein sollte. Irgendwie scheine ich, daran festzuhalten. Zu Samarpan sage ich:

„Wenn ich mir vorstelle, dass ich heute im Lauf des Tages tatsächlich erwachen sollte, macht mich das schon irgendwie traurig. Es ist so schön hier!" Ich schaue aus dem Fenster. „Das Meer, das Hotel, die Leute; und das alles sollte zu Ende, sollte vorüber sein?"

Samarpan schaut mich mit mitfühlenden Augen an und sagt:

„Das ist wunderbar, weißt Du. Fühle die Trauer. Es ist wichtig, den Tod der Illusion zu betrauern."

„Die Trauer geht aber gar nicht weg", sage ich.

„Nun, das soll sie auch gar nicht. Sei einfach mit dieser Trauer. Wann immer irgendjemand stirbt, ist es wichtig, dass es eine Trauerphase gibt. Fühle einfach diese Trauer. Es ist in Ordnung. Dies ist solch eine wunderschöne Illusion. Und es IST traurig, wenn man erkennt, dass es nur eine Illusion ist."

„Das heißt, ich soll einfach mit dieser Trauer sein? Auch wenn sie noch eine Weile da sein sollte?"

„Akzeptiere diese Trauer sogar dann, wenn sie den Rest Deines Lebens da sein sollte. – Und so ist es mit all unseren Gefühlen. Akzeptiere jedes Gefühl. Bedingungslos. Lasse jedes Gefühl so lange da sein, wie es nur will. Das ist der Frieden."

Spätabends, ich liege bereits im Bett, kommt Vasant mit ernstem Gesicht zu mir ins Zimmer und sagt leise:

„Ziehe Dich schnell an und komme mit. Zu Samarpan."

Huch? Ich kleide mich eilig an und frage nicht weiter nach; schließlich sind wir in Stille. – Leise betreten wir Samarpans Zimmer. Samarpan liegt leichenblass da, und Abhijat und Radhika sitzen auf der einen Seite des Bettes. Offensichtlich geht es Samarpan sehr, sehr schlecht. Auweia. Vasant und ich setzen uns auf die andere Seite des Bettes. Absolute Stille. Wir vier sitzen um unseren geliebten Meister herum. Was für ein Moment! Niemand sagt etwas, aber es ist auch so klar, dass die Lage sehr ernst ist. Radhika und ich halten Samarpan jeweils eine Hand. Abhijat und Vasant berühren ganz sanft Samarpans Füße. Sehr lange Zeit sagt niemand ein Wort. Was gäbe es auch jetzt noch zu sagen? Samarpan hat uns bis zuletzt immer wieder gesagt, dass der Frieden in uns liegt. Erst heute Mittag sprach er noch über die Frage: 'Wie ist es eigentlich, erleuchtet zu sein?':

„Diese Frage ist von den Meistern durch die Jahrhunderte hindurch immer wieder unterschiedlich beantwortet worden. Eine Antwort, die mich jahrelang durcheinander gebracht hat, war: 'Ich habe keine Ahnung. Ich habe keine Vorstellung.' Mit anderen Worten: Der Verstand hat keine Vorstellung von Erleuchtung. – Das ist die Wahrheit. Der Verstand kann keine Vorstellung von Erleuchtung haben. Erleuchtung ist nicht im Verstand. Erleuchtung ist Hier. Erleuchtung ist einfach das, was ist. Erleuchtung ist einfach das, was jetzt ist. Erleuchtung ist Deine wahre Natur."

Welch ein Geschenk, mit einem Meister, mit solch einem wunderbaren Meister zu sein bzw. gewesen zu sein. Frieden. Liebe. – Irgendwann, ich habe keine Ahnung nach wie langer Zeit, deutet Samarpan an, dass er jetzt gerne alleine wäre, und wir verdrücken uns schweren Herzens auf unsere Zimmer. Ich liege allerdings noch lange wach, zerbreche mir den Kopf, wie ich Samarpan helfen könnte, und ich merke: Ich würde alles für ihn tun. Also schleiche ich mich auf Zehenspitzen nochmals zu ihm und da er noch wach ist, biete ich ihm an, die ganze Nacht an seinem Bett zu sitzen und zu wachen.

„Ich könnte auch jetzt auf der Stelle ein Auto besorgen und Dich zum Flughafen fahren, sodass Du oder wir beide morgen früh mit dem ersten Flugzeug nach Deutschland fliegen könntest."

Doch Samarpan lehnt ab. Es scheint, dass er ganz im Frieden ist; ganz im Frieden mit dem, was jetzt gerade da ist und vielleicht noch kommen mag. Welch ein Meister.

Sizilien, 15. Oktober 97 (Retreat)

Auch wenn es Samarpan heute Morgen etwas besser zu gehen scheint, bieten wir ihm an, den ganzen Satsang über zu musizieren; ein Musik-Satsang sozusagen. Und Samarpan willigt ein. Mittags dann wieder normaler Satsang.

„All der Reichtum, den manche Menschen ansammeln, ist verglichen mit dem Frieden, der Hier ist, nichts wert. Dieser Reichtum wird so schnell vorübergehen. Wenn nicht vor dem Tod, dann beim Tod. Wir können nichts mitnehmen, sondern müssen alles zurücklassen. – Dieser Frieden hingegen ist ewig. Er war immer Hier, wird immer Hier sein und ist auch jetzt gerade Hier. Er ist IMMER HIER. Zu jeder Zeit. – Sogar der Verstand muss einsehen, dass viele Menschen ihre Prioritäten nicht unbedingt 'richtig' setzen. Was sind ein paar Millionen während dieses kurzen Lebens im Vergleich zu ewigem Frieden? Nichts. Überhaupt gar nichts. Ein Reicher kam einst zu einem Weisen, der nackt im Wald lebte. Kaum bei ihm angekommen, fiel er auf die Knie und berührte die Füße des weisen Mannes. 'Was tust Du da?', fragte dieser. 'Ich berühre Deine Füße. Schließlich hast Du allem entsagt.' Und der Weise entgegnete: 'Eigentlich müsste ich Deine Füße berühren. Ich habe nur allem entsagt, was ohnehin nicht wirklich ist, und ich habe alles, was wirklich ist. Du hingegen hast allem entsagt, was wirklich ist und hast nur noch das, was nicht wirklich ist.' – All die Dinge in unserem Leben: Sie kommen und gehen so schnell. Sie sind nicht wirklich. Aber dieser Frieden, das, was Du bist, ist wirklich. Das ist das Einzige, was nicht kommt und geht. Kein Ding. Das, was schon immer war und immer sein wird. Gib DEM Deine Aufmerksamkeit."

Sizilien, 16. Oktober 97 (Retreat)

„Schaut Euch Eure Träume genau an. Und dabei ist es egal, um was es geht. Vielleicht denkt der ein oder andere, es wäre schön, viel Geld zu haben. Oder berühmt zu sein. Oder über viel Macht zu verfügen. Dann schaue Dir diesen Traum genau an. Male ihn bis in alle Einzelheiten aus und stoppe nicht vor dem Ende. Gehe ganz bis zum Schluss bis in jedes Detail. Und sage die Wahrheit. Schau, ob es Dich wirklich glücklich machen würde."

„Könntest Du das einmal am Thema Geld demonstrieren, bitte?"

„Stell Dir vor, Du würdest auf einen Schlag sehr viel Geld gewinnen, unendlich viel Geld. Was würdest Du damit machen?"

„Ich würde mir folgendes anschaffen: die tollsten Häuser – in jedem Land der Erde eins –, die besten Autos, vor jedem Haus ein paar, Flugzeuge, Hubschrauber, Schiffe aller Größenordnungen; und alles natürlich exklusivst ausgestattet."

„Gut, und was jetzt? Du kannst immer nur in einem Haus 'gleichzeitig' sein. Dort liegst Du nun den ganzen Tag am Strand, surfst, fährst Jetski, Wasserski, fährst mit Deiner Yacht hinaus und so weiter. Und natürlich bist Du die ganze Zeit von jungen, hübschen Frauen umgeben, die Dich nach Strich und Faden verwöhnen. Hin und wieder wechselst Du das Haus, aber im Grunde ist es überall das gleiche. – Schaue es Dir ganz genau an. Mit einem stillen Verstand. Einige Wochen, vielleicht einige Monate ist es das Paradies. Der

Verstand steht still, und Du bist glücklich. Aber nach und nach kommt der Verstand wieder. Es ist immer noch derselbe Verstand; mit denselben Programmen, und die ‘Realität’ holt Dich ein. Immer deutlicher tritt zutage, dass dieses Leben ein Alptraum ist. Du hast Neider überall, wo Du auftauchst. Jeder will etwas von Dir. Niemand ist offen und ehrlich zu dir. Die ganzen jungen Mädchen sind nur auf Dein Geld aus. Du hast alles und bist doch vollkommen einsam. Schau es Dir ganz in Ruhe an. Und das musst Du nicht jetzt machen. Mache es irgendwann, wenn Du einmal für Dich alleine bist und viel Ruhe hast. Und stelle Dir dann die Frage: Würde mich die Erfüllung meines Traumes dauerhaft glücklich machen? – Schaut: Das kann man mit jeder Art von Traum machen und findet so die Wahrheit innerhalb einiger Stunden heraus, für die man ansonsten Jahre, wenn nicht sein ganzes Leben gebraucht hätte. Die Erkenntnis, dass es einen nicht glücklich macht. – Die meisten Menschen halten nie inne und fragen sich: Wem oder was jage ich eigentlich ständig hinterher? Und würde mich das, was ich so angestrengt versuche zu erreichen, wirklich dauerhaft glücklich machen? – Momentane Freude, vorübergehendes Vergnügen: ja, keine Frage. Aber nach einer gewissen Zeit, will der Verstand mehr, will der Verstand etwas anderes usw. usf. Der Verstand ist nie zufrieden. Und wenn wir auf den Verstand hören, sind wir nie zufrieden. Die einzige Möglichkeit zufrieden und im Frieden zu sein, besteht darin, wenn wir dem Verstand den Rücken zuwenden und erkennen: Ich brauche nichts, was ich nicht habe. Glücklichsein ist Hier, in diesem Moment. – Sei einfach glücklich. Gerade jetzt. Es ist möglich. Es ist NUR JETZT möglich.“

Stille. Und wieder einmal wird mir klar: Es gibt keinen Ort der Welt, an dem ich lieber wäre als zu den Füßen Samarpans. Nicht eine Milliarde, kein Strand der Welt, keine Frau, nichts ist mir so wichtig, wie hier und jetzt mit Samarpan, wie Hier und jetzt mit der Wahrheit zu sein. Doch schon im Mittag-Satsang ‘muss’ ich schon wieder eine Frage stellen:

„Samarpan? Noch einmal zum Thema: Geld. Es mag einen auf Dauer nicht glücklich machen, aber irgendwie habe ich manchmal die Vorstellung, dass es ja schon nicht schlecht wäre, so richtig viel Geld zu haben.“

„Das ist nur eine Vorstellung im Verstand. Schau: Das ist alles bloß Kinderspielzeug. Dies, Hier ist das Wirkliche. Dies ist das Wahre. Alles andere ist Illusion.“

„Und die Illusion muss man aufgeben?“

„Wir müssen überhaupt nichts aufgeben. Hast Du die Spielsachen Deiner Kindheit aufgeben müssen? Nein. Du hast sie nicht an irgendeinem Punkt traurig zurückgelassen, sondern irgendwann haben sie Dir keine Freude mehr bereitet, haben sie Dich nicht mehr zufrieden gestellt, und Du hast sie einfach hinter Dir gelassen. – Erkenne einfach, dass nichts, dass kein Ding in dieser Welt der Illusion uns dauerhaft zufrieden stellt. Dann verlieren die weltlichen

Dinge ihren Reiz, verlieren ihre Anziehungskraft. Lasse sie einfach zurück und komme nach Hier. Alles ist HIER."

Stille. Und ich denke: Viel Geld zu haben, hat zwar schon seinen Reiz, aber wenn ich mir vorstelle, dass ich dafür Tag und Nacht in einem Job schuften muss, der mir überhaupt keinen Spaß macht, mit Menschen zu tun haben muss, mit denen es keinen Spaß macht, zusammen zu arbeiten ... Nein, das ist nicht wirklich eine Alternative zu dem freien Leben, was ich hier an Samarpans Seite führe bzw. führen kann. Was könnte es Besseres geben, als mit Samarpan durch die Lande zu ziehen. Es fehlt mir doch an nichts!!! Und wie Samarpan sagen würde, ist es ohnehin nur mein Verstand, der etwas anderes will.

Sizilien, 17. Oktober 97 (Retreat)

Ach Mann; gestern Abend war alles so 'easy'. Und jetzt bin ich schon wieder am Mindfucken. Im Satsang share ich:

„Samarpan, mein Verstand kommt immer wieder mit irgendeinem Blödsinn daher ..."

„Lasse mich Dir sagen, was ich mache: Wann immer der Verstand mit irgendeinem Quatsch daherkommt, prüfe ich es einfach nach. Halte inne! Komme nach Hier. Und schaue von der Wahrheit aus, ob da wirklich irgendetwas verkehrt ist. – Die Wahrheit ist: Da ist nichts verkehrt, da war nie etwas verkehrt und da wird nie etwas verkehrt sein. Da kann gar nichts verkehrt sein. Es ist nicht möglich. Das ist alles nur der Verstand. Beachte ihn einfach gar nicht."

„Ja, wenn das immer nur so einfach wäre."

„Schau, auch das ist der Verstand. Wir haben so viele Mantren: 'Es ist nicht einfach', 'Es ist zu viel', 'Ich kann das nicht.' Usw. Wenn wir darauf hören, folgen wir dem Verstand. Und so bleibt der Verstand an der Macht. – Höre nicht auf diesen Narren. Er weiß überhaupt nichts. Der Verstand ist nur ein Computer. Das sind bloß irgendwelche Daten. Er weiß nichts. Nichts Wirkliches. – Wenn der Verstand weiß, dass er nichts weiß, wunderbar. Das ist ein Verstand, der im Dienste der Wahrheit steht; ein Verstand, der der Diener ist. Solange er sich jedoch für den Meister hält und wir ihm seine Rolle abkaufen, ist da kein Frieden. Denn der Verstand ist nie im Frieden. Der Verstand ist nie zufrieden. Da ist immer irgendetwas falsch. Gib Deine Aufmerksamkeit der Stille. Das ist der Frieden."

„Also ich bin jedenfalls noch nicht im Frieden."

„Schau: Dein Computer zu Hause denkt ebenfalls, er ..."

Ich kriege den Rest des Satzes nicht mehr mit, da mich der erste Teil ziemlich perplex gemacht. Will Samarpan mir wirklich weismachen, dass mein Computer daheim denken kann? Ich falle ihm ins Wort und sehe ihn dabei äußerst skeptisch an:

„Samarpan, ich bitte Dich, das ist jetzt nicht Dein Ernst! Mein Computer daheim DENKT?“

Doch statt einer Antwort grinst Samarpan nur und beendet den Satsang kurzerhand mit Namaste. Ich führe die Hände ebenfalls zusammen und denke: Shit, da habe ich dem Meister ja wohl gerade öffentlich unterstellt, dass er Blödsinn daherredet. Oh, oh. – Schweigend laufe ich neben Samarpan zu unserem Mittags-Restaurant und versuche mit einem Seitenblick auf ihn zu ergründen, ob er sauer ist. Schwer festzustellen. Am besten, ich fühle einfach die Unsicherheit, die gerade da ist. Unangenehm.

Mittag-Satsang, und alles ist wieder gut.

„Du bist nicht Dein Körper. Du bist nicht die Summe Deiner Körperteile. Alle Zellen in Deinem Körper erneuern sich alle sieben Jahre. Das heißt: Nach sieben Jahren ist nicht eine alte Zelle ‘Deines’ Körpers mehr dieselbe; nicht eine ist mehr vorhanden. Alle sind neu. Also kannst Du gar nicht dieser Körper sein. Also muss da noch etwas anderes sein. Und in der Tat ist da noch etwas anderes. Etwas ganz anderes. Und die Frage lautet: Was ist das? Was ist das Beständige? – Im Grunde ist das die einzige Frage, die sich zu stellen lohnt: Wer bist Du? Wer bist Du wirklich?“

Stille. Und ich denke: Tja, wenn ich das wüsste; dann wäre ich wahrscheinlich erleuchtet.

Sizilien, 18. Oktober 97 (Retreat)

„Entspanne einfach.“ - „Kann ich aber gerade nicht!“, stöhne ich.

„Auch kein Problem. Dann sei einfach völlig angespannt. Was immer im Moment gerade ist, sei entspannt mit dem. – Angespanntsein? Perfekt. Dann sei im Frieden mit Angespanntsein. Ganz einfach.“

Stille. Wir sehen uns eine halbe Minute lang an und plötzlich entspannt etwas in mir:

„Puuuh. Yes.“ Wir lachen uns an. Wie schön. Wie wunder-, wunderschön.

Als ich unser Lokal betrete, in dem wir jeden Mittag unser exquisites Essen einnehmen, finde ich Samarpan in der Küche vor. Mit seiner feinen Nase hat er offenbar gerochen, dass hier irgendwo Gas ausströmt. Und da er selbst früher bei der kalifornischen Gas-Gesellschaft bearbeitet hat, ist er quasi ein Fachmann auf diesem Gebiet. ‘Was für ein Meister. Er ist sich wirklich für nichts zu schade’, denke ich und als wir Samarpan darauf ansprechen, sagt er:

„Ja, aber diese Gasfirma-Zeit ist schon lange her. – Doch auf der Ranch bei Osho war es toll. Als man mich bei meiner Ankunft fragte, was ich könnte, sagte ich eben, dass ich mich mit Gas auskenne. Und schon war ich der Gas-Spezialist der Ranch. Man nannte mich ‘Samarpan Gas’“. Und was war das für ein Abenteuer! Ich war für die komplette Verlegung aller Gasleitungen zuständig, konnte für Millionen von Dollars einkaufen; ein riesiger Experimentierkasten:

sagenhaft! Das Leben ist solch ein Abenteuer."

Mittag-Satsang. Stille. Trotzdem fällt es mir im Moment sehr schwer, bei 'der Sache' zu sein, denn in meinem Kopf dreht es sich nur um ein Thema: Rein theoretisch wäre Erleuchtung ja jetzt gleich möglich; aber will ich das überhaupt? Will ich das wirklich? Mehr als alles andere?

„Samarpan, ich bin mir gar nicht sicher, ob ich überhaupt erwachen will ..."

„Rama, Du bist so wunderbar." Samarpan sieht mich liebevoll an. „Schau: Du musst ALL Deine Identifikationen loslassen, auch die des Suchers. Ich weiß natürlich, dass es schön ist, ein Sucher zu sein; aber auch das ist nur eine Vorstellung. – Das ist die Geschichte von einem, der Zeit seines Lebens auf der Suche nach Gott war. Und endlich: Nach all den leidvollen Jahren, stand er schließlich vor der Tür Gottes. Der große Moment war da. Doch genau in dem Augenblick, da er anklopfen wollte, überlegte er es sich noch einmal anders. Er zog seine Schuhe aus, um nur ja keinen unnötigen Lärm zu machen und schlich auf den Zehenspitzen leise von dannen. – Lasse alles los. Du bist kein Sucher. Es gibt nichts zu finden, denn das, was Du zu suchen glaubst, ist Dein eigenes innersten Selbst. Dein Sein. Dein wahres Sein. Einfach das, was Du bist. – Du bist bereits erleuchtet. Du bist bereits angekommen. Erkenne einfach, dass Du überhaupt nicht fort warst. Dein ganzes Leben, all Deine früheren Leben: DU warst immer schon da. Noch vor all Deinen Leben. Noch vor dem Universum. Du bist immer schon da gewesen. Du bist schon immer Hier gewesen. Nicht als der Handelnde. Einfach nur als der Zuschauer. Von Anbeginn des Universums hast Du allem zugesehen. Wie einem sehr langen Film. Und Deine Identifikation mit der Person, Dein Glaube, der Hauptdarsteller in Deinem ganz persönlichen Film zu sein, ist nur eine Vorstellung. Es gibt keinen persönlichen Film. Es gibt keinen Rama. Es gibt keine Person. Hat es nie gegeben. Alle Personen sind Du. Sind eins mit Dir; sind eins mit dem, was Du in Wahrheit bist. Lasse alle Vorstellungen los und sei einfach Hier. Hier gibt es keinen Film. Hier geschieht nichts. Hier ist einfach nur Frieden."

Sizilien, 19. Oktober 97 (Retreat)

„Samarpan! Ich fühle mich irgendwie elend."

„Ist da wirklich jemand, der sich elend fühlt? Ist Hier wirklich ein Ich, das sich elend fühlt? Oder ist da einfach dieses 'elende' Gefühl? – Schau: Deine Gefühle sind nicht 'Deine' Gefühle. Vielleicht hast Du dieses Gefühl von irgendjemand anderen 'aufgeschnappt'? Manche Menschen sind sehr sensibel und fühlen ganz leicht die Gefühle anderer. – Wir haben selbst einen ganzen Keller voller ungefühlter Gefühle, die alle befreit werden wollen. Und wenn Du mit 'Deinen' Gefühlen durch bist, gibt es noch ein ganze Welt voll von den Gefühlen anderer."

Bei unserem letzten Mittagessen fragt mich jemand, wie ich eigentlich zu meinem Namen gekommen bin, und ich wiederhole, was mir Samarpan vor einem halben Jahr bei unserer ersten Begegnung erzählt hat.

„Da gibt es eine Geschichte, die von einem Weisen und dem Sohn eines Königs mit Namen Rama handelt ...“ Da Samarpan direkt neben mir sitzt und die Geschichte besser kennt, wäre es mir peinlich, sie eventuell falsch weiterzuerzählen und deshalb bitte ich ihn darum. Der willigt ein und führt fort:

„Es ist die Geschichte von einem Meister und einem erleuchteten Mann ...“

Und während Samarpan weiterredet, denke ich: ‘Ja wie? Bin ich also doch erleuchtet? Und weiß es nur nicht?’

Nach dem Essen folgt der Bustransfer zum Flughafen, Rückflug, Fahrt nach Stuttgart; eine intensive Woche ist vorüber. Was für ein geiles Leben!

Stuttgart/Bern, 23. Oktober 97

Hole Vasant am Hauptbahnhof ab und gemeinsam fahren wir nach Bern. In Singen steigt noch eine frühere Englisch-Lehrerin zu, die in der Vergangenheit auch schon einige Male für Samarpan in Gmund gedolmetscht hat und am späten Nachmittag trudeln wir in der Schweizer Hauptstadt ein. Und schon ist wieder Satsang. Cool!

„Ein erleuchtetes Leben zu leben, heißt nicht, ein besonderes Leben zu leben und von anderen als etwas Besonderes angesehen werden. Vielleicht wird in Deinem ganzen Leben nie jemand Deine Erleuchtung erkennen; nur was spielt das für eine Rolle? Es ist ohnehin nur der Verstand, der gesehen werden möchte. Aber der Verstand wird nie erleuchtet werden. Versuche nicht, erleuchtet auszusehen. Das bekommt dann lediglich den ‘Hauch’ von Heiligkeit, wie wir es von Kirchenhäuptern kennen. Jesus versuchte nicht, erleuchtet auszusehen; Buddha versuchte nicht erleuchtet auszusehen. Beide waren einfach nur ganz sie selbst. Versuche nicht, wie jemand anderes zu sein. Sei ganz Du selbst. Du bist Das.“
Nach dem Satsang treffe ich eine Frau, mit der ich in Karlsruhe eine schöne Nacht verbracht habe, und es ist witzig: Wir wissen so gut wie überhaupt nichts voneinander, da wir bei unserer letzten Begegnung kaum Worte sondern vielmehr ausschließlich Zärtlichkeiten ausgetaucht haben. Und auch jetzt haben wir uns nicht viel zu sagen ...

Bern, 24. Oktober 97

Gehe tagsüber in Bern spazieren: Fußgängerzone, Bärengraben; treffe unsere Dolmetscherin, gehe mit ihr Kaffee trinken ... Das ist ein Leben! Ein Leben in absoluter Freiheit! – Im Satsang am Abend, gleich nach Samarpans ‘Willkommen zum Satsang’ ruft eine Frau laut von hinten:

„Hallo Samarpan! Ich heiße ..., bin am 16. Februar 1992 erwacht und freue mich sehr, endlich einmal einen anderen Erwachten zu treffen!“

Puuh, das heißt, sie ist sogar noch länger erwacht als Samarpan. Einige drehen sich um.

„Nun, ich bin nie erwacht", sagt Samarpan, und ich atme auf, denn gerade eben fühlte ich mich ganz 'schön' getrennt. Hua. „Die Wahrheit ist", fährt Samarpan fort, „Ich sehe niemand, der erwacht oder nicht erwacht ist. Ich bin."

Stille. Samarpan hat, soweit ich es sehe, nicht ein einziges Mal zu dieser Frau geschaut; ganz im Gegensatz zu seiner sonstigen Angewohnheit, stets zu dem Fragenden zu sprechen. – Lange Stille. Schließlich stellt jemand anderes eine Frage, Samarpan geht liebvoll auf ihn ein, und der Satsang geht mit einem anderen Thema weiter. Immer wieder eine Überraschung, welche Wendungen ein Satsang nimmt. Lustig ist die Übersetzung der Englisch-Lehrerin gegen Ende des Satsang, als Samarpan von seiner jahrelangen Tätigkeit als 'Handyman' erzählt:

„Ich arbeitete als Handlanger ...", dolmetscht sie.

„Als Handwerker!", rufen ich und ein paar andere ihr wie aus einem Mund zu.

„Im Lexikon steht aber 'Handlanger'!", verteidigt sie sich.

„Mann! Samarpan ist doch kein Handlanger!" Unser aller Meister! Ein Handlanger! Also bitte! – Samarpan sieht sich etwas ratlos um. Dass hier und da Zwischenrufe wegen des Übersetzens auftreten, mag er vielleicht gewohnt sein. Aber dass die ganze Menge protestiert, dass das ganze Volk die Stimme erhebt, ist doch äußerst selten und deutet darauf hin, dass ihr hier offenbar ein größerer Fauxpas unterlaufen zu sein scheint. – Später sehe ich selbst noch einmal im Wörterbuch nach und stelle fest: Sie hat recht: 'Handyman' heißt tatsächlich 'Handlanger, Mädchen für alles'. Peinlich. Irgendwie scheint unser aller Ausrasten mit unserem Bild von Samarpan zu tun zu haben, das wir uns offensichtlich von niemand kaputt machen lassen wollen.

Bern, 25. Oktober 97

Da ich in der Sangha, dem Berner Osho-Zentrum schlafe, wo die allabendlichen Satsangs stattfinden, bin ich auch tagsüber hier und komme gerade in dem Moment an Samarpans Zimmertür vorbei, als sich die Erwachte von gestern aus dem Satsang von Samarpan verabschiedet. Und wenn ich es recht verstehe, sagt sie:

„Und vielen Dank noch einmal, Samarpan, dass Du mich von meinem Trip herunter geholt hast."

Samarpan lächelt, ich gehe weiter und merke, dass ich ganz schön stolz auf 'meinen' Meister bin, der sogar solch eine Langzeiterwachte von ihren Trips herunter holen kann.

Bern, 26. Oktober 97

Da die Sonne heute strahlend scheint, unternehme ich zusammen mit einem anderen aus Deutschland angereisten Samarpan-‘Fan’ einen Ausflug nach Lauterbrunnen, wo wir mit der Bergbahn auf die Grütschalp fahren und von hier aus nach Mürren wandern – ein kleines Dörfchen hoch in den Bergen ohne Autos. Es ist fantastisch! Stille. Frieden. Eine unglaubliche beeindruckende Aussicht auf die Bergwelt. Ein Traum! Das Leben ist so schön! Wenn nur jeder Tag so wäre! Und abends ist schon wieder Satsang! Super!

„Solange wir die ‘dunkle’ Seite in uns selbst bekämpfen, müssen wir sie auch im Außen bekämpfen. Solange wir nicht im Frieden sind mit uns selbst, weil wir die eine Hälfte in uns verleugnen, können wir auch nicht mit der gesamten Welt, so wie sie ist, im Frieden sein. Solange wir etwas in uns selbst verurteilen, werden wir dieses etwas auch immer in anderen verurteilen. Das ist der Verstand. Er hat die ganze Welt in zwei Hälften geteilt. In das Gute und in das Böse. In das Göttliche und in das Teuflische. – Aber schau: Das Göttliche akzeptiert alles. Das Göttliche wäre nicht das Göttliche, wenn es nicht alles akzeptieren würde. Es gibt nichts, was nicht göttlich ist. Ein Heiliger, eine heilige Person umarmt alles. In sich und in anderen. Heiligsein bedeutet: heil sein, ganz sein. Werde heil. Sei heil. Nimm alles an. Das sogenannte Gute und das sogenannte Böse. Diese Trennung ist nur eine Illusion. In Wahrheit ist alles göttlich.“

Liege nachts neben einer Schönen im Bett und denke: Je länger ich mit Samarpan umher reise, desto mehr verliere ich jegliches Zeitgefühl. Mir ist, als wären wir eben erst in Bern angekommen und dabei ist es doch schon wieder vorbei. Wahnsinn, welch ein Leben!

Bern/München, 27. Oktober 97

„Samarpan? Wie steht es eigentlich mit Meditation?“, fragt jemand im Abend-Satsang.

„Schau: Für gewöhnlich versteht man unter Meditation, dass man sich eine Stunde am Tag hinsetzt, womöglich noch in einer vorgeschriebenen Haltung, und dann meditiert. Und wenn die Stunde vorbei ist, steht man auf und macht wieder etwas anderes. Doch das ist keine Meditation. Das ist der Verstand, der Meditation ‘macht’. Wenn ‘jemand’ meditiert, dann ist da keine Meditation, denn dann ist da jemand, der meditiert. Meditation ist jedoch das Nichtvorhandensein von irgendjemand, die Abwesenheit von jedem jemand. Die Aufmerksamkeit auf die Stille zu richten; das ist wirkliche Meditation, denn dann ist da niemand, der meditiert. Dann findet einfach ‘Meditieren’ statt. Und das kann die ganze Zeit über geschehen. Ob Du im Bett liegst, in der U-Bahn oder im Büro bei der Arbeit bist: Halte Deine Aufmerksamkeit einfach auf die Stille gerichtet; das ist echte Meditation.“

München, 28. Oktober 97

„Samarpan? Manchmal frage ich mich, wohin dieses Leben – so ganz ohne jede Sicherheit – noch hinführen wird.“

„Wenn der Verstand mit solchen Fragen daher kommt, dann gib Deinem Verstand Satsang. Sage ihm die Wahrheit.“ – Fragend schaue ich Samarpan an, und dieser fährt fort: „Die Wahrheit ist: Der Verstand weiß nichts über die Zukunft. Der Verstand kennt nur die Vergangenheit und projiziert aus diesen Erinnerungen etwas in eine vorgestellte Zukunft hinein. Und all diese Vorstellungen sind nicht real. Es sind nur Vorstellungen. Sage Deinem Verstand einfach: ‘Es ist nicht Deine Angelegenheit. Sei einfach still.’ Höre einfach nicht auf Deinen Verstand und überlasse Deine Zukunft, überlasse Dein Leben dem Göttlichen. Vertraue einfach auf das Göttliche.“

München, 29. Oktober 97

„Es gibt nur diesen Moment. Nur Jetzt. Zukunft ist nur eine Vorstellung im Verstand; Hier gibt es keine Zukunft. Vergangenheit ist nur eine Vorstellung im Verstand; Hier gibt es keine Vergangenheit. Immer nur: Jetzt. Immer nur: Hier. Dieser Moment. Dieser Moment ist alles, was es gibt. Alles andere ist nur vorgestellt, eingebildet, irreal. Dieser Moment ist das Einzige, was real ist. Dies Hier ist die Realität; die einzige Realität. Du bist. Das ist die Wahrheit.“

„Ha!“, rufe ich erfreut aus. „Ich glaube, ich habe etwas verstanden. Eigentlich ist es ganz logisch, dass es keine Zeit gibt. Bevor das Universum da war, war da nichts. Kein Raum, keine Zeit. Und wenn das Universum wieder weg sein wird, wird es genauso sein. Nur nichts. Alles wird so sein wie zuvor. Kein Raum und keine Zeit. Und wo sollte zwischendrin, während das Universum existiert, irgendeine Zeit herkommen? Also ist vor- und nachher die gleiche Zeit, der gleiche Zeitpunkt. Oder genauer gesagt: gar keine Zeit. Und wenn es keine Zeit gibt, dann kann es ja eigentlich auch keinen Raum geben, oder? Allerdings frage ich mich, ob das nicht mein Verstand ist, der das versteht? Und Du sagst doch immer, der Verstand versteht nichts?“

„Ja, aber das ist der Buddhaverstand“, kommentiert Samarpan.

Stille. Und ich denke: aha. Darf ich jetzt stolz sein, dass ich (im Gegensatz zu den anderen?) einen Buddhaverstand habe, oder spricht Samarpan von einem bestimmten Teil des Verstandes?

„Schau“, sagt Samarpan, „Der Buddhaverstand ist der sich an das Göttliche hingebende Verstand. Und es wahr: Es gibt keine Zeit. Hier gibt es keine Zeit. Hier gibt es nur Nicht-Zeit. – Das ist die Wahrheit: Es gibt nur diesen Moment. Alles geschieht in diesem Moment. Das Universum beginnt Jetzt. Das Universum endet Jetzt. Es gibt nur Jetzt. Und Jetzt. Und Jetzt. – Jetzt! – Immer wieder: nur Jetzt. Zeit ist nur eine Illusion. Im Verstand existiert Zeit. Im Verstand gibt es Vergangenheit und Zukunft. Keine Gegenwart. Aber Hier gibt es keine Zeit. Hier gibt es nur die Gegenwart. Nur das Präsens. – Wenn Du Hier bist, gibt es nichts. Kein ich, kein Du, kein Samarpan, kein Rama, kein Meister, kein Schüler, keine Welt, kein Universum, keine Zeit. Nur diese Präsenz.“

Lange Stille. Namaste. Und Vasant stimmt sehr zur Freude von Samarpan sein neuestes Lied an:

When you're smiling deep in silence, there is no I nor you.
When you're feeling no mind is stealing, the truth comes shining through.
But when you're clinging, the drama is right there.
So start singing and let it go again.
When you're silent, when you're silent: the whole life smiles with you.

Wie schön. Manchmal frage ich mich ja insgeheim, wie weit die anderen im Staff mit ihrer Erleuchtung schon gekommen sind; na ja.

München, 30. Oktober 97

Während Samarpan im Satsang zu einer Frau spricht, die in ziemlichem Schmerz ist, unterbricht ihn eine andere Frau mit den Worten: ‘Das ist eine Lügnerin. Ich kenne sie.’ – Ganz schön dreist, so etwas vor allen hier zu behaupten, zumal diejenige gerade total im Prozess ist. Doch Samarpan in seiner ruhigen Art bittet sie lediglich, still zu sein. – Keine zwei Minuten später quatscht sie Samarpan schon wieder dazwischen.

„Sei jetzt still!“, sagt der nun bestimmt. Doch sie will offensichtlich partout nicht still sein, sondern redet immer frecher daher. Da brüllt Samarpan plötzlich durch den ganzen Raum:

„Get out of here (Schau, dass Du raus kommst)!“

Und während die Frau aufsteht und hinausgeht, denke ich: Puuuh, so kenne ich ihn gar nicht! Junge, junge!!!

7.

Sie sprachen zu Jesus: Sage uns, wer du bist, damit wir an dich glauben.
Er antwortete: Ihr prüft die Äußerlichkeit des Himmels und der Erde.
Aber den, der vor euch steht, erkennt ihr nicht,
und diesen Augenblick wisst ihr nicht zu prüfen.
(Thomas-Evangelium 91)

Gmund, 31. Oktober 97 (Retreat)

Es ist immer wieder schön, bei einem Retreat die ganze Satsang-Familie zu treffen, so viele liebe Gesichter wieder zu sehen und so viele nette, bekannte und noch unbekannte Menschen umarmen zu können. Und ich bin ständig am Umarmen. Nach meiner jahrelangen mehr oder weniger selbst auferlegten Enthaltsamkeit (‘Sex? Da stehe ich doch längst darüber! Damit muss ich erst gar nicht anfangen! Das habe ich schon alles transzendiert!’) genieße ich es jetzt außerordentlich, von Umarmung zu Umarmung, von Schoß zu Schoß zu schweben. Dabei komme ich mir vor, wie ein im Zoo geborener Delphin, der zum ersten Mal im Ozean schwimmt; das Leben kann so schön sein! – Noch vor dem ersten Satsang stehe ich mit Samarpan im Vorraum, und wir sehen uns an. Ich sehe in seinen Augen soviel Liebe; alles ist bei ihm so intensiv und in Erinnerung an den Rauswurf der Frau gestern Abend beim Satsang in München sage ich zu ihm:

„Bei Dir sehe ich so viel Liebe, Samarpan. Es ist so intensiv, so viel stärker als bei einem ‘Normalmenschen’. Allerdings habe ich jetzt nach der gestrigen Erfahrung Angst, dass Du mich mit der selben Intensität, mit der Du mich jetzt liebst, eines Tages ebenso sehr hassen oder mir sonst irgendwie ‘Druck machen’ könntest ...“

Auweia. Ich weiß nicht, ob ich erhofft habe, dass er mir sagen wird: ‘Ich werde Dir nie Druck machen, Rama’, denn eines ist mir klar: Wir können beide nicht ausschließen, dass ich eines Tages auf einen Powertrip mit ihm komme und er mir dann notwendigerweise einen mehr oder weniger starken ‘Hit’ (Hieb, Schlag) quasi geben ‘muss’. – Doch Samarpan sagt gar nichts, sondern schließt mich einfach nur in seine starken Arme; ich habe ihn so lieb. Als wir uns wieder voneinander lösen, sage ich:

„Ich bin so froh, dass Du keine Frau bist. Sonst würde ich vielleicht meine Liebe zu Dir, zum Göttlichen verwechseln mit einer eher persönlichen Liebe.“

Samarpan lächelt, und ich falle erneut in seine Arme. Schmacht. Welch ein Glück! Welch ein Segen! Wie schön! – Dann der erste Satsang. War Samarpan gerade noch nur für mich da, muss ich ihn jetzt wieder mit allen anderen teilen. Stille. Einige der Anwesenden scheinen Helferambitionen zu haben so à la: Die Erde bzw. die Menschen auf ihr müssen gerettet werden, und Samarpan meint hierzu:

„Bevor wir anderen helfen können, müssen wir zunächst unsere Hausaufgaben machen; müssen wir in die Hölle, in unsere eigene persönliche Hölle gehen und lernen, im Frieden damit zu sein. Dann und erst dann können wir die Hände anderer halten, weil wir aus eigener Erfahrung wissen, dass es in Ordnung ist, in der Hölle zu sein. – Schaut: Es ist nichts verkehrt daran, in der Hölle zu sein. Es ist nur eine Vorstellung. Wenn ich in der Hölle bin und mein Urteil fallen lasse, dass da etwas verkehrt ist und ich nicht in der Hölle sein sollte, bin ich im Frieden. Und dann ist es nicht mehr die Hölle. Dann bin ich nicht mehr in der Hölle, dann bin ich im Himmel. Das ist alles. Es ist so einfach.“

Als ich später mit Samarpan noch eine kleine Runde um das Haus drehe, klingen mir diese Worte noch immer im Ohr, und ich denke bei mir: ‘Es kann doch nicht wirklich alles so einfach sein. Das kann doch nicht alles sein. Oder?’ Ich bleibe stehen und frage:

„Samarpan: Ist es wirklich so einfach?“

Samarpan strahlt mich an: „Es ist wirklich so einfach!“

„Und da ist wirklich nichts anderes als das?“

„Das ist wirklich nichts anderes als Das.“

Gmund, 1. November 97 (Retreat)

Gehe mittags mit Samarpan am See entlang. Es ist wahrhaftig das Paradies.

„Samarpan? Da ist eines, was mich im Moment belastet: Wenn ich mit einer Frau intim werde, ist da bei mir oft die Angst, dass sie mehr als nur eine Begegnung, sondern stattdessen eine Beziehung will.“

„Dann sage ihr die Wahrheit. Sage ihr, dass Du einfach nur im Moment mit ihr bist.“

‘Ja, scheiße! Dann wird überhaupt nichts mehr passieren’, denke ich und kontere aufbrausend:

„Und wann soll ich ihr das sagen? Beim ersten Kuss, oder was?“

„RAMA!“, erwidert Samarpan ungewohnt streng. „Tu nicht so, als ob Du es nicht wüsstest!“

HUCH!!!!! Ich werde wieder ganz klein, sage nichts, und Samarpan fährt fort:

„In dem Moment, da Du spürst, dass sie in eine Story reingeht.“

Puuuh. Da hat er mir ja gerade mal kurz eine verpasst; huiuiui!

„Okay. Schluck. Danke.“ - „Bitte.“

Im Nachmittag-Satsang spricht Samarpan über Maria Magdalena, wie sie neben der Mutter von Jesus als Einzige der Kreuzigung beiwohnt. Ich sehe es direkt vor mir, und es zerreißt mir fast das Herz bei dem Gedanken, was sie empfunden haben muss, ihren geliebten Meister dort hängen zu sehen und nichts tun zu können, ihm nicht helfen zu können. Einfach nur bei ihm zu sein. Mit ihm in seinem Schmerz sein. Diese unglaubliche Liebe, die sie für ihn empfunden haben muss. Wie viele Männer hatte sie in ihrem Leben zuvor ‘geliebt’? Und jetzt dieser Mann, diese göttliche Liebe. Und ausgerechnet sie, die wegen ihres Berufes von allen verachtet wurde, war diejenige, die ihn, die seine Göttlichkeit sehen konnte und auch in diesem Moment, in dieser Situation zu ihm stand, da sich das ganze Volk gegen ihn gewandt hatte und sich all seine Jünger versteckt hielten. Was für eine besondere, einzigartige und mutige Frau! Welch Hingabe! Wie sehr muss sie ihn, muss sie die Wahrheit geliebt haben. Und jetzt tatenlos mit ansehen zu müssen, wie er, der Sohn Gottes, ihr Geliebter gefoltert und getötet wird; schrecklich. Dabei stelle ich mir vor, wie es wohl wäre, wenn ich zusehen müsste, wie Samarpan gefoltert werden würde. Oh Gott! Furchtbar! Entsetzlich! SCHMERZ! Und doch, als er mich jetzt gerade mitten im Satsang ansieht, während ich noch in dieser Vorstellung bin, schaue auch ich ihn an und da ist kein Leid, kein Mitleid, kein 'Ihn-Bedauern', sondern stattdessen: tiefster Frieden, Hingabe. An das, was ist. Keiner liebt uns, keiner versteht uns. Aber wenigstens sind wir beisammen. Vereint im Schmerz.

„Da ist niemand, der aufwachen könnte. Das ist die Wahrheit", sagt Samarpan im Abend-Satsang, und ich denke: Verdammt noch mal, ich will diese Wahrheit jetzt endlich auch einmal realisieren! Ich will jetzt, verdammt noch mal, auch erwachen! Scheiße, aber auch! Passend dazu fragt jemand:

„Samarpan? Was ist es eigentlich, das das Erwachen auslöst?"

„Zu Buddhas Zeit gab es einen Mann, dessen Frau umgebracht wurde, und er schwor, aus Rache einhundert Männer umzubringen. Und so geschah es. Jedem seiner Opfer schnitt er einen Finger ab und hängte ihn an seine Halskette. Schließlich hatte er 99 Finger und benötigte nur noch einen einzigen. Da kam Buddha in die Gegend und wollte in Richtung des Waldes gehen, in dem dieser Mörder angeblich sein Unwesen trieb. Alle wollten ihn davon abhalten, doch Buddha ging trotzdem. Im Wald traf er auf den Mörder, der ihm die Situation schilderte und nun sagte: 'Jetzt brauche ich nur noch einen Finger.' Kurzerhand bot Buddha ihm an: 'Hier. Nimm meinen.' Und dieser Mörder erwachte. – Schau: Ich habe keine Ahnung, welches Wort, welche Situation das letztendliche Verstehen auslöst. Wenn man das Licht im Zimmer einschaltet: Was ist dann der wahre Grund dafür, dass die Lampe brennt? Ist es das Umlegen des Lichtschalters? Nur: Was wäre dieser Schalter ohne die ganzen im Haus verlegten Stromkabel? Und die Überlandleitungen? Und das Kraftwerk? – Tausende Buddhisten sitzen unter einem Bodhi-Baum, weil Buddha unter einem solchen Baum erwacht ist, und hoffen ebenfalls auf Erleuchtung, weil sie denken, dass für Buddhas Erleuchtung der Baum verantwortlich war. Aber es war nicht der Baum. Es war das vollkommene Anhalten. Das völlige Aufhören mit allem Tun. Buddha hatte alles ausprobiert und erkannt, dass all sein Tun ihn nicht zum Frieden führen würde. Und so hörte er auf; hielt an; und erkannte die Wahrheit. – Die Wahrheit ist: Es gibt nichts zu tun. Es gibt überhaupt niemanden, der etwas tun könnte." Lange Stille.

„Samarpan," sagt ein junger Mann, der häufig die halbe Nacht meditierend im Satsang-Raum verbringt, „Wenn ich in Ramanas Augen sehe, ist da einfach Das."

„Ja! Da ist so viel Stille", erwidert Samarpan liebevoll.

Lange Stille. Sack und Asche! Ich will dieses 'Das' jetzt auch endlich erkennen und nehme mir fest vor, nach der Abend-Session im Satsang-Raum zu bleiben und nichts mehr zu machen: total anzuhalten! So wie Samarpan es gesagt hat. Ich werde so lange in Ramanas Augen zu schauen – ein großes Bild von ihm hängt an der Wand –, bis ich dieses 'Das' sehe. – Als der letzte Satsang für heute vorbei ist, bleibe ich mit einigen wenigen im Satsang-Raum, setze mich bequem hin und schaue in die Augen Ramanas. Ich bin zwar hundemüde, aber das soll jetzt keine Rolle spielen. Stille. Ich schaue Ramana in die Augen. Schon toll. Was für ein Leben. Was für eine Stille. Was für ein Vertrauen. Das bin also ich selbst. Spannend. Na ja, so ganz klar ist mir das mal wieder nicht. Und doch ist da irgendetwas ... Stille. Ich sehe mich im Raum um. Außer mir ist jetzt nur noch eine recht attraktive Frau da. Mist, wieso reagiert sie nicht auf meinen Kontaktversuch? – Na ja, eigentlich bin ich ja auch hier, um aufzuwachen. Wende mich wieder Ramana zu. Stille. Alle anderen sind wohl schon im Bett ... gäääääääähn!! 'Geht es denen gut', denke ich und merke, wie mich Müdigkeit überkommt. Wie hat Ramana da nur ausgehalten? Und dazu noch jahrelang! Stille. Mann, oh Mann. Die Minuten dehnen sich zu Stunden! Und ich werde immer müder. Mein weiches Bett lockt ... gähn. – Meine Mit-Meditiererin verlässt nun den Satsang-Raum, streicht mir dabei im Vorübergehen sanft übers Haar, schmacht, und geht wahrscheinlich schlafen. Schade: Wenn sie hier bei mir geblieben wäre, wären wir ja vielleicht gemeinsam erwacht und hätten dann ... Stille. Verdammt: Irgendwie zieht es mich immer mehr in mein Bett. Was soll ich jetzt bloß machen? Stille. Nein, ich werde mich jetzt nicht von meinem Erwachen abbringen lassen. Ich doch nicht! Wenn ich einmal etwas anfange, dann wird es auch durchgezogen. Bis zum bitteren Ende. Stille. GÄÄÄÄÄÄHN! Auweia, bin ich müde. Oh, Mann! Gääääääääääähn. Vielleicht sollte ich mein Erwachen doch auf Morgen verschieben; auf einen Tag hin oder her kommt es jetzt auch nicht mehr drauf an. Ja, genau. Tagsüber zu erwachen ist es auch viel besser, irgendwie geeigneter, passender und vielleicht auch einfacher? Stille. HEY! Ich bin schon eine Flasche! Ramana hielt es jahrelang durch! Also: jetzt aber! Jetzt reiße ich mich noch einmal am Riemen. Das wäre doch gelacht! Stille. Nichts passiert. Absolut überhaupt nichts. Und von Wahrheit ist auch keine Spur. Scheiße, irgendetwas scheine ich falsch zu machen ... Stille. GÄÄÄÄÄÄÄÄHN. Okay, jetzt langt es. Morgen ist auch noch ein Tag. Aber verdammt, eigentlich ist das alles doch nur der Verstand, der Verstand, der Wiederstand leistet! Stille. Gääääääähn. – Vorne bei Samarpan auf dem Blumentisch geht das letzte Teelicht aus. Dunkel war's, der Mond schien helle, als ein Wagen blitzeschnelle ... Stille! STIIIIILLEEEEEE!!!!!!!! Verdammt und zugenäht! Was mache ich eigentlich gerade? Bin ich eigentlich verrückt? Kann kaum noch meine Augen offen halten. Mache meine Augen zu ... Ah, tut das GUT!!!

Lange Stille. Eigentlich könnte ich mich auch ins Bett legen. Wenn ich die Augen ohnehin geschlossen habe ... vielleicht erwache ich ja auch in meinem

Bett! HA, DAS WÄRE EIN WITZ! Stille. Gäääääahn. Oje, diesen Selbsterwekkungsversuch darf ich wohl als gescheitert betrachten; na ja. Langsam stehe ich auf ... huuaa, tun mir meine Knochen weh. Gehe mit einem etwas schlechten Gewissen hinunter in den Schlafsaal und strecke mich auf meiner weichen Matratze aus. Ah, tut das gut, so ein Heiabettchen. Am besten rede ich morgen als erstes gleich noch einmal mit Samarpan; was er mir für ein weiteres Vorgehen empfiehlt. Es muss doch irgendetwas geben ...

Gmund, 2. November 97 (Retreat)

„Was für eine rührende Geschichte. Der Verstand, der unbedingt erwachen will. Rama, Du bist wunderbar. Schau: Man kann ‘Anhalten’ nicht ‘tun’. Genieße einfach. Da gibt es nichts zu tun. Alles ist perfekt. Wunderbar.“

Aha. Nur warum um alles in der Welt habe ich dann das Gefühl, dass es bei mir an etwas fehlt? Und wie kann es wunderbar sein, solange ich noch nicht erwacht bin? – Während der Mittagspause bin ich zu dem für mich einzig logischen Schluss gekommen, dass bei mir irgendetwas noch nicht stimmt bzw. noch nicht stimmen kann, denn ansonsten wäre ich ja bereits erleuchtet. Und das will ich mir jetzt anschauen; egal was es ist. Ich will es jetzt wissen und kann es kaum erwarten, bis der nächste Satsang losgeht. Endlich:

„Samarpan! Was ist es, das ich mir noch anschauen muss?“ Bevor ich endlich bereit sein werde zu erwachen, füge ich in Gedanken hinzu. – Totenstille. Samarpan sitzt mit geschlossenen Augen da. Hui! Habe ich noch so viel vor mir, dass er erst einmal überlegen muss, welche Dosis er mir zutrauen kann? Oder was er am besten verschweigt, um mir nicht allen Mut zu nehmen? Oder scannt er gerade auf irgendeiner seelischen, geistigen, spirituellen oder sonstigen Ebene meinen Verstand ab? Für diesen Fall denke ich jetzt am besten gar nichts, damit er besser ‘lesen’ kann. – Stille. Wieso sagt Samarpan nichts? Nahezu fünfzig Leute sind mit ihrer Aufmerksamkeit ganz bei mir. Oder bei Samarpan? Oder bei sich? So ein Scheiß! Ich denke schon wieder; wie soll Samarpan da klar sehen können? In Ordnung. Ab sofort denke ich jetzt gar nichts mehr. – Scheiße, ich kann nichts machen, da sind Hunderte Gedanken!

„Ich sehe wirklich nichts Falsches bei Dir“, sagt Samarpan in diesem Moment. „Da fehlt es an nichts.“

Mmh. Einerseits freut mich das natürlich zu hören; anderseits verstehe ich dann nicht, warum zum Henker ich nicht endlich erwache oder schon längst erwacht bin. – Samarpan und ich sehen uns an. Was soll man da sagen? Ich verstehe es einfach nicht. – Abends stehe ich mit ihm vor dem Haus und frage ihn, warum ich denn – jetzt mal ganz im Ernst – noch nicht erwacht bin. So unter uns, von Mann zu Mann, kann er es mir ja vielleicht sagen.

„Du scheinst irgendeine Vorstellung zu haben, wie Erleuchtung aussieht“, lächelt Samarpan.

„Jooooh“, sage ich gedehnt und frage mich, was es da zu lächeln gibt.

„Was wäre denn, wenn Erleuchtung genau so aussehen würde? Gerade so wie es jetzt ist.“

„Ja, gut, dann schon.“ Aber das kann es ja wohl nicht sein; das ist ja überhaupt nichts Besonderes; das ist ja viel zu einfach. Das hat ja jeder. Doch Samarpan schweigt nur. Teufel aber auch.

Abend Satsang.

„Wir haben so viele Vorstellungen, was Erleuchtung anbelangt. Früher dachte ich unter anderem, dass, wenn ich erst einmal erleuchtet sein würde, dieser verrückte Verstand nicht mehr da wäre. – Tja; tut mir leid! Da muss ich Euch leider enttäuschen. Mein Verstand ist noch genauso verkorkst, wie er schon immer war.“

„Aber Samarpan, worin besteht denn dann der Unterschied?“

„Der Unterschied besteht darin, dass ich ihn einfach nicht mehr ernst nehme. Der Verstand kann so verkorkst sein, wie er will. Er stört den Frieden nicht. Diesen Frieden, der Hier ist. Diesen Frieden, der immer Hier ist. – Hört nicht auf Euren Verstand und seid einfach im Frieden. Das ist alles.“

Gmund/München, 3. November 97

Da wir gestern Abend noch das Seminarhaus räumen mussten, habe ich mir mit einer älteren Sannyasin, die seit einem Sharing vor etwas über einem Monat als ‘erwacht’ gilt, ein Zimmer in einer Pension genommen und lustig dabei war, dass eher sie, die offenbar Erwachte, gerne gehabt hätte, dass letzte Nacht ‘etwas’ passiert wäre, während ich dem eher gleichgültig gegenüberstand. Bisschen komisch, denn jemand der kein Ego hat, will doch eigentlich nichts (mehr), oder? Dachte ich zumindest; na ja. – Jetzt beim Frühstück unterhalten wir uns über Nicht-Tun. Denn sie ist ein absolutes Energiebündel und von Außen sieht es so aus, als täte sie ungeheuer viel.

„Schau: Selbst wenn ich hin und her renne, TUE ich nichts. Verstehst Du“, versucht sie mir die Wahrheit zu erklären.

„Nun, um ehrlich zu sein: nicht wirklich“, bedauere ich. Und egal, was sie noch sagt und wie sie es mir noch zu erklären versucht: Ich verstehe es einfach nicht, so sehr sie sich auch bemüht. – Gen Mittag fahre ich gemütlich nach München. Diese Freiheit ist schon unglaublich! Andererseits ist dieses Leben ganz schön neben der Norm. Vollkommen jenseits dessen, was Otto-Normalverbraucher lebt. Komme mir plötzlich wie ein Außenseiter vor und je näher ich der Zivilisation in Form von München komme, desto schlimmer wird es. – Vor dem Satsang fühle ich mich vollkommen ausgeschlossen – auch von den anderen im Staff, die sich als ‘alte’ Sannyasins schon längst an dieses Leben, an diesen Lebensstil gewöhnt zu haben scheinen. Und im Satsang wird es noch schlimmer. Mir geht es richtig beschissen, während alle anderen Samarpan verliebt anhimmeln. Verflucht! Und wenn hin und wieder einer shart, dass er doch dieses oder jenes Wehwehchen hat, akzeptiert er es entsprechend Samarpans Anweisung und ist in Nullkomma nichts wieder im Frieden. Kotz!

„Samarpan?“ - „Yes, Rama?“ - „Ich fühle mich beschissen.“

„Großartig! Wo in Deinem Körper fühlst Du die Empfindung, die mit diesem Gefühl einhergeht?“

„Hier.“ Ich zeige auf meinen Hals.

„Gut. Dann stelle Dir vor, dass Du in der Mitte dieser Körperempfindung bist.“

„Okay.“ Geht das nicht ein bisschen schneller?

„Was ist Hier?“ - „Ich fühle mich immer noch beschissen.“

„Wer redet davon, dass dieses Gefühl weggehen soll?“

„Na ja, ich dachte, ich akzeptiere es und dann bin ich es los.“

„Schau: Es geht nicht darum, irgendetwas los zu werden. Das ist keine Akzeptanz. Akzeptanz heißt, es zu akzeptieren. Bedingungslos. Egal, was es ist. Damit einverstanden zu sein, auch wenn es den Rest des Lebens bei einem sein sollte. Das ist wahre Akzeptanz. – All unsere Gefühle sind wie kleine Kinder, die einen am Rockzipfel ziehen. Solange man sie nicht hochnehmen will und sie immer wieder von sich wegstößt, gehen sie nie weg, sondern zerren unablässig. Nimmt man sie jedoch auf den Schoß, hält sie liebevoll und gibt ihnen all die Aufmerksamkeit, nach der sie verlangen, wird ihnen ganz schnell langweilig, und sie gehen von alleine wieder weg, um woanders weiterzuspielen. – Mit unseren Gefühlen ist es genauso. Unsere Gefühle sind nicht unsere Feinde; es sind unsere Kinder. Wenn sie Euch besuchen kommen, haltet inne. Haltet an. Seid ganz mit dem Gefühl. Seid im Frieden mit dem Gefühl. Und dann spielt es keine Rolle, ob es weggeht oder nicht, denn Du bist im Frieden.“

Faszinierend. Solch eine Weisheit. Und so einfach. Ich habe ein Aha-Erlebnis nach dem anderen. Und fühle mich auch gar nicht mehr beschissen. Unglaublich!

München, 4. November 97

Eigentlich dachte ich, ich hätte gestern etwas gelernt; allerdings fühle ich mich im Moment gerade schon wieder irgendwie von allen anderen ausgegrenzt. Aber es gelingt mir einfach nicht, dieses Gefühl zu akzeptieren, so sehr ich es auch versuche.

„Samarpan? Ich fühle mich gerade so ausgegrenzt und versuche es zu akzeptieren, aber es klappt nicht.“

„Dann ist da wahrscheinlich irgendein Urteil darüber, dass es nicht in Ordnung ist, sich ausgegrenzt zu fühlen.“

Tja, das stimmt. Ich finde es zum Kotzen, dass ich mich hier bei all diesen netten Menschen ausgrenzt fühle. Da muss doch irgendetwas, da kann doch irgendetwas nicht stimmen, oder?

„Akzeptiere einfach immer das, was gerade da ist. Ist da gerade Nichtakzeptanz, dann akzeptiere die Nichtakzeptanz: 'In Ordnung: Nichtakzeptanz.' Dann bin ich im Frieden mit 'Nichtakzeptanz'. Auch damit ist nichts verkehrt. Unser Annehmen muss immer Hier anfangen, was auch immer gerade Hier ist. Kein Problem."

Stille. Es ist unglaublich! Wenn ich im Frieden mit dem bin, was gerade da ist, gibt es wirklich kein Problem. So einfach.

München/Hamburg, 5. November 97

Einmal kurz die Landkarte rauf und schon ist wieder Satsang. Cool! Und in mir kommt die Erinnerung an eine Erfahrung von vor zwei Jahren hoch.

„Samarpan? Ich würde gerne etwas sharen. Und zwar war ich einmal bei einem Workshop, lag mit geschlossenen Augen auf dem Boden und hatte das Gefühl, als würde ich ganz alleine mitten auf dem Ozean schwimmen. Allmählich verließen mich die Kräfte, und ich konnte mich kaum noch über Wasser halten. Mehr und mehr zog es mich nach unten, aber ich kämpfte und schrie um Hilfe. Da war solch eine Einsamkeit und die Angst unterzugehen und qualvoll zu sterben. Ganz in weiter Ferne hörte ich die Stimme der Therapeutin, die immer wieder behutsam sagte: 'Lasse einfach los.' Und aufgrund irgendeiner Gnade war ich in der Lage loszulassen. Für den Bruchteil einer Sekunde war ich ... ich weiß nicht wo, im Nirgendwo, ganz woanders, wo es keine Gegensätze wie Mann und Frau gab. – Diese Erfahrung hatte ich vollkommen vergessen."

„Ja, für eine Sekunde hast Du die Wahrheit gesehen. – Auch ich hatte vor vielen Jahren eine ähnliche Erfahrung, und ich wusste, dass diese Erfahrung von Klarheit vorübergehen würde. Daher überlegte ich, was mir das Wichtigste wäre, aus dieser Erfahrung mitzunehmen und mir für später zu merken." Samarpan holt einmal tief Luft: „Zwei Worte: 'Lasse los'. Das ist alles, was man wissen muss, um in Frieden zu leben. Einfach loszulassen; die ganze Zeit; immer und immer wieder; von Moment zu Moment."

Hamburg, 7. November 97

Treffe mich nachmittags mit Abhijat, Radhika und Vasant in einem Cafe und im Lauf unserer Unterhaltung holt Abhijat den Satsang-mit-Samarpan-Terminplan für das nächste Jahr heraus: volles Programm, bis auf Mai, da sich Samarpan mit Marga zu dieser Zeit auf einer Reise durch Amerika befinden werden.

„Was haltet Ihr davon", fragt Abhijat, „wenn wir dann einfach auf Satsang-Musiktour gehen? Wie Samarpan, von Stadt zu Stadt!"

Radhika und Vasant sind sofort Feuer und Flamme und auch mich spricht diese Idee sehr an. Außerdem fühle mich sehr geehrt, dass es für alle so klar zu sein scheint, dass ich jetzt dauerhaft dabei bin. Wie schön!

Hamburg, 8. November 97

Wochenende. Im heutigen Vormittag-Satsang hat eine Frau eine Erleuchtungserfahrung und für ein paar Minuten herrscht Stille. Dann sagt Samarpan:

„Diese Erfahrung wird vorüber gehen. Es ist nicht ein solches Erlebnis, wonach wir Ausschau halten. Diese Erfahrungen kommen, und sie gehen. Sie weisen auf die Wahrheit hin, aber sie sind nicht die Wahrheit. Kabir hatte einen Einblick in die Wahrheit, der einige Minuten dauerte. Und er verbrachte den Rest seines Lebens damit, dieser Wahrheit zu dienen. – Verbringe den Rest Deines Lebens im Dienste dieser Wahrheit."

Lange Stille. Und während sich Samarpan und die Erwachte (?) ansehen, denke ich: Scheiße; ist sie jetzt erwacht oder nicht? So ein ganz kleines bisschen macht sich Eifersucht bei mir breit. Am besten, ich denke nicht weiter darüber nach.

„Samarpan? Ich komme so langsam in das Alter, wo ich mir überlegen muss, ob ich noch ein Kind will, oder nicht?", shart ein relativ jung aussehende Frau im Nachmittag-Satsang.

„Was willst DU denn?"

„Na ja, eigentlich bin ich vollkommen glücklich so alleine. Andererseits ..."

Stille. Sie beginnt zu weinen. Und Samarpan sagt sanft:

„... hat der Verstand tausend Gründe dafür, doch Mutter zu werden."

„Stimmt. Und meine Eltern wünschten sich natürlich einen Enkel ..."

„Natürlich. – Schau, Mutter zu sein, heißt: wenigstens achtzehn Jahre lang für einen anderen Menschen dazu sein. Und insbesondere während der ersten Jahre ist vollkommene Hingabe angesagt, rund um die Uhr. Und da ist nichts falsch dran. Allerdings kann das mitunter eine sehr harte Schule sein; manche Kinder sind ausgesprochene und wahre Zen-Meister. – Wenn Dich diese Vorstellung anzieht: wunderbar. Und wenn nicht, auch gut. Dein Glücklichsein ist nicht davon abhängig, ob Du Mutter bist oder nicht. Dein Glücklichsein ist Hier, wie Du selbst eben sagtest: JETZT fehlt es an nichts."

Hamburg, 9. November 97

„Samarpan! Ich habe das Gefühl, jegliche Kontrolle zu verlieren!", shart jemand im Nachmittag-Satsang.

„Das ist wunderbar. Verliere alle Kontrolle. Genau genommen hast Du, haben wir überhaupt keine Kontrolle. Über nichts. Die einzige Kontrolle, die wir haben, ist die, worauf wir unsere Aufmerksamkeit richten. Auf den Verstand oder auf den Frieden. Jede andere Kontrolle ist eine Illusion."

Kiel, 10. November 97

Zur Zeit lese ich verschiedene Bücher von Richard Bach und bin überrascht: Es ist reinster Satsang, das gleiche wie bei Samarpan. Und immer wieder staune ich, wie viele der Personen, von denen ich schön gehört oder gelesen habe, sich nun als Erwachte herausstellen. Was auf mich auch einen gewissen Reiz ausübt, sind die erwähnten Astralreisen. Oh, Mann: Astralreisen!! Wahnsinn, verdammt cool! Was Samarpan wohl dazu meint?

„Dafür bin ich der falsche Lehrer", sagt der im Abend-Satsang bescheiden. „Das Einzige, das ich zu teilen habe, ist Frieden, Liebe."

Mmmh. Überleg, überleg. Nun, wenn ich da genauer hinsehe, merke ich, dass es mich tatsächlich nicht glücklich machen würde, in meinem Astralkörper herumzureisen. Wozu überhaupt irgendwo hin reisen, wenn ich doch hier im Moment bei Samarpan glücklich bin?

Kiel, 11. November 97

„Samarpan? Eigentlich ist mir vollkommen klar, dass das Hauptproblem einzig und allein der Verstand ist." Samarpan nickt wohlwollend, und ich fahre fort: „Nur wozu haben wir denn den Verstand überhaupt?"

„Schau: Der Verstand ist dazu da, um uns zu helfen, in dieser dreidimensionalen Welt zu navigieren. Wenn es darum geht, den Weg zur U-Bahn zu finden oder ähnliches, kann uns der Verstand gute Dienste leisten. Aber wenn es um Fragen über Gott oder die Wahrheit geht, müssen wir den Verstand zurücklassen, um die Antwort zu finden. Hier ist der Verstand nicht von Nutzen. Zu Gott müssen wir vollkommen nackt kommen, ohne die Bekleidung des Verstandes. Nur ohne den Verstand können wir das Paradies betreten. – Jesus erzählte das Gleichnis von einem Hochzeitsfest, zu dem ein Gast ohne das passende Hochzeitsgewand kam und er deshalb rausgeworfen wurde. Das ist damit gemeint: Nur mit 'Nichtverstand' können wir bei Gott sein, nur ohne den Verstand können wir Hier sein. – Lasse den Verstand einfach hinter Dir und sei Hier. Sei Hier, in diesem Moment."

Wie schön. Samarpan hat schon eine unglaubliche Geduld, insbesondere mit mir.

Frankfurt, 15. November 97

Wochenende. Zwei mal Satsang in Samarpans Heimat-Stadt. Wie schön! „Wenn Du denkst, Geld würde Dich glücklich machen, dann siehe Dir die reichen Leute an. Schaue, ob sie glücklich sind. Von weitem sehen Sie glücklich aus. Sie geben vor, glücklich zu sein. Aber wenn Du nahe genug hinsiehst, erkennst Du, dass auch sie nicht glücklich sind. Es ist nur eine Illusion. – Genauso ist es mit Sex, Drogen, Beliebtheit, Macht, Ruhm. Es ist alles eine Illusion, wenn man glaubt, dass diese Dinge einen auf Dauer glücklich machen. Schaut Euch die Rockstars an. Sie haben mehr Geld, als sie ausgeben können, all den Sex, all die Drogen, von denen sie immer geträumt haben, und sie finden heraus: Das ist es nicht. Da ist kein Zufriedensein. Und wenn sie keinen Meister haben, wenn da niemand ist, der ihnen sagt, dass es in Ordnung ist, dass Zufriedenheit eben nicht in diesen Dingen, im Erreichen dieser Dinge liegt, ist die Wahrscheinlichkeit sehr hoch, in eine Krise zu geraten und nicht wenige begehen Selbstmord, weil sie mit dieser Desillusionierung, dieser Ent-Täuschung nicht umgehen können und denken, mit ihnen stimme etwas nicht. – Da ist nichts verkehrt. Es ist nur diese falsche Annahme, dass diese Dinge uns glücklich machen, dass wir Glücklichsein im Außen finden. Die Wahrheit ist: Glücklichsein ist Hier. Frieden ist Hier. Komme einfach nach Hier, und Du bist glücklich. Nichts muss sich im Außen verändern."

Im Abend-Satsang shart ein ganz in weiß Gekleideter:

„Ich sehe es nicht so, dass in der Welt alles in Ordnung ist. Vieles läuft falsch und da gibt es einige, die mal so richtig wachgerüttelt werden müssten."

„Ah, ich verstehe. Ein Lichtarbeiter!" Samarpan schmunzelt, wird aber gleich wieder ernst. „Weißt Du, das ist die alte Art und Weise, die Welt im Außen verändern zu wollen. Es wurde in der Geschichte immer wieder versucht, aber es funktioniert nicht. Es kann nicht funktionieren. Denn das ist nur der Verstand, der seine Vorstellung von einer Utopie verwirklichen will. Das Erwachen muss bei einem selbst anfangen. Erwache zunächst Du! Und dann sieh, ob es noch etwas gibt, das verändert werden muss. – Die Welt, mit all ihrem Durcheinander, mit dem ganzen Chaos, ist genau so, wie sie im Moment sein soll. Sie ist genau so, wie das Göttliche sie gerade haben will. Entspanne einfach. Da ist nichts verkehrt. Die Wahrheit ist: Es ist perfekt, so wie es ist."

Frankfurt, 16. November 97

„Das Leben ist solch ein Mysterium. Ich staune und staune und staune immer mehr; jeden Moment."

Mittagessen in Stille. So besonders; so schön. – Dann der Nachmittag-Satsang.

„Meine einzige Aufgabe besteht darin, Dich Deinem inneren Meister vorzustellen; Deinem wahren Selbst. Wenn Du Dein Selbst gefunden hast, ist meine Aufgabe erledigt."

Stille. Und ich denke: wie schön.

Frankfurt, 17. November 97

Gleich zu Beginn des Satsang am Abend beklagt sich jemand über seine furchtbare Kindheit.

„Du denkst also, dass da etwas falsch war. – Schau: Das ist das Leid. Auch ich hatte eine furchtbare Kindheit und dachte lange Zeit, da sei etwas verkehrt dran; als hätte mich der Storch im falschen Haus abgegeben oder so. Aber wisst Ihr: Wenn ich jetzt zurückblicke, dann erkenne ich: Es war perfekt. Meine Eltern waren perfekt für mich; das ist die Wahrheit. – Schau: Deine Eltern waren perfekt für Dich. Diese furchtbare Kindheit und alles, was je in Deinem Leben geschehen ist, war perfekt. Denn es hat Dich nach Hier gebracht. Wir können unseren Eltern dankbar sein. Sie haben ihre Rolle perfekt gespielt. Da war und da ist nichts verkehrt. Im Gegenteil. Es ist wunderbar.“

Mit Tränen in den Augen bedankt sich der Fragende mit Namaste bei Samarpan, und auch ich bin zu Tränen gerührt.

Frankfurt, 18. November 97

Da sich bei mir eine recht attraktive ‘Übernachtungsmöglichkeit’ aufgetan hat, werde ich die kommenden zwei satsangfreien Tage einfach hier bleiben. Das Leben ist so schön! Überhaupt habe ich mittlerweile so viele liebe Leute kennen gelernt, die mir angeboten haben, jederzeit für ein paar Tage bei ihnen wohnen zu können, dass ich nächste Woche, wenn ich wieder in Stuttgart bin, meine Wohnung wahrscheinlich kündigen werde. Bislang hatte ich sie aus Sicherheitsgründen zwar noch behalten, aber jeden Monat ein paar hundert Mark abzudrücken und dann nur alle paar Wochen ein oder zwei Nächte in ihr zu sein, das ist nun wirklich zum Fenster hinausgeworfenes Geld.

Frankfurt/Stuttgart, 20. November 97

Am frühen Nachmittag hole ich Samarpan bei Marga ab und los geht es nach Stuttgart, wo er heute Abend wie üblich bestimmt wieder sehnsüchtig von allen erwartet werden wird. Unterwegs: Stille im Außen, Lärm im Innen. Und wieder einmal geht es um den Verstand.

„Samarpan? Eigentlich soll man ja nicht im Verstand sein, aber meine Erfahrung ist schon irgendwie so, dass wenn ich ein Problem lange genug wälze, ich auch irgendwann die Lösung finde.“

„Ich verstehe; so kommt es einem vor. Aber die Lösung ist nicht im Verstand. Die Lösung kommt nicht aus dem Verstand. Die Lösung kommt nicht aufgrund unseres Nachdenkens zustande. – Die Lösung ist Hier. Im Moment. Wenn etwas im Moment nicht klar ist, ist es nicht klar. Ganz einfach.“

Puuuh. Ich atme tief aus. Und Samarpan sagt mit einem Augenzwinkern:

„Tue einfach überhaupt nichts. Entspanne einfach.“

Hinter Mannheim ist die Autobahn total verstopft, und wir weichen auf die Landstraße aus. Vor mir fährt ein Lkw, es geht gemütlich voran. In einer Ortschaft halte ich an, lasse ein paar entgegenkommende Autos meine Fahrbahn querend nach links abbiegen und gleich weitere Autos aus dieser nichtvorfahrtsberechtigten Straße einfahren. Dies nimmt so viel Zeit in Anspruch, dass der eben noch vor uns fahrende Lkw hinter der nächsten Kurve verschwindet.

„Wieso machst Du das?", fragt Samarpan.

„Na ja: Ich bin halt freundlich."

„Aber siehst Du nicht, dass der LKW vor uns bereits verschwunden ist?"

„Doch. Schon." Ich hole tief Luft. Dass ich meine Fahrweise verteidigen muss, passt mir überhaupt nicht. Ich schaue zu Samarpan, der mich triumphierend (?) ansieht. Das wiederum passt mir noch weniger; also fahre ich mit meiner Verteidigung fort:

„Den Lkw haben wir doch ruckzuck wieder eingeholt..."

Samarpan hüllt sich in Schweigen; verdammt. Einerseits kann ich es nicht brauchen, wenn mir jemand sagt, wie ich zu fahren habe. Andererseits will ich Samarpan natürlich auch nicht verärgern. Was könnte er mir damit nur zu verstehen geben haben wollen? Dass ich vielleicht zu freundlich zu anderen bin und zu wenig auf das schaue, was ich will? Oder ist das Samarpans Taxifahrer-Ego? Aber er hat doch gar kein Ego mehr, oder?

Abends vor dem Satsang taucht die ältere Dame und frühere Englischlehrerin wieder auf und fragt mich, ob sie dolmetschen soll. Mir ist dies im Grunde egal, wobei ich das Gefühl habe, dass ich Samarpan diesbezüglich fragen sollte. Also tue ich dies, und Samarpan antwortet:

„Rama, ich möchte, dass fortan nur noch Du dolmetschst."

OH! Wie schön! Wenig später wird im Satsang eine schon des öfteren aufgetretene Frage gestellt:

„Samarpan, es gibt so viele Satsang-Lehrer; woher weiß man eigentlich, welcher der richtige für einen ist?"

„Ja, es ist wunderbar, dass es heutzutage so viele Menschen gibt, die die Wahrheit sprechen. Und im Grunde spielt es keine Rolle, zu wem man geht. Alle sprechen die gleiche Wahrheit. Sie benutzen vielleicht andere Worte, aber die Essenz ist dieselbe. Wenn unter ihnen jedoch einer ist, der Dein Herz berührt, weißt Du: Das ist derjenige."

Stille. Und ich denke: Was geht's mir gut, dass, was mich anbelangt, in diesem Punkt vollkommene Klarheit herrscht.

Stuttgart, 21. November 97

Im Lauf des Vormittags kündige ich meine Wohnung. Ganz easy. Danach telefoniere ich mit einem alten Bekannten und erzähle ihm von Samarpan:

„Alle Probleme lösen sich in Luft auf. Das musst Du Dir anschauen!"

Doch er hat keine Lust. Im Satsang am Abend höre ich Samarpan diesbezüglich sagen:

„Versucht nicht, Eure Freunde zu bekehren oder ihnen zu erklären, worum es bei Satsang geht, wenn sie nicht interessiert sind. Wir sind keine Kirche. Wir machen hier keine Religion. Hier gibt es keine Religion. Gab es nie und wird es nie geben. Es geht nicht darum, möglichst viele Menschen hier zu haben. Derartiges gab es in der Geschichte oft genug. Wenn Dein Freund wirkliches Interesse an der Wahrheit hätte, wäre er jetzt hier. Respektiere ihn, wo er ist. Akzeptiere ihn, wie er ist. Es geht nicht um jemand anderen, es geht nur um Dich. Finde DU den Frieden. – Schau: Die Wahrheit ist sehr kostbar. Jesus sagte zu seinen Jüngern: ‘Werft Eure Perlen nicht vor die Säue.’ Das ist exakt, was er damit meinte. Sage niemanden irgendetwas. Wenn jemand für die Wahrheit offen ist, wird er Dich fragen. Solange niemand fragt, bleibt einfach still.“

Stuttgart, 22. November 97

Wochenende. Zwei Satsangs. Was gibt es Schöneres?

„Schau Dir all Deine Illusionen an. Und dabei musst Du vollkommen ehrlich zu Dir selbst sein.“

Scheiße, mir dämmert da etwas. Oh Mann, ist das peinlich; aber ich glaube, ich habe noch einiges an Illusionen, was das Thema Sex anbelangt. Soll ich das jetzt sharen? Ich meine, Samarpan kriegt ohnehin mit, dass ich laufend mit anderen Frauen zusammen bin. Sei es, dass er mich mit ihnen sieht, oder dass die ein oder andere sich bei ihm beklagt, dass dieser Rama immer nur kurz bei ihnen bleibt.

„Äh, Samarpan? Ich glaube, ich habe was Sex anbelangt noch eine Illusion.“

„Ja, diese Vorstellung ist recht weit verbreitet. Siehe es Dir einfach genau an: Macht es Dich glücklich? Macht Sex Dich dauerhaft glücklich?“

„Mmh; dauerhaft, nein.“

Lange Stille. Und während der Nächste eine Frage stellt, denke ich: dauerhaft hin oder her; dieses Spiel ist einfach das Schönste, was es gibt.

Abend-Satsang:

„Akzeptiere Dich, wie Du bist. Das ist der Frieden. Bevor man sich jedoch überhaupt annehmen kann, muss man erst einmal herausfinden, wie man eigentlich ist. – Mein Vater war Arzt, und er sagte mir immer: ‘Du bist ein ‘Golden’[17].’ Als ob das bedeutete, dass ich automatisch genauso schlau und schnell sei wie er. Und meine schlechten Schulnoten kommentierten meine Eltern damit: ‘Du bist schon gescheit, nur unheimlich faul.’ Und weil ich ihnen glaubte, nahm ich mir am Anfang jedes neuen Schuljahres immer wieder vor, es in diesem Jahr besser zu machen. Aber jedes Mal war es nach einigen Wochen wieder dasselbe. Erst viele Jahre später sagte mir jemand: ‘Weißt Du was, Samarpan? Du bist nicht schlau; genau genommen bist Du sogar ziemlich dumm.’ – Was für eine Entdeckung! An diesem Punkt wurde mir klar, dass ich überhaupt nicht wusste, wie ich eigentlich war! Ich wusste nur, was

---

[17] Samarpans bürgerlicher Nachname.

mir immer gesagt worden war, wie ich sei. Und so beschloss ich herauszufinden, wie ich eigentlich bin: langsam, ziemlich langsam, um genau zu sein. – Es ist so interessant. Wenn wir unsere Urteile fallen lassen, ist es einfach nur noch interessant: herauszufinden, wie man eigentlich ist. – Finde heraus, wie Du bist. Und lerne, damit in Frieden zu sein. Genau genommen bist es ohnehin nicht Du, der so und so ist, sondern lediglich Deine Programmierung. Und sie ist okay."

Stuttgart, 23. November 97

„Samarpan?, shart jemand im Abend-Satsang, „Obwohl bei mir im Satsang immer wieder alle möglichen Schmerzen hochkommen, zieht es mich doch immer wieder hierher. Ist das nicht seltsam?"

„Nein, es ist vollkommen normal. Wie die Motte, die die Flamme umkreist. Sie fühlt, dass es den eigenen Tod zur Folge hat, kann jedoch einfach nicht wegbleiben. – Schau: Das Ego MUSS sterben. Diese Vorstellung von Dir, dieses falsche Ich muss sterben. Denn es ist nicht die Wahrheit. Sei einfach still. Gib dem Verstand keine Energie, und Du erkennst, dass dieses Ich genau genommen gar nicht existiert."

München/Wien, 27. November 97

Während ich bei traumhaftem Wetter über die bayrischen Autobahnen dahinfliege, denke ich: Irgendwie ist es schon absolut verrückt, was ich gerade für ein Leben führe! Hier so mit Leuten, die auf gewisse Weise ganz anders sind als meine früheren Freunde durch die Weltgeschichte zu gondeln; von Stadt zu Stadt, von Land zu Land ... crazy! Aber so cool! So frei!!! – Nachmittags: Ankunft in Wien; ein schöner Satsang-Raum und wie üblich freuen sich alle, wenn wir kommen. Ein wunderbares Gefühl!

„Es ist solch ein Geschenk, an Deiner Seite zu sein", sage ich vor dem Satsang zu Samarpan. Und es kommt wirklich von ganzem Herzen. Passend dazu singen wir zu Beginn des Satsang: 'Arriving at my heart, I've never been apart.' Abhijats neueste Kreation. Wie schön. Und wie passend. Ich habe so sehr das Gefühl, immer mehr und noch mehr 'in mein Herz' zu kommen. – Lange Stille zu Beginn es Satsang.

„Das Leben überschüttet uns ständig mit Geschenken. Je mehr wir dafür offen sind, je offener wir dafür sind, es zu sehen, je mehr wir es wertschätzen, desto mehr werden wir überschüttet. Das Leben ist so großzügig! Sagen wir jedoch die ganze Zeit: 'Oooh, ich habe nicht genug. Ich will etwas anderes. Ich will mehr. Ich habe zu wenig.', wenn wir die ganze Zeit betteln und unzufrieden sind, ist es das, was wir im Außen gespiegelt kriegen. Was immer wir glauben, was immer wir als real betrachten, das manifestiert sich um uns herum. – Die Wahrheit ist, dass Du alles hast. Wenn Du das erkennst, bist Du ein König. Ein König hat alles; ihm fehlt es an nichts. – Du hast alles. Du bist die Quelle aller Dinge. Du bist der Ursprung von allem. Du BIST alles."

Wien, 28. November 97

Nach einigen friedvollen Tagen bin ich heute mal wieder voll im Verstand, voll am Verurteilen – von allem. Da sind nur Storys, und die zentrale Story lautet: 'Das Ganze ist ein einziger Quatsch.' Beim Abend-Satsang bekomme ich nur Satzfetzen mit; jedes zweite Wort stößt mir auf:

„Du bist alles ... Freiheit ... Frieden ..."

Oh, Mann: Ich kann es bald nicht mehr hören! Schließlich klage ich Samarpan mein Leid. Der neigt seinen Kopf leicht zur Seite und schaut mich einige Sekunden lang halb liebevoll, halb fragend an.

„Es gibt die Geschichte eines Elefanten, der in einem Bambuskäfig gefangen gehalten wurde. Der Käfig war nicht besonders stabil, aber da der Elefant schon in Gefangenschaft geboren worden war und die Freiheit überhaupt nicht kannte, reichten die dünnen Bambusrohre aus, um ihn am Entkommen zu hindern. Eines Tages jedoch kam ein Sturm und riss ein Loch in den Käfig. Vorsichtig tastete sich der Elefant hindurch und war zum ersten Mal in seinem Leben in Freiheit. Doch das Glück war nur von kurzer Dauer, denn nach ein paar Tagen wurde der Elefant wieder zurück in seinen Käfig gesteckt. Kaum war es dunkel, machte er – nun da er einmal an der Freiheit geschnuppert hatte – einen Ausbruchversuch. Allerdings waren die Bambusrohre inzwischen durch Holzlatten ersetzt worden. Nur mit äußerster Kraft schaffte er es, wieder in die Freiheit zu gelangen. Doch wieder wurde gefangen und weil seinem Besitzer mittlerweile klar geworden war, dass es seinen Elefanten in die Freiheit drängte, baute er jetzt einen Käfig aus Eisenstäben. – Und so ist es mit uns. Wir haben unser ganzes Leben unter dem Joch des Verstandes verbracht, der uns ständig befiehlt, was wir tun müssen. Dann kommen wir zum Satsang, der Verstand steht still, und wir erleben zum ersten Mal die Stille. Der Verstand ist einfach vollkommen unvorbereitet. Ohne jede Gegenwehr lässt er uns ziehen, und da ist Frieden. Aber sobald der Verstand sich wieder erholt hat, kommt er mit voller Kraft hinter uns her und versucht, uns wieder einzufangen. Kommen wir der Freiheit dann das nächste Mal nahe, ist er auf der Hut, und es ist nicht mehr so einfach, ihm zu entkommen. – Der Verstand hat vor so langer Zeit die Meisterrolle übernommen, während wir uns ihm unterworfen haben. Der Verstand hat so viele Jahre 'Meister' gespielt, sodass er jetzt nicht so ohne weiteres den Thron räumen wird, auf dem er im Moment sitzt. Gehe davon aus, dass er mit jedem nur denkbaren Argumente daher kommen wird, um Dich von der Wahrheit, von der Freiheit fernzuhalten. Der Verstand ist sehr gewitzt. Er wird mit allen möglichen Tricks versuchen, Dich wieder unter seine Kontrolle zu kriegen und von dem Frieden abzuhalten, der Hier ist. Denn er ist nie im Frieden. Der

Verstand kennt nur Krieg. Wenn Du im Frieden bist, hat er keine Macht mehr über Dich. Wenn Du ihm nicht mehr Deine Aufmerksamkeit schenkst, ist das der Tod des Verstandes. Der Verstand weiß das und wird sich deshalb mit Händen und Füßen gegen die Wahrheit wehren. – Du hast einen Geschmack der Freiheit, aber der Verstand hat sich der Wahrheit noch nicht hingegeben. Und solange der Verstand sich noch nicht der Wahrheit hingegeben, sich verbeugt und gesagt hat: 'In Ordnung. Ich erkenne an, dass ich nicht weiß.' ist da kein Frieden. Der Verstand weiß nichts! Aber er glaubt, er wisse alles. Genau das ist der Konflikt. Und solange wir glauben, dass der Verstand vielleicht doch etwas weiß, sind wir im Konflikt. Der Verstand muss an den Punkt kommen, an dem er sagt: 'Ich habe geglaubt, dass ich wüsste. Aber jetzt verbeuge ich mich vor dem, das größer ist als ich. Denn ich weiß nicht.' – Der Verstand, der sich vor Gott verbeugt. Das ist der Verstand in der Dienerrolle. Das ist die angemessene Rolle für den Verstand. Und genau genommen liebt der Verstand es, der Diener zu sein. Er ist ein wunderbarer Diener. Und wenn der Verstand im Dienste der Wahrheit steht, im Dienste des Göttlichen, ist es wunderschön. Das ist der Lichtengel Gottes, 'Luzifer', wie er in den alten Schriften genannt wird. Aber wenn Luzifer glaubt und Dir einzureden, Dich zu überzeugen versucht, er sei mächtiger als Gott, dann ist das nicht die Wahrheit. Wenn der Verstand glaubt, er sei mächtiger als Gott, dann ist das die Hölle. Und wenn wir dem Glauben schenken, wenn wir uns mit dem Verstand identifizieren und glauben: Wir sind der Verstand und wissen besser, was in unserem Leben geschehen soll als Gott, dann sind wir in der Hölle. Es gibt keine andere Hölle als die Hölle des Verstandes; die Hölle, die wir erleben, wenn wir im Verstand sind. – Verbringe keine Zeit im Verstand. Wenn der Verstand mit irgendeinem Blödsinn daherkommt, Dir sagt, dies und das in Deinem Leben oder auf der Welt sollte anders sein, dann ignoriere ihn einfach. Der Verstand weiß überhaupt nichts. Die Wahrheit ist, alles ist genauso, wie es sein soll. Da ist nichts verkehrt." Stille. „Du musst Dich entscheiden, wem Du Deine Loyalität geben willst. Du siehst zwar die Wahrheit, aber da ist auch noch der Verstand, der seine eigenen Ansichten hat, und Du bist Dir nicht sicher, wer recht hat, wem Du mehr glauben sollst. Jesus sagte: 'Man kann nicht Diener zweier Herren sein.' Das ist die Wahrheit. Man muss sich entscheiden, ob man auf den Verstand, auf Luzifer, auf den Teufel vertraut; oder ob man auf die Stille, auf Gott, auf die Wahrheit vertraut. Solange man am Hin- und Herüberlegen ist und manchmal auf den Verstand, dann wieder auf die Stille hört, solange wird es keinen Frieden geben. Deshalb ist es erforderlich, dass der Verstand aufgibt, dass der Verstand sich hingibt. Und wenn ein Meister im Außen einem dabei behilflich sein kann: wunderbar. Gib Dich diesem Meister hin. Gib Dich ganz hin. Ohne etwas zurückzuhalten. Der Verstand wird sich wehren, das ist klar. Es werden alle möglichen Monster hochkommen, Gefühle, Schmerzen; das Ego wird dagegen ankämpfen. Wenn Du dann den Zen-Stab des Meisters zu spüren bekommst, dann laufe nicht weg. Es geschieht nur aus tiefem Mitgefühl heraus. Es geht nicht um den Meister. Der Meister ist im Frieden. Er braucht Dich nicht. Er braucht nichts von Dir. Er will nichts von Dir. Das Einzige, was ein Meister tut, ist, dass er dem Schüler dabei hilft, den Frieden und die Stille in sich selbst zu finden; selbst zum Meister zu werden, über sein eigens Leben. Und das funktioniert nur, das ist nur dann möglich, wenn man in Liebe mit dem Meister ist, wenn man dem Meister vollkommen vertraut. Ansonsten wird man nicht bereit sein, das nach der Anfangsphase der Verliebtheit mit dem Meister einsetzende und mit Schmerzen verbundene 'Eheleben' zu ertragen." Stille. „Es IST schmerzhaft. Es ist schmerzhaft für das Ego des Schülers. Auch für den Meister ist es schmerzhaft, wenn er das Leid, das Kämpfen seines Schülers sieht. Aber ich bin bereit, den Schmerz mit jedem einzelnen von Euch zu fühlen. Ich bin so in Liebe mit dem Göttlichen, so in Liebe mit der Wahrheit. Es gibt nichts Schöneres, als der Wahrheit zu dienen, und ich bin bereit, alles dafür zu tragen, alles zu ertragen. Und das ist es, was erforderlich ist. Man muss bereit sein, für Gott alles zu er-tragen. Selbst eine Kreuzigung. – Ist der Schüler nicht bereit, all seine Konzepte, Glaubensätze und Vorstellungen loszulassen; ist er nicht bereit, jeden Zen-Schlag und alles, was der Meister ihm sagt, an- und hinzunehmen, wird er – laut über den Meister schimpfend – davonlaufen, sich vielleicht einen anderen Meister suchen, auch da wieder weglaufen. Und so wird der Verstand weiterhin die Macht haben und das gesamte Leben desjenigen bestimmen. Aber wisst Ihr: Für mich ist das in Ordnung. Mein Frieden hängt nicht von Euch oder sonst irgendjemand ab. Ich bin im Frieden. Ich BIN 'Frieden'. Und ich sehe diesen Frieden in jedem von Euch. – Wenn Du willst, führe ich Dich zu Deinem eigenen Frieden, führe ich Dich zu dem Frieden, der Hier ist. Und wenn nicht, dann nicht. Kein Problem. Für mich ist es gleich."

Wien, 29. November 97

Im Nachmittag-Satsang geht eine Frau zu Samarpan nach vorne und shart, dass sie oft so wütend ist.

„Ja!", sagt Samarpan. „Da ist so viel Energie. Und es ist eine wunderbare Energie. Aber was wir für gewöhnlich tun, was wir gelernt haben, ist, sie entweder zu unterdrücken oder 'hinauszuwerfen'. Aber beides funktioniert nicht. Egal, auf wie viele Kissen man einschlägt; die Wut kommt immer wieder hoch. Und zwar so lange bis wir Freundschaft mit ihr schließen. – Wirf diese Energie nicht raus. Meistens bewirken wir damit überhaupt nichts. Wir sind sie los, aber wir haben sie nur auf jemanden anderen geworfen. Wirf Deinen Mist nicht auf andere. Wirf Deine Wut nicht auf jemand anderen. Dies ist Deine Wut. Und da ist nichts verkehrt daran. Genau genommen ist das eine wunderbare Energie. Da ist soviel Kraft enthalten. – Meine frühere Frau hat regelmäßig vor dem

Hausputz einen Streit mit mir vom Zaun gebrochen und danach war sie immer voller Energie. So toll. – Schau: Deine Wut ist nicht etwas Schlechtes. Es ist nur Energie. Wut ist nicht Dein Feind, sondern Dein Freund. Und wenn Du abends durch eine dunkle Gasse läufst, hat Du doch sicher gerne solch einen starken Freund bei Dir, der Dich, der Deinen Körper notfalls beschützen kann. – Unterdrücke Deine Wut nicht. Wirf Deine Wut nicht hinaus. Sondern fühle sie einfach. Schließe Freundschaft mit ‘Wut’. Dann ist sie immer an Deiner Seite, wenn Du sie einmal wirklich brauchst.“

Abend-Satsang.

„Wisst Ihr: Der Verstand ist solch ein ausgezeichnetes Werkzeug. Wahrhaftig göttlich. Der Lichtengel Gottes. Und wenn der Verstand der Diener ist, der Diener Gottes, ist es wunderbar. Dann ist die Welt in Ordnung. Aber wenn der Verstand denkt, er sei größer und mächtiger als Gott, dann stimmt da etwas nicht. Aber genau so ist unser Verstand. Und wir glauben ihm. – Da leben wir hier in dieser wunderbaren Schöpfung. Es ist alles vorhanden. Es mangelt uns an nichts. Und dann kommt der Verstand und versucht uns einzureden: Dies ist falsch, und das ist falsch. Das ist der Teufel. Und wir haben die Wahl: Hören wir auf den Teufel bzw. den Verstand, oder hören wir auf Gott bzw. die Stille? Geben wir dem Verstand unsere Aufmerksamkeit, oder geben wir unsere Aufmerksamkeit auf die Stille? Das ist die Frage. Jeden Moment haben wir diese Wahlmöglichkeit. Jeden Moment können wir uns entscheiden zwischen Himmel und Hölle. – Schaut: Es ist nicht ‘falsch’, sich für die Hölle zu entscheiden, nur wie wir alle mittlerweile herausgefunden haben dürften, macht es einfach mehr Spaß im Himmel und im Frieden zu sein.“ Stille. „All diese Geschichten von Luzifer und der Schlange im Garten Eden versuchen in anschaulicher Art und Weise auf die Wahrheit hinzuweisen. Und sie geschehen gerade jetzt in diesem Moment. Hören wir auf die Schlange, auf Luzifer, auf den Teufel, auf den Verstand, oder nicht. Jeden Moment haben wir diese Entscheidung. Jeden Moment entscheiden wir, ob wir im Paradies sind oder nicht. Wir sind nicht wirklich je aus dem Paradies geworfen worden. Wir sind immer noch im Paradies. – Jeden Moment, da wir von der Frucht des Baumes über das Wissen von Gut und Böse essen; oder mit anderen Worten: Jeden Moment, da auf den Verstand hören, werfen wir uns selbst aus dem Paradies. Aber genauso schnell sind wir wieder zurück im Paradies, wenn wir die Frucht wieder ausspucken und den Verstand einfach ignorieren. – Es ist so einfach. Es gibt nichts anderes zu verstehen. Wenn Du das verstanden hast, hast Du alles verstanden.“

Faszinierend. Mir wird zum ersten Mal klar, dass Jesus – wann immer er vom Teufel spricht – eigentlich den Verstand meint. Das erklärt einiges. – Während sich die anderen wie auch ich die vergangenen Nächte im Satsang-Raum in ihren Schlafsack wickeln, schlafe ich auf seidener Bettwäsche mit einer attraktiven Wienerin. Eine lange und schöne Begegnung. Ich habe noch soviel zu lernen. Und ich liebe es zu lernen. Gerade von Frauen. Wenn ich mich ihnen hingebe, wenn ich mich diesem Augenblick hingebe und mich von ihnen bzw. vom Leben in der Kunst des Liebens, der Kunst des Im-Moment-Seins lehren lasse, schmelze ich derart genussvoll dahin, dass ich denke: Das ist genau die Schule, auf die ich schon immer gehen wollte. Und das ist erst der Anfang. Ich habe noch mein ganzes Leben vor mir. Wie schön!

Wien, 30. November 97

Im Morgen-Satsang spricht Samarpan über die, wie er sagt, heikle Arbeit des Meisters und insbesondere die Beziehung zum seinem Schüler.

„Zuerst verliebt man sich, und es ist wunderschön. Doch wenn diese ‘Flitterwochen’ vorbei sind, fängt die eigentliche Arbeit des Meisters an, die mitunter schmerzhaft sein kann. Und dann zeigt sich, ob die Liebe zum und das Vertrauen in den Meister groß genug ist, um den Schüler dies aushalten und durchstehen zu lassen. Oder ob er wieder davon rennt. Und wisst ihr: Für mich ist das in Ordnung. Leute, die von Meister zu Meister rennen: kein Problem. Auf diese Weise können sie ihr Ego und damit ihr Leid auf ewig behalten. Es hängt einfach davon ab, was man will.“

Nachmittag-Satsang

„Samarpan? Mich kotzt gerade alles an, Samarpan. Am liebsten würde ich ‘aussteigen’“, shart jemand.

„Es geht nicht darum auszusteigen. Es geht nicht darum, das Außen so zu verändern, wie der Verstand es sich vorstellt. Das ist es, wenn man auf den Verstand hört. Das ist es, wenn man dem Verstand folgt. – Tue nichts. Ändere nichts. Sondern sei einfach im Frieden mit allem, wie es jetzt gerade ist. Sei im Frieden dort, wo Du jetzt gerade bist. – Schaut: Es geht nicht darum, dass wir alle ‘aussteigen’. Für ein paar Tage sind wir hier zusammen in Stille, Satsang ist die Unterrichtsstunde, und dann geht es wieder zurück in das ‘Normal-Leben’. Es ist perfekt. Es ist wunderbar. – Vermeide nichts. Wenn wir etwas vermeiden, holt es uns über kurz oder lang wieder ein. Laufe vor nichts davon. Sei ganz mit dem, was jetzt gerade Hier ist.“

8.

Ich versichere Euch: Viele Propheten und fromme Menschen wollten sehen,
was ihr jetzt seht, aber sie haben es nicht gesehen.
Sie wollten hören, was ihr jetzt hört, aber sie haben es nicht gehört.
(Matthäus-Evangelium 13.17)

München, 1. Dezember 97

Das erste Mal in München, dass ich nicht nur im Wechsel mit anderen, sondern ausschließlich ich Abend für Abend dolmetschen werde. Spannend. Überhaupt ist das Dolmetschen eine sehr aufregende Sache. Insbesondere wenn ich ein Wort nicht weiß, huuaa, sterbe ich tausend Tode. – Der Satsang-Raum ist gerammelt voll. Und ich mit meiner schüchternen Konditionierung sitze vorne neben Samarpan; immer wieder eine Herausforderung. Wie in anderen Städten ist auch hier bei jedem Satsang immer ein beträchtlicher Teil alter Osho-Sannyasins, von denen manche sicher froh sind, viele ihrer Fragen, die sie Osho nicht mehr stellen konnten, nun von Samarpan beantwortet kriegen.

„Samarpan? Wenn es wirklich nichts zu tun gibt, warum hat Osho uns dann so viele Meditationstechniken gegeben.“

„Osho sagte uns die Wahrheit. Dass es nichts zu tun gibt. Dass die Stille Hier ist. Aber wir konnten ihn nicht hören. Wir aus dem Westen waren so wilde Gesellen und so voll von Unruhe, dass wir sagten: ‘Ja ja, schon recht, aber jetzt sag’: Was sollen wir machen?’ Und so ließ Osho uns bis zum Umfallen dieses und jenes machen, bis wir so erschöpft waren, dass wir wenigstens einige Momente von Stille und Frieden erleben konnten. – Aber jetzt können wir hören. Ihr alle könnt die Wahrheit hören. In der gesamten Geschichte der Menschheit war es noch nie möglich, die Wahrheit mit so simplen, schlichten Worten zu sprechen. – Vor zweitausend Jahren war die Zeit noch nicht reif dafür. Wir waren noch nicht reif dafür. Und deshalb musste Jesus, der nicht zu derart gebildeten Leuten sprach wie ich jetzt zu Euch, sondern zu einfachen Menschen, wie Fischern und Bauern, sich mit Geschichten behelfen, musste in Bildern oder Gleichnissen sprechen: vom Fischer, vom Sämann, vom Hochzeitsfest, vom Sohn, vom Vater. In der gesamten Geschichte der Menschheit war es noch nie zuvor so einfach, hin zur Wahrheit zu erwachen, wie es heute der Fall ist. In all den Jahrhunderten gab es immer nur vereinzelte Buddhas hier und da und jetzt erwachen die Menschen überall. DIE GANZE WELT ist im Begriff zu erwachen. Das ist die Zeit, auf die wir immer gewartet haben. Dies ist die Zeit, für die wir gebetet haben. Dies ist Zeit von der Jesus sprach: die Wiederkehr Christi. Diese Christusenergie. Sie ist Hier.“

Nach dem Satsang fahre ich mit Samarpan im Fahrstuhl nach unten, und er meint zu mir:

„Die Leute scheinen Dein Dolmetschen zu mögen.“

„Ja, allerdings gab es auch schon mal jemand, dem es nicht so gut gefiel."

Stille. Nur das Summen des Aufzugs ist zu hören, und ich denke: 'Verdammt! Samarpan scheint es zu gefallen, vielen anderen, die nach den Satsangs oft zu mir kommen und es mir sagen, scheint es zu gefallen. Warum erwähne ich jetzt ausgerechnet diese eine Person? Ich bin wirklich zu dumm!' – Ich schaue Samarpan an und sage ihm, was in mir vor sich geht. Er schmunzelt und sagt:

„Weißt Du: Das machen wir alle."

Oh, Samarpan, ich könnte Dich drücken. Lasse es im Moment jedoch bleiben, sondern versinke nur so in seinen Augen. Schmacht.

München, 2. Dezember 97

Auch heute Abend ist es wieder sehr voll. Und dabei ist der Raum schon recht groß. Vielleicht müssen wir demnächst sogar Lautsprecher besorgen, da die Satsang-Räume aufgrund steigender Besucherzahlen immer größer werden und man Fragen aus der letzten Reihe vorne kaum oder nur sehr schlecht versteht. So auch heute: Ein Mann stellt eine Frage, und Samarpan beantwortet sie. Allerdings scheint er sie vollkommen falsch verstanden zu haben, denn er spricht über ein ganz anderes Thema. Ich glaube, allen fällt es auf und so frage ich mich, ob ich Samarpan darauf aufmerksam machen soll? Nein, besser nicht. Also übersetze ich ganz getreu, und Samarpan ist – zumindest habe ich den Eindruck – etwas erstaunt, in so viele verwunderte Gesichter zu sehen. Der Fragende ist ebenfalls durcheinander, aber er fragt nicht weiter nach. Komische Situation.

München, 3. Dezember 97

Der Mann von gestern shart, dass Samarpan seine Frage am Vortag zwar vollkommen 'falsch' beantwortet hat, er jedoch im Nachhinein merkte, dass die Worte, die Samarpan gesagt hatte, exakt dem entsprachen, was er hören musste. Witzig. Und unglaublich.

„Ja! Es ist unglaublich! Wisst Ihr: Der Satguru, der wahre, der innere Guru arbeitet alles aus. So sorgsam. Das Leben kümmert sich so liebevoll um uns; bis ins letzte Detail. Wir alle kriegen genau das zu hören, was wir hören müssen. Ich habe keine Ahnung, was irgendjemand hören muss. Ich sitze einfach hier und tue nichts. Irgendwelche Worte kommen aus dem Mund, und ich schaue einfach zu. Ich höre mir selbst beim Sprechen zu. Verstehen kann ich es nicht. Osho sagte: 'Das Leben ist ein Mysterium. Es ist nicht etwas, das verstanden werden will, sondern es ist etwas, das gelebt werden will.' Das ist die Wahrheit. Versuche nicht, Dein Leben zu verstehen und zu (ver-)planen. Lebe, feiere jeden Moment. Da gibt es nichts zu verstehen."

Stille. Und ich denke: ja, genau. Im Moment sehe ich das Leben wie eine einzige Feier.

München, 4. Dezember 97

Wenn ich in der Fußgängerzone die reichen MünchnerInnen in ihren schicken Klamotten umher stolzieren sehe, löst das bei mir erneut mein 'Denen geht es gut, mir Armen geht es schlecht bzw. die sind vorne, ich bin hinten'-Programm aus. Auch wenn ich weiß, dass das nicht die Wahrheit ist, merke ich doch, wie diese Gedanken etwas bewirken. Bin froh, dass gleich wieder Satsang ist.

„Schaue Dir einfach an, was die 'Reichen' aus diesem Leben einst werden mitnehmen können", meint Samarpan zu mir, nachdem ich ihm mein Leid geklagt habe. „Nichts", beantwortet er seine 'Frage' selbst. „Wir können nichts mitnehmen. Nicht unser Geld, nicht unser Haus, nicht unser Auto. Das Einzige, was uns bleibt, ist der Frieden, der Hier ist. Dieser Frieden, den Du hast; dieser Frieden, der Du bist. – Mache Dir keine Sorgen. Gott liebt uns Taugenichtse."

„Mmmh. Das mag ja sein. Aber auch wenn ich immer wieder sehe, wie jemand erwacht, kommt mein Verstand mit diesem Programm: 'Die sind vorne, die sind die Ersten, und ich bin der Letzte; der Allerletzte.'"

„Weißt Du, was Jesus sagte?" Samarpan schaut mich mit seinen liebenden Augen an. „Jesus sagte: 'Die letzten werden die ersten sein.' – Das ist die Wahrheit. Du bist nicht der Letzte. Genau genommen bist Du der Erste."

Ungläubig schaue ich Samarpan an und frage mich: 'Wieso fühle ich mich dann so beschissen?' Soll ich ihn das jetzt fragen, oder das Ganze auf sich beruhen lassen?

„Wieso fühle ich mich dann so beschissen?"

„Weißt Du, Gott möchte jede Art von Erfahrung machen. Es ist alles interessant. Es ist nur der Verstand, der sagt, Du seiest der Letzte. Es ist nur eine Vorstellung, die dies besagt, die Dir dieses Bild gibt. Tatsächlich ist da Nichts. Tatsächlich ist es nur der Verstand, der sagt, es sollte nicht so sein. – Lasse einfach die Story weg und sei ganz mit diesem Gefühl. Werde zu diesem Gefühl. Sei dieses Gefühl."

Stille. Es ist immer wieder erstaunlich. Liegt es an Samarpans Akzeptanz, dass, wann immer ich etwas mit ihm share, ich mit dem, was bei mir gerade abgeht, in Frieden komme? Wie auch immer. Ich weiß schon gar nicht mehr, ob ich mich nun noch beschissen fühle oder nicht. Da ist einfach nur noch Frieden. Faszinierend.

München, 6. Dezember 97

Im Abend-Satsang schleicht ein vollkommener trostlos aussehender Mann im Satsang nach vorne und shart zu Samarpans Füßen sitzend, dass er sich seit Monaten depressiv fühlt. Samarpan daraufhin sanft:

„Depression ist das letztendliche 'Nein'. Man sagt Nein zu seinen sogenannten negativen Gefühlen, weil man sie nicht fühlen will. Die positiven wären zwar in Ordnung, doch wenn wir uns vor der einen Hälfte unserer Gefühle verschließen, verschließen wir uns automatisch auch vor der anderen. Denn beide Hälften gehören zusammen, sind ein Paar. Und dann fühlen wir überhaupt nichts mehr. – Schau: Es gibt keine positiven und negativen Gefühle. Das ist nur ein Urteil unseres Verstandes. Die Wahrheit ist, dass all diese unterschiedlichen Gefühle interessant sind. Nicht schlecht.“

„Und?“, bringt der am Boden Sitzende mühsam hervor.

„Fange einfach an zu fühlen. Fühle einfach, was jetzt gerade Hier ist.“

„Nichts.“

„Gut. Solange der Verstand nicht sagt, dass es falsch ist, nichts zu fühlen und dass Du etwas fühlen solltest: kein Problem. Oder?“

„Jetzt ist da Hilflosigkeit.“

„Das ist wunderbar. Dann fühle Dich vollkommen hilflos. – Wie ist das?“

„Friedlich.“

„Das ist richtig. Einfach dadurch, dass Du das, was gerade Hier war, akzeptiert hast, ist da Frieden. So einfach.“

„Ich kann es kaum glauben?!“

„Ja, der Verstand kann kaum glauben, dass es so einfach ist. Der Verstand weiß nichts vom Frieden. Der Verstand kennt nur Krieg. Und das ist der Zustand unserer Welt: Jeder befindet sich im Krieg. Jeder führt Krieg mit seinem eigenen Verstand. Und solange nicht jeder den Frieden in sich selbst findet, wird es keinen Weltfrieden geben. Das ist in der Geschichte immer wieder versucht worden, aber so funktioniert das nicht. – Der Frieden ist in uns selbst. Der Frieden ist in Dir. Hier. In der Stille. Wende einfach Deine Aufmerksamkeit vom Verstand ab und komme nach Hier. Und Hier siehst Du.“

München, 7. Dezember 97

Der letzte Abend in einer Stadt ist zumeist immer besonders schön. So viele Menschen haben in ihren Sharings so viel von sich gezeigt; so viele Missverständnisse sind ausgeräumt und so viele Fragen sind beantwortet worden. Und immer wieder Samarpans wunderbaren Humor. Es vergeht kaum ein Satsang, bei dem es nichts zu lachen gibt. So auch heute. Jemand erzählt in leidendem Ton, wie viel Pech er in seinem Leben gehabt hat und, und, und. Während er redet und redet und redet und ich zwischendurch dolmetsche, erwarte ich, dass Samarpan wie üblich etwas über Akzeptanz usw. sagen wird, doch es kommt ganz anders. Samarpans kurze Antwort lautet nur:

„Yeah, shit happens!“

Tosendes Lachen. Hohoho; das zieht rein! Nur der Sharende lacht nicht, vielleicht hat er es aufgrund des sofort danach einsetzenden Getöses auch schlichtweg nicht verstanden. Ja, es scheint so, denn er wendet sich mit fragendem Gesichtsausdruck mir zu:

„Joh“, sage ich grinsend. „Scheiße kommt vor!“

Als wir uns alle wieder beruhigt haben und der Frager sich von seiner Verblüffung erholt hat – normalerweise pflichten ihm vermutlich alle bei, wie arm er doch dran ist –, sagt Samarpan dann doch etwas von Akzeptanz und Hingabe und drei Minuten später geht er – nun ebenfalls lachend – wieder an seinen Platz. Es ist so lustig, welch ein Spaß. Auch jetzt noch, da der Mann schon wieder längst an seinem Stuhl sitzt, gluckst er noch leise vor sich ihn.

Stuttgart, 8. Dezember 97

Eine junge hübsche Frau aus Stuttgart, mit der ich beim Satsang hier vor zwei Wochen eine lange, schöne Umarmung gehabt habe, kommt mich in meiner 'Noch'-Wohnung besuchen, da sie Interesse an meinem Bett hat. Denn ich muss natürlich all meine Möbel, selbst wenn es nur wenige sind, irgendwie entsorgen. – Allerdings steht das Bett an diesem Abend dann doch nicht im Mittelpunkt des Interesses; zumindest nicht im ursprünglich geplanten Sinn…

Frankfurt, 10. Dezember 97

Es ist faszinierend. In andere Städte können wir gar nicht oft genug kommen und werden sehnsüchtig erwartet und hier, in Samarpans 'Heimatstadt', besteht so geringes Interesse. Es sind nur ganz wenige Leute da, aber der Satsang ist trotzdem sehr schön.

„Samarpan?", fragt jemand, „Ich habe eine neue Freundin. Und während ich zunächst dachte, mit ihr sei alles anders, stelle ich jetzt mehr und mehr fest: Sie ist ganz genauso wie die alte."

„Das ist richtig. Wir können das Leben nicht austricksen. Wir können Gott nicht täuschen. Man trennt sich von seinem Partner, weil man denkt, dies und das stimme nicht mit ihm; dann hat man einen neuen Partner und schon bald stellt man fest: Es ist genau das Gleiche! – Erkenne, dass der Partner, den Du jetzt gerade hast, genau der richtige für Dich ist. Denn er spiegelt Dir in wunderbarer Art und Weise all Deine Programme. Wie das funktioniert? Ich habe keine Ahnung. – Wisst Ihr, es hilft nichts, dass Außen zu verändern. Manche tun das. Sie wechseln ständig von einem Partner zum anderen." Stille. „Sei ganz mit dem Partner, mit dem Du jetzt gerade bist. Akzeptiere Deinen Partner, so wie er ist. Die Wahrheit ist: Dein Partner ist niemand anderes als Dein eigenes Selbst. Und solange da noch irgendwelche Identifikationen sind, wird Dir das immer wieder gespiegelt werden. Garantiert! Egal wie häufig Du den Partner wechselst."

Nach einer Übernachtungsmöglichkeit brauche ich bzw. braucht Samarpan für mich heute nicht zu fragen, denn ich kann wieder bei der Netten von letztem Mal übernachten. Wie schön.

Frankfurt, 11. Dezember 97

Ein Tag im Paradies. Und dazu gehört auch der abendliche Satsang. Zu Oshos Geburtstag findet eine große Sannyasin-Feier mit integriertem 'Satsang mit Samarpan' statt. Viele, viele Leute. Samarpan und ich sitzen sogar auf einer Bühne! Echt 'special'. Lange Stille. Puuuh. Ich sitze vor über hundert Leuten auf einer Bühne, bin ganz schön nervös und froh, als Samarpan endlich loslegt.

„Die meisten Menschen stellen nie DIE Frage. Sie fragen sich nie: 'Wer bin ich eigentlich?' Uns ist gesagt worden: 'Du heißt so und so, dies sind Deine Eltern usw.' Und jeder nimmt an, dass das die Wahrheit ist. Keiner hält inne und fragt: 'Wer bin ich denn nun wirklich? Bin ich wirklich dieser Körper, der vor ein paar Jahren geboren wurde und der in ein paar weiteren Jahren sterben wird? Und falls ja, was für eines Sinn macht das Leben dann überhaupt?' Schule, Ausbildung, Beruf, Ehe, Kinder, Rente, Tod ... vollkommen sinnlos. Vollkommen leer. Und wenn ich wirklich glaube, dass ich dieser Körper bin und dass mein Dasein von diesem fragilen Körper abhängt, dann ist da große Angst. Und nur um diese Angst nicht zu fühlen, jagt man sein ganzes Leben über ständig irgendwelchen Dingen nach. Sein ganzes Leben verbringt man auf der Flucht vor der Angst. Das ist kein Leben. Das ist kein erfülltes Leben. – Halte an! Bleibe stehen! Halte inne! Lasse die Angst Dich einholen! Laufe nicht noch länger davon! Lasse die Angst Dich kriegen! Fühle die Angst! Sei mit der Angst! Alles, wonach Du Dein Leben lang gesucht hast, liegt inmitten dieser Angst. Der Frieden ist in der Mitte dieser Angst. Sei in der Mitte der Angst. Und Du entdeckst das, was nicht stirbt. Du entdeckst das, was Du wirklich bist. Dieses unsterbliche Sein. Diese unglaubliche Schönheit. Sie ist Hier. – Ich liebe dieses deutsche Wort: 'ent-deckt'. Und es ist die Wahrheit. Es ist alles Hier. Du musst es nur ent-decken, Du musst es nur auf-decken. In der Mitte aller Dinge ist ... Das." Stille. „Papaji hat einmal eine Geschichte erzählt: Wenn die Fischer ihre Netze auswerfen, ist es für alle Fische noch ganz einfach, davon zu schwimmen. Aber die meisten beachten es überhaupt nicht. Nach und nach werden die Netze enger zusammen gezogen und noch immer besteht die Möglichkeit zu entkommen. Aber die Fische denken: 'Ich habe noch so viel Zeit.' Und dann ist das Netz unversehens zu. Und die Fische sind gefangen. – Wer sich mit dem Tod nicht während seines Lebens befasst und sich dieser Angst gestellt hat, wird es schwer haben, im letzten Moment noch in die Freiheit zu finden. Es ist möglich. Alles ist möglich. Aber je eher Du Dich mit Deinem Tod, mit dem Tod dieses Körpers konfrontiert hast, desto eher bist Du in Freiheit. Desto eher erkennst Du, dass Du die Freiheit bist. Bei all unseren Ängsten geht es unter dem Strich immer nur um diese eine Angst; die Angst vor dem Tod. Stellst Du Dich dieser Angst, bist Du frei. Es ist möglich. Jetzt."

Frankfurt, 12. Dezember 97

„Die Welt um uns herum ist nicht wirklich, nicht wirklich real. Ich nenne es ‘Virtuelle Realität’. Es ist in etwa so, dass Du vor der Geburt Deines Körpers so eine Art Video-Kabine betreten, Dir einen Helm mit Kopfhörern und kleinen Bildschirmen vor den Augen aufgesetzt und dann die Video-Kassette Deiner Wahl eingelegt hast mit dem Titel: Dein Leben. – Und jetzt erlebst Du es ‘am eigenen Leib’. Dieses Kino ist so perfekt; alles sieht so wirklich aus, dass wir glauben, es ist echt. Diese Körper fühlen sich real an. Es ist unglaublich. Aber da wir sind, wer wir sind, ist es so, dass, wenn wir etwas machen, wir dies wirklich sehr gut machen. Und diese Illusion ist sehr gut; oder nicht?“ Samarpan lächelt. „Wir glauben tatsächlich diese Figur zu sein. Diese Hauptperson in unserem Lebensfilm. Aber: Es ist nur ein Film. Du bist nicht wirklich diese Person. Du bist nur der Zuschauer. – Wende Dich einfach von all den Geschichten in Deinem Leben ab, wende Dich einfach von Deinem Verstand ab, in dem all diese Geschichten geschehen, und Du wirst erkennen, dass dies nur eine Illusion ist. – Die einzige Realität bist Du. Du bist die einzige Realität. ‘Du bist’ ist die einzige Realität. Nicht diese Person. Sondern einfach nur dieses körperlose Bewusst-Sein. – Du bist Bewusstsein, das sich seiner selbst bewusst ist. Und es gibt nur Dich. Es gibt nicht zwei oder mehrere ‘Bewusstseins’ oder ‘Bewusstseine’. Es gibt nur dieses eine Bewusstsein, das Du bist, das ich bin, das wir alle sind.“ Stille. „Alles, jedes Ding, das ganze Universum existiert nur aus Gedanken, ist nur aus Gedanken gemacht und findet nur in Deinem Bewusstsein, findet nur IN DIR statt. Das meinen die Weisen, wenn sie sagen: Es ist alles nur ein Traum. – Es ist nur ein Traum, eine Täuschung, eine Illusion, dass wir getrennt sind. In der Realität sind wir alle eins. Wir sind all-ein. Es gibt niemand anderen außer dem, das wir sind. Es gibt niemand anderen außer Dir. Du bist. Das ist alles.“

Frankfurt, 13. Dezember 97

„Samarpan, findest Du es nicht auch komisch, dass ausgerechnet hier, in Frankfurt, Deiner Heimatstadt, so wenige zum Satsang kommen?“

„Ja, es ist schon erstaunlich, aber wie Jesus sagte, gilt der Prophet im eigenen Lande nichts. Als er mit seinen Jüngern nach Nazareth kam, wurde er von den Bewohnern nicht als der Erlöser gesehen, sondern lediglich als Sohn des Tischlers. So ist es einfach. Erwartet von Euren Eltern nicht, dass sie Euren Frieden sehen werden. Denn für sie bist Du lediglich deren Kind. Es kommt nur ganz selten vor, dass ein Elterteil zum Schüler des eigenen Kindes wird. – Als Jesus bei seinen Eltern war, musste er sich von seinem Vater anhören, dass er sich an seinem Bruder ein Beispiel nehmen und nicht in der Gegend herumwandern und das Leben eines Taugenichts führen solle.“

„Ja, Samarpan, von meinen Eltern bekomme ich genau das gleiche zu hören", shart jemand mit Tränen in den Augen.

„Ja, so ist es." Samarpan sieht denjenigen voller Mitgefühl an.

„Und was soll ich machen?"

„Liebe Deine Eltern einfach so, wie sie sind. Du brauchst sie nicht zu verändern. Du brauchst nichts von ihnen. Akzeptiere sie einfach so, wie sie sind. Da ist nichts verkehrt. Da fehlt es an nichts. Es ist wunderschön. Alles ist perfekt, wie es ist."

Frankfurt, 14. Dezember 97

„Wisst Ihr, die meisten Menschen jagen ständig hinter irgendwelchen Dingen her, aber wenn es um Gott geht ... Jesus erzählte passend zu diesem Thema einmal die Geschichte von einem König, der all seine Freunde zu einem Hochzeitsfest einladen wollte. Und Jesus meinte damit nichts anderes als die Erleuchtung. Doch alle diese 'Freunde' hatten etwas Besseres zu tun. Und so ist es. Die meisten Menschen verbringen ihr ganzes Leben damit, in der Illusion zu leben. Sie rennen dem Geld, einem Partner, Macht, Ruhm oder Sex hinterher, weil sie denken, dass sie das glücklich machen wird; dass Glücklichsein im Erreichen dieser Dinge liegt. – Ihr hier seid diesbezüglich bereits desillusioniert und habt entdeckt, dass das Glücklichsein dort nicht ist. Das ist wirkliche Intelligenz. Und dabei ist es so offensichtlich. Alle Dinge, die wir in diesem kurzen Leben erreichen und anhäufen können, gehen eines Tages verloren. Wenn nicht schon vor dem Tod, dann beim Tod. Wir können nichts mitnehmen. Das Einzige, was wir mitnehmen können, ist der Frieden, der wir sind. Das zu entdecken, dazu sind wir hier. – Sei einfach Hier und entdecke, wer Du bist. Entdecke, wer Du WIRKLICH bist. Nicht die Person und der Name, der in Deinem Pass steht. Nein! Du bist das, was schon immer war und immer sein wird. Genau Das."

Stuttgart, 19. Dezember 97

Während ich mit Hilfe meines Bruders meine Wohnung leer räume, ruft mich Samarpan auf meinem Handy an:

„Könntest Du mich morgen in Stuttgart am Bahnhof abholen und nach Stiersbach fahren?"

„Klar! Übrigens: Ich bin gerade dabei, meine Wohnung aufzulösen."

„Cool!"

Dreißig Minuten später ist die Schlüsselübergabe mit meinem Vermieter und dann heißt es: auf Wiedersehen eigene vier Wände.

Stuttgart/Stiersbach, 20. Dezember 97 (Retreat)

Hole Samarpan um die Mittagszeit am Stuttgarter Hauptbahnhof ab. Als ich seinen Koffer ins Auto lade, fragt er mich:

„Und? Wie fühlt es sich an, wohnungslos zu sein.“

Darüber habe ich noch gar nicht nachgedacht. Komisch, dass Samarpan so eine Frage stellt. Es geht doch gerade darum, dachte ich zumindest, nicht über diese Dinge nachzudenken. Oder?

„Ich denke nicht darüber nach und demzufolge ist da auch kein Gefühl“, sage ich ein wenig hochmütig. Samarpan zuckt zurück. Scheiße, so war das nicht gemeint. Schweigend fahren wir los in Richtung Stiersbach. Da ich diese Gegend ganz gut kenne, nehme ich nicht die Hauptroute, sondern fahre eine ‘Rama’-Spezialstrecke durch den verschneiten Welzheimer Wald, weil ich glaube, dass dies Samarpan gefallen wird; na ja, eigentlich weil sie mir besser gefällt. – Wie wir so in Stille dahinfahren, denke ich: Es ist schon lustig; eigentlich ändern sich bloß die Filme in unserem Leben bzw. ändert sich nur der Inhalt des Films, der gerade vor unserer Nase abläuft. Mal läuft ‘Stuttgarter-Hauptbahnhof’, mal läuft ‘Fahrt-nach-Stiersbach’. – Ganz schön erleuchtet, hehehe. Das muss ich natürlich gleich Samarpan erzählen. Doch der nickt nur kurz und sieht weiter geradeaus. Sehr lange Stille. Und von Minute zu Minute gelange ich mehr zu der Überzeugung: Ich bin der größte Vollidiot. Scheiße! – Hinsichtlich der Landschaft ist meine Spezialstrecke wunderschön, allerdings habe ich den Eindruck, dass Samarpan der Sinn gerade nicht danach steht und er diese vielen Kurven nicht so toll findet. Mist! Wäre ich nur auf der Hauptstrecke geblieben, aber jetzt ist es zu spät. Ich bin so blöd. Was wollte ich hier nur wieder beweisen? ‘Nie wieder’, sagt mir mein Verstand am laufenden Band, ‘fährst Du mir irgendwelche Spezialstrecken!’ ‘Aye aye; zu Befehl.’, gebe ich in Gedanken kleinlaut zurück.

Bin heilfroh, als wir endlich in Stiersbach ankommen und um halb acht Uhr sind alle im Satsang-Raum versammelt, Ruhe kehrt ein. Stille. Das tut gut, denn der erste Abend ist immer etwas stressig: Ankunft, Zimmer beziehen und vor allem den Satsang-Raum herrichten usw. Aber nun ist ja alles erledigt. Wie schön, jetzt kann das Retreat beginnen. Während ich wartend auf meiner Djembe sitze, stimmen die Musiker noch ihre Gitarren. Auch ein Typ im Rentenalter ist mit seiner Geige ebenfalls wieder einmal da. Wenn er mit uns musiziert, klingt es zwar oft schaurig, weil er nur selten den richtigen Ton trifft; aber egal. Hauptsache: fun! Was sind wir nur für ein verrückter Haufen! Woher, aus welchen Wirren sind die einzelnen Leute heute wohl hierher gekommen? Und was wird die nächsten Tage wohl wieder alles geschehen? Ein Retreat ist einfach immer etwas ganz Besonderes. Strahlende Gesichter überall. In diesem Moment stimmt Abhijat das erste Lied an, geschrieben von ihm und Radhika. Sanftes Vorspiel, einer nach dem anderen kommt mit seiner Gitarre hinzu und nun erklingt Radhikas schöne Stimme:

Take a rest from your thoughts. Lay back, give space to freedom.
Be quiet more and more. Relax and enjoy.
Moment to moment: discover this mystery.
Moment to moment: remember (Just be) the source.
Look to that what's always here. Just stop, give space to freedom.
No fight anymore. Relax and enjoy.

Wie wunder-, wunderschön. Und alle harren geduldig und gespannt auf das nächste Lied. Abhijat gibt Vasant ein Zeichen, das heißt: Wir dürfen uns auf ein Lied von ihm freuen.

Dancing in your garden, growing in your love;
I love the sun, I love the rain.
Living in your laughter, laughing in your love;
I love the fun, I love the pain.
Samarpan, what can I say?

Das Leben ist so schön. Und während Vasant mit seiner sonoren Stimme noch singt, denke ich: 'Ja: Was kann es Schöneres geben, als hier bei Samarpan zu sein???'

„Samarpaaaahahaaaahaaaaaaaaan, what can I say?", singen jetzt auch ich und alle anderen hingebungsvoll. Das Leben ist so unglaublich schön!!! Und nicht wenige sind zu Tränen gerührt. Was sind wir doch alle gesegnet! – Samarpan sitzt die ganze Zeit mit geschlossenen Augen da und führt jetzt die Hände zum Namaste zusammen:

„Ooooooooooooooooooooooooooooooooooooooooom. – May there be peace in the heart of every being in the universe. OM Shanti Shanti Shanti. Namaskar. Welcome to Satsang."

Schon immer irgendwie schön, dieses kleine Begrüßungsritual. Jetzt geht das Retreat wirklich los. Wobei Samarpan auch schon einmal gesagt hat, dass ein Retreat eigentlich schon in dem Moment beginnt, da man sich anmeldet. Na ja, egal.

„Einst hatte ein König zu einer großen Feier alle Einwohner des Reiches auf sein Schloss eingeladen. Und viele kamen. Jeder, der die Schwelle übertrat, bekam einen schönen Umhang überreicht. Ein paar machten daraufhin auf der Stelle kehrt und nahmen den kostbaren Umhang einfach mit zu sich nach Hause. Diejenigen, die blieben, wurden in den großen Festsaal geführt, der reichlich geschmückt war. Man nahm Platz und besah sich das schöne Silberbesteck, was einige dazu verleitete, selbiges einzustecken und zu verschwinden. Diejenigen, die blieben, bekamen eine köstliche Vorspeise kredenzt. Manche dachten, dass dies der Anlass ihrer Einladung gewesen sei und verabschiedeten sich wieder. Und so ging es in einem fort. Als schließlich der Höhepunkt des Festes erreicht war und der König mit seiner Gattin auf der Bildfläche erschien, um dem eigens für das Volk veranstalteten Feuerwerk beizuwohnen, war kein einziger mehr da. – Seht: Es lauern viele Versuchungen auf dem Weg. Versuchungen im Außen, die sehr verführerisch sein können. Aber: 'Selbst wenn die Götter persönlich vor Dir niederknien und Dir den Himmel anbieten sollten', sagt Papaji: 'Höre nicht auf sie.' – Ein Gott zu sein, kann fantastisch sein. Da ist nichts verkehrt daran. Nur: Was sind schon einige hundert Jahre als ein Gott im Himmel, wenn man danach wieder zurück muss, und der ganze Erdenschmerz beginnt von vorne? – Gebt Euch nicht mit weniger zufrieden als mit der absoluten Freiheit. Sie ist das Einzige, was 'wirklich' ist." Stille. „Der Verstand ist so trickreich. Es gibt so viele Fallen. Und daher ist es gut, wenn man jemanden an seiner Seite hat, der alle Fallen kennt. – Ich hatte genau die gleichen Missverständnisse, die gleichen Vorstellungen. Aber es sind alles nur Vorstellungen. – Nur Das. Richte Deine Aufmerksamkeit immer wieder auf Das."

Stiersbach, 21. Dezember 97 (Retreat)

„Samarpan? Hier und da reden manche Leute von einem 'Höheren Selbst'. Was ist das?"

„Das ist nur eine Vorstellung. Schau: Wenn da ein Höheres Selbst ist, dann bin ich selbst hier, und das Höhere Selbst ist dort; wie soll das funktionieren? Es gibt nur EIN Selbst. Es gibt nur das Selbst. Es gibt nur Dich Selbst. Vom entferntesten Stern bis zur kleinsten Mikrobe ist alles das Selbst. Und Du bist Das."

„Und was ist mit dem inneren Kind?", hakt die gleiche Person nach.

„Auch nur ein Konzept. Vergiss es einfach. Weißt Du, Hier gibt es keine Konzepte. Hier gibt es nur Das. N-i-c-h-t-s."

Im Nachmittag-Satsang bringt eine Frau, die sich im Normalleben als Opersängerin verdingt, Samarpan ein Ständchen dar. Sehr schön. Mal etwas ganz anderes. Aber vor allem berührt mich, egal ob jemand etwas vorsingt, vorliest oder Samarpan ein anderes Geschenk 'übergibt', was hinter all dem steht: das eigene Herz zu Füßen des Meisters, zu Füßen der Wahrheit zu legen. Sehr berührend, so viel Hingabe mitzuerleben.

„So wunderschön", strahlt Samarpan die Sängerin an. „Als ich bei Papaji war, wollte ich ihm auch ein von mir selbst geschriebenes Lied vorsingen, doch das lief dann alles andere als so, wie ich es mir vorgestellt hatte."

„Hast Du es noch im Kopf?", stellt jemand die Frage, die vermutlich allen gerade auf der Zunge liegt.

Samarpan räuspert sich ... und ... singt ... uns ... vor !!! Welch ein Meister!

Stiersbach, 22. Dezember 97 (Retreat)

„Samarpan!“, shart jemand. „Manchmal wäre ich so gerne wie Du!“

„Ja!“, lacht Samarpan. „Auch ich wollte so wie Osho sein. Aber schau: Es ist nicht gedacht, dass Du wie jemand anderes bist. Du bist in Ordnung, genau so wie Du bist. Du sollst nicht wie jemand anderes sein. Wir sind alle einzigartig. Das Göttliche macht keine Duplikate, es liebt die Vielfalt. Würden wir alle wie Samarpan aussehen ... oh mein Gott: eine furchtbare Vorstellung!“

Lachen. Ach ja, ich liebe ihn so. Es tut so gut, immer und immer wieder zu hören, dass ich in Ordnung bin und zwar genau so wie ich bin. – Gehe mittags im total verschneiten Wald spazieren und als ich an eine Lichtung komme, schreibe ich mit meinen Schuhen riesengroß ‘SAMARPAN’ in den Schnee. Mein Herz ist so voll von Liebe für ihn. Da ich jeden Buchstaben einige Meter groß in den tiefen Schnee ‘trample’, zieht sich diese Angelegenheit einige Minuten hin. Aber ich bin ganz im Moment, gebe mich ganz diesem Tun hin, frage mich zwischendurch allerdings auch, was ein ortsansässiger Bauer wohl denken würde, wenn jetzt einer hier vorbeikäme. Sollte im Lauf der nächsten Stunden oder Tage jedoch ein anderer ‘Satsangi’ meine Inschrift vorfinden, wird der sich sicher freuen. Aber egal, ich mache es ja nicht aus irgendeinem bestimmten Grund, sondern einfach aus reiner Freude am Tun – aus Freude, meiner Liebe und Hingabe an Samarpan Ausdruck verleihen zu können. Und schon wieder ist Satsang, wie schön.

Abend-Essen und Abend-Satsang. Welch ein Leben!

„Du kannst frei sein. Genau Jetzt.“

Wie oft schon habe ich Samarpan dies sagen gehört? Aber kapieren tue ich es irgendwie trotzdem nicht.

„Das ist ja alles schön und gut“, sage ich leicht resignierend, „aber was um alles in der Welt soll ich nur machen?“

„Du brauchst überhaupt nichts zu machen. Halte einfach an. Halte einfach inne.“

Auch das höre ich nicht zum ersten Mal. Aber wie denn in Gottes Namen?

„Es ist ganz einfach“, sagt Samarpan und lächelt. „Was nämlich eigentlich Arbeit bedarf, ist das Aufrechthalten dieser Illusion. Sie ist es, die wir durch unser ständiges Tun am Laufen halten. Stoppe einfach. Höre einfach damit auf.“

Stille. Und ich denke: aber wie denn, Samarpan??? WIE???

„Schau: Es ist wie bei einem Jongleur, der ständig die Bälle vor sich im Kreis hochwirft und zu dem man sagt: ‘Höre auf.’ Und die Bälle ständig weiter im Kreis werfend fragt er: ‘Ja, gerne, aber wie? Wie soll ich denn nur aufhören?’ – Halte einfach an. Und die Illusion fällt von ganz alleine in sich zusammen. Du brauchst nichts zu tun. Es ist alles nur ein Witz.“

Stiersbach, 23. Dezember 97 (Retreat)

Die Tage und Stunden hier sind ein einziges Auf und Ab. Dachte ich gestern Abend noch, die Welt ginge unter, schwebe ich heute im Satsang schon wieder auf Wolken; sehr intensiv.

„Samarpan, im Moment kommt es mir vor, als sei der Verstand der Einzige, der mir und meinem Frieden immer wieder in die Quere kommt. Als sei der Verstand mein einziger Feind. Und wenn ich diesen Feind ..."

„Der Verstand ist nicht unser Feind; er ist nicht an sich schlecht; im Gegenteil: Er ist ein wunderbarer Computer. Die Augen sind erstklassige Scanner, die Ohren fantastische Mikrofone, der Mikroprozessor ist vom feinsten. Wenn ich mich hier umsehe, erkenne ich sofort das eine oder andere Gesicht und gleich werden alte Erinnerungen aufgerufen, die mit diesem Gesicht zusammenhängen. – Der Verstand ist solch ein ausgefeiltes, ausgezeichnetes Werkzeug. Nur wenn er mit irgendeinem Blödsinn daherkommt, wenn er versucht, Dir zu sagen, was Du am besten tun sollst: Dann ist es wichtig, ihn zu ignorieren. Denn dieser Computer weiß nichts. Der Verstand weiß überhaupt nichts. Er verfügt nur über eine Unmenge an Daten, die aber alle aus der Vergangenheit stammen und zudem noch größtenteils falsch sind. Dazu kommen noch die ganzen fehlerhaften Programme. Es ist kein Wunder, dass sich die Welt in solch einem Durcheinander befindet. Aber dies ist alles kein Problem. Wenn Du Dich nicht mit dem Verstand identifizierst, mit diesem Zentralprogramm, das da heißt: 'Ich bin irgendjemand. Ich bin dieser Verstand.', dann gibt es kein Problem. Das einzige 'Problem' ist die Identifikation mit dem Verstand. Der Verstand liebt es, Probleme zu haben. Weil ihm das die Illusion gibt, dass er irgendjemand ist; dass er benötigt wird und glauben kann, dass er jemand Wichtiges ist. – Die Wahrheit ist: Es gibt nichts zu tun. Doch der Verstand will das nicht verstehen, weil das für ihn Arbeitslosigkeit bedeutet. Und arbeitslos zu sein, bedeutet für den Verstand, tot zu sein." Lange Stille. „Schaut: Der Verstand ist solch ein schrecklicher Tyrann. Zuerst sagt er uns, was wir tun sollen und danach sagt er uns, dass wir es falsch gemacht haben. Ist es nicht verrückt? Es ist vollkommen verrückt! Es ist vollkommen verrückt, dass wir immer wieder auf ihn hören. – Aber auch das ist in Ordnung. Alles ist perfekt. Entspanne einfach. Alles ist bestens."

Beim Mittagessen überlege ich, ob ich den morgigen Heiligen Abend bei meinen Eltern verbringen soll bzw. kann bzw. darf? Nur: Was wird wohl Samarpan dazu sagen? Dass mir meine Eltern wichtiger sind als die Wahrheit und ich diese Anhaftung besser loslassen sollte? Diese Frage geht mir nun schon seit Tagen im Kopf herum, aber ich hatte bislang nicht den Mut, Samarpan zu fragen. In meinem Verstand habe ich mir eine mögliche Antwort von ihm schon zigfach vorgestellt: 'Verbringe keinerlei Zeit im Verstand. Das ist reine Zeitverschwendung. Ein Leben, das nur im Verstand verbracht wurde, ist ein vergeudetes Leben; es ist ein Leben, das nur aus Vorstellungen und Träumen bestand. Sei Hier. Sei in diesem Moment. Genieße diesen Moment. Er ist so unendlich kostbar. Das wirkliche Leben findet Hier statt. Im Verstand zu leben, heißt, nicht wirklich zu leben, nicht wirklich lebendig sein.' Ich fantasiere eine mögliche Antwort Samarpans weiter: 'Jesus hat das einmal sehr krass formuliert. Als einer seiner Schüler sagte, er müsse nach Hause, weil bei ihm in der Familie jemand gestorben sei, antwortete Jesus kurz angebunden: 'Lasse die Toten die Toten begraben.' Tut mir leid, Rama, Deine Eltern als Tote zu bezeichnen, aber ...' – Verflucht: Ist das jetzt die Wahrheit, oder sind das nur Hirngespinste meines Verstandes, der mich und Samarpan auseinander bringen möchte? Mmh. Gäbe Samarpan mir wirklich solch eine Antwort, würde mich das tatsächlich in ein ziemliches Dilemma stürzen, und ich weiß nicht, wie ich mich entscheiden würde. Mir ist es zwar letztendlich gleich, wo ich morgen Abend sein werde, aber meinen Eltern vermutlich weniger. Und wenn sie dann total im Schmerz sein sollten, würde mir das dann allerdings auch wiederum wehtun. Gehe ich jedoch zu ihnen, und Samarpan ist sauer ... ei, ei, ei! Stöhn!! Was mache ich denn jetzt bloß? – Schließlich raffe ich mich auf und gehe zu Samarpan.

„No problem, Rama", meint er freundlich. Wir sehen uns an und mit ganz viel Dankbarkeit in meinem Herzen denke ich: 'Ach ja, mein Verstand und seine Projektionen!' – Im Nachmittag-Satsang shart ein Mann, dass er immer wieder zu Prostituierten geht, obwohl er genau weiß, dass es sich im Nachhinein dann immer absolut scheiße anfühlt.

„Schaut", sagt Samarpan zu uns allen, „Wenn es etwas gibt, von dem Ihr Euch angezogen fühlt, und dabei spielt es keine Rolle, was es ist, dann schaut da genau hin." Dem Mann zugewandt fährt er fort: „Eines Abends kam ich von einer Party, als mich eine Prostituierte ansprach. Ich fragte sie, was es denn kosten würde, und sie nannte einen Preis, der gar nicht so sehr hoch war. Oben bei ihr im Zimmer klärte sie mich dann allerdings auf. 'Okay. Also: Ein Kuss kostet so viel. Dieses kostet so viel; jenes kostet so viel.' Die Situation war so komisch, dass ich nicht anders konnte, als zu lachen und mich von ihr zu verabschieden. Die ganze Illusion fiel in sich zusammen. – Ich sage nun nicht, dass Du nicht mehr dorthin gehen sollst. Solange es Dich dort hin zieht, solange Du die Illusion hast, dass es dort irgendetwas für Dich gibt: Gehe dorthin! Aber tue dies mit einem ruhigen Verstand. Schaue Dir alles genau an. Fühle all die Gefühle, die auftreten; so löst sich die Illusion in Luft auf. Eine Illusion kann nur dadurch aufrecht gehalten werden, wenn man nicht genau hinsieht. Ein Magier führt denselben Trick nicht zweimal hintereinander vor, weil man ansonsten die Illusion möglicherweise durchschauen würde. Schaue genau hin. Und sage mir Bescheid. Du kannst mir schreiben oder es im Satsang sharen; wie auch immer. Okay?"

„Okay. Vielen Dank, Samarpan." - „Gerne geschehen."

Abend-Satsang.

„Morgen ist ja bekanntermaßen Weihnachten, und man feiert die Geburt von Jesus. Doch viele kennen Jesus überhaupt nicht. Sie haben eine Vorstellung von Jesus, aber das ist nicht Jesus. Jesus ist einfach nur Dein eigenes Selbst. Und gleichzeitig spielte dieser spezielle Körperverstand die Rolle eines solch wunderbaren Lehrers, der ebenso wundersame Geschichten erzählte. Mehrfach sprach Jesus vom Hochzeitsfest, solch ein schönes Bild. Und er meint damit die Begegnung mit Gott. Die Vereinigung mit Deinem Geliebten, mit Deinem Selbst. Das Erkennen, dass Du im Grunde nie getrennt warst. – Der Vater lud also seine Freunde zu dieser Hochzeit ein. Aber alle hatten etwas Besseres zu tun. Das ist die Situation. Gott lädt alle Menschen zu sich ein. Aber die meisten Menschen haben keine Zeit für Gott. Vielleicht eine Stunde am Sonntag oder sogar nur einen einzigen Tag im Jahr; aber nicht mehr. Und so sandte Gott seine Diener auf die Straßen, damit ein jeder von der Einladung erfahre." Kurze Stille. Und ich denke: Oh, Gott: Was bin ich gesegnet!

„Ich bin einer seiner Diener", fährt Samarpan fort. „Ich bin hier, um Dich einzuladen, zu dieser Hochzeit zu kommen. Jetzt ist die Zeit dafür. Jetzt ist die Zeit, nach Hier zu kommen. Die Hochzeit findet Hier statt. In diesem Moment. Jetzt."

Stiersbach, 24. Dezember 97 (Retreat)

„Immer wieder geht es einfach nur darum, den Schmerz zu fühlen", sagt Samarpan im Nachmittag-Satsang.

„Und was ist, wenn da gar kein Schmerz ist?", fragt jemand.

„Wenn da kein Schmerz ist; wenn da Frieden ist: wunderbar! Schau: Es geht einfach nur darum, im Frieden zu sein mit dem, was gerade da ist. Ist Frieden Hier: wunderbar. Mit Freude oder anderen sogenannten 'schönen' Gefühlen tun wir uns in der Regel nicht schwer, im Frieden zu sein. Aber wenn es um Schmerz, Trauer oder sogenannte 'schlechte' Gefühle geht, rennen wir meistens schnell davon, als sei der Steuereintreiber hinter uns her; gehen wir in den Verstand, weil wir verstehen wollen, weil wir den Schmerz kontrollieren wollen. Dabei ist der Schmerz eigentlich ein Glücksbote, ein Bote, der uns eine gute Nachricht überbringen will. DIE gute Nachricht! Und wir rennen immer wieder vor ihm davon. Halte einfach an, halte einfach inne! Fühle den Schmerz und empfange die Nachricht."

Mein Gott; das Dolmetschen ist so berührend. Die Worte Samarpans dolmetschen zu dürfen, die Worte der sich im Prozess befindlichen Person sprechen zu dürfen, ist so etwas Besonderes. Ganz oft laufen mir zusammen mit dem Sharenden die Tränen runter, und ich zerfließe vor Berührtheit. Solch eine Gnade. Und trotzdem zieht es mich jetzt zu meinen Eltern, denen ich heute Morgen Bescheid gegeben habe, dass ich kommen werde. Unmittelbar nach dem Satsang setze ich mich ins Auto und düse nach Stuttgart, wo ich gerade noch rechtzeitig zum obligatorischen Gottesdienstbesuch eintreffe.

„Willst Du denn mitkommen?“, fragt mich meine Mutter.

Von ‘Wollen’ kann keine Rede sein, aber irgendwie gehört es von klein auf an diesem Tag einfach dazu. Außerdem stelle ich es mir durchaus interessant vor, nach einem knappen Jahr im Satsang nun wieder einmal einem ‘echten Gottesdienst’ beizuwohnen. Und es ist tatsächlich sehr interessant. Schmerzhaft allerdings ebenso, wenn ich die gleichen Worte höre, die Samarpan so oft im Satsang spricht. Nur klingt es hier aus dem Mund dieses Pfarrers so tot, als hätte er keine Ahnung, wovon er eigentlich spricht. Und wahrscheinlich hat er auch keine Ahnung, wovon er eigentlich spricht. Doch alle murmeln brav mit, die ganze Herde läuft diesem offensichtlich selbst verirrten ‘Hirten’ hinterher. Eine derartige Situation muss Jesus vor Augen gehabt haben, als er über die Schriftgelehrten sagte, dass ‘ein Blinder einen anderen führt.’ – Ich empfinde es als sehr schmerzhaft mit anzusehen, wie sich all diese Menschen hier doch eigentlich ebenso sehr nach Liebe sehnen wie ich und alle anderen vom Satsang. Nur: Angenommen ich würde spontan aufstehen und begeistert ausrufen: ‘Hey, Leute: Die Liebe IST Hier!!! Wirklich!!! Freut Euch!!! Jesus IST Hier!!! Wir brauchen nicht zu warten!!! Die Erlösung ist Hier!!! Das Königreich Gottes ist gekommen: Es ist Hier!!! Jetzt!!!’ ... würden mich die meisten wahrscheinlich für verrückt erklären. Na ja, stöhn; dies ist einfach nicht der richtige Ort und nicht die richtige Zeit. Insofern ist das Einzige, was ich tun kann, den Schmerz ganz ‘einfach’ zu fühlen, wie Samarpan es immer ‘predigt’: puuuuuh! – Der Abend daheim einschließlich der Bescherung ist dann rundum schön: keinerlei Vorwürfe, sondern ein liebes Miteinander. Was für eine schöne und glückliche Familie. Welch ein Segen! Da ich überhaupt nicht damit gerechnet habe, etwas geschenkt zu bekommen, weil ja gar nicht klar war, ob ich überhaupt komme und ich zudem im Vorfeld hatte verlauten lassen, dass ich nichts brauche, ist für mich jede noch so kleine Kleinigkeit eine Überraschung und ein echtes ‘Geschenk’. Eine Geste, mir etwas Gutes zu tun, mir eine Freude bereiten zu wollen. Wie schön! Ich könnte heulen vor Liebe! Trotzdem bin ich aber auch irgendwie froh, als ich mich gegen Mitternacht von ihnen allen verabschiede und eine Stunde später wieder in Stiersbach eintreffe. Back home.

Stiersbach, 25. Dezember 97 (Retreat)

Im Mittag-Satsang sagt ein alter Osho-Sannyasin zu Samarpans Ausführungen:

„Osho hat aber etwas anderes gesagt!“

„Ja“, erwidert Samarpan. „Aber Osho hat auch das genaue Gegenteil gesagt. Osho hat alles gesagt. – Osho war solch ein Meister. Oft kam es vor, dass er an einem Tag absolut überzeugend über ein bestimmtes Thema sprach und am nächsten nahm er genau die andere Position ein und redet stundenlang ebenso überzeugend von dieser aus. – Jeder Meister wird sich immer wieder selbst widersprechen. Die Wahrheit ist nicht so, und sie ist nicht so. Jede meiner Antworten ist einmalig. Sie entsteht im Moment. Die Worte kommen aus dem Moment. Sie kommen nicht aus dem Verstand; sie kommen aus der Stille. Wenn ich sage: 'Ich bin Gott', muss ich auch sagen: 'Ich bin Teufel', sonst ist es nicht die Wahrheit. Wir sind beides. Oder keines. Und so ist es mit allem. Du bist alles. Und auch wenn ich sage: 'Du bist alles', muss ich ebenso sagen: 'Du bist nichts'. Denn nur dann ist es die Wahrheit. Du bist dieses Alles, das nichts ist. Du bist dieses Nichts, das alles ist. Das ist die Wahrheit. – Jesus sagte: 'Wenn Dich einer auf die rechte Wange schlägt, dann halte ihm auch die linke hin.' Aber das ist nur die halbe Wahrheit. Jesus hatte auch eine andere Seite, eine wilde Seite, als er die Geldwechsler aus dem Tempel jagte. Wenn es im Moment ist, ist es die Wahrheit. Aber wenn wir daraus eine Regel, ein Gesetz machen, dann ist es nicht mehr die Wahrheit. Dann ist es Religion. Die Wahrheit ist im Moment. Die Wahrheit ist nur im Moment. Sei im Moment, und Du bist in der Wahrheit."

„Wie soll man das verstehen?", wendet jemand ein.

„Es ist nicht zu verstehen. Der Verstand kann es nicht verstehen. Der Verstand würde es gerne verstehen. Der Verstand würde alles gerne verstehen, aber das ist nicht möglich. Im Zen gibt es Koans, um den Verstand etwas in die Finger zu geben, an dem er eine Weile knabbern kann, bevor er erkennt, dass er es nicht lösen und verstehen kann und schließlich aufgibt."

Stiersbach, 26. Dezember 97 (Retreat)

Beim Mittagessen raunt mir jemand zu, dass im Vormittag-Satsang anscheinend jemand erwacht ist. Auuuuu; das habe ich gar nicht mitgekriegt. Mann, oh Mann, jetzt mir ist der Appetit gründlich vergangen, denn das macht mich ganz schön nervös. Und mir wird deutlich: Ich kann mit der Tatsache, dass ich noch nicht erleuchtet bin, im Frieden sein, solange mein Umfeld es ebenfalls noch nicht ist. Aber wenn man um mich herum erwacht ... oh, oh: PANIK! – Satsang! Samarpan!! Hilfe!!!

„Entspanne einfach, Rama. Dein Erwachen schreitet in perfektem Umfang fort. Alles ist bestens."

Stiersbach, 27. Dezember 97 (Retreat)

„Vertraue auf das Leben. Vertraue auf das Göttliche. Gibt Dir das Göttliche im Moment nicht alles, was Du brauchst?"

„Das schon, aber was ist mit morgen?", fragt jemand.

„Die gleiche Frage bekam Jesus von seinen Jüngern gestellt. Und er sprach zu ihnen: 'Seht Ihr die Lilien auf dem Feld? In all ihrer Pracht sind sie schöner noch als Salomon. Und die Lilien denken nicht an Morgen. Glaubt Ihr, unser Vater liebt Euch weniger als diese Lilien? Kümmert Euch nicht um das Morgen. Das Morgen wird für sich selbst sorgen.' – Blühe Jetzt. In diesem Moment. Und denke nicht an Morgen. Vertraue einfach auf Gott. Die Wahrheit ist: Gott lässt uns nie allein. Er lässt uns nie im Stich. Er ist immer Hier."

Es ist interessant. Schon so oft habe ich Samarpan über dieses Thema sprechen hören und trotzdem habe ich das Gefühl, es rutscht bei jedem Hören noch einmal tiefer. Immer wieder findet ein Aha-Erlebnis statt. Immer wieder erkenne ich noch deutlicher: 'Ja, das ist die Wahrheit.' Und dabei dachte ich ja eigentlich schon des Öfteren, mir wäre alles klar. Als ich dies share, sagt Samarpan:

„Denke nicht, dass Du etwas weißt. Sobald wir denken, wir wüssten etwas, stecken wir in Schwierigkeiten. – Wisse nichts. Verweile im Nichtwissen. Das ist der Frieden."

Im Nachmittag-Satsang shart ein schmächtiger Typ, dass er den Wunsch-Traum hat, eines Tages ganz viel Macht zu haben.

„Wie zum Beispiel wer?", fragt Samarpan. - „Äh, Alexander der Große."

„Okay. Dann stelle Dir einmal vor: Du bist jetzt Alexander der Große. Wie ist das?"

„Ich herrsche über viele Menschen." - „Gut."

„Jeder macht, was ich will." - „Okay."

„Ich kann tun und lassen, was ich will." - „Bist Du Dir sicher?"

Stille. Und auf dem Gesicht des Fragenden breitet sich Verstehen aus.

„Wisst Ihr", sagt Samarpan nun an alle gewandt, „Es ist wichtig, all die Träume und Glaubensätze des Verstandes zu konfrontieren. Das ist der Weg in die Freiheit, in die Freiheit vom Verstand; die einzige wahre Freiheit."

Stille. Wieder hat sich jemand erspart, jahrelang einer aussichtslosen Illusion hinterher zu rennen, ganz einfach dadurch, dass er Samarpan nur eine einzige Frage im Satsang gestellt hat. Wahnsinn! – Nach dem Satsang gehe ich noch schnell zu Samarpan und seiner heute Morgen angereisten Marga und biete ihnen an, sie morgen nach Gmund mitzunehmen. Und freudestrahlend nehmen die beiden mein Angebot an. Wie schön.

Stiersbach/Gmund, 28. Dezember 97 (Retreat)

„Vergesst alles", sagt Samarpan im letzten Satsang dieses Retreat. „Vergesst alles, was Ihr wisst. Meine Worte, sogar die Worte von Osho und Jesus; werft alles fort und seht, was übrig bleibt. – Das, was Ihr 'seht', wenn alles andere weg ist, ist die Wahrheit. Das, was immer da war und immer da sein wird. Nichts. Dein wahres Selbst. – Es ist so offensichtlich. Es ist so nah, dass wir es die ganze Zeit 'über'-sehen haben."

Abends schöne, stille Fahrt mit Samarpan und Marga von Stiersbach nach

Gmund. Allerdings erwische ich bei Gaildorf irgendwie die falsche Abzweigung. Peinlich, da ich mich doch bislang immer für einen erstklassigen Fahrer und Kartenleser gehalten habe. Erst merke ich es gar nicht, aber es wird immer klarer. Doch noch immer will ich es nicht wahrhaben und fahre einfach weiter. Mist! – Ein paar Minuten später halte ich an und schaue auf der Karte nach: ganz klar: Ich habe mich verfahren. Doch so offen gebe ich das nicht zu, sondern sage, dass die Karte nicht ganz stimmt. Zugegeben, es ist auf der Karte tatsächlich nicht ganz klar ersichtlich, aber hätte ich besser hingesehen, wäre uns der Umweg vermutlich erspart geblieben. Dafür schaue ich jetzt umso genauer hin und fahre über die Dörfer wieder zurück auf die Bundesstraße. Peinlich, peinlich.

Gegen achtzehn Uhr kommen wir in Gmund an und werden von A. herzlich willkommen geheißen. Für mich ist es das erste Mal, dass ich von einem 'Satsang-Familienort' übergangslos – ohne Unterbrechung bzw. ohne jeglichen Kontakt zu 'Normalos' wie einem Tankwart oder ähnlichem – zum nächsten komme. Nonstop zu Hause. Schön. Nach und nach treffen auch noch andere ein, und ich fühle mich total daheim bei meiner Familie, bei meiner wahren Familie. – Beim Abendessen sehe ich all die lieben, bekannten Gesichter; es ist, als wäre seit dem letzten Mal keine Zeit vergangen. Auch meine 'Bett-Interessentin' aus Stuttgart mit Namen J. ist da. Wie schön. Und nun beginnt auch schon der 'erste' Satsang.

„Viele Menschen denken, dass sie nicht glücklich sind, weil sie nicht genug Geld haben. Also strengen sie sich noch mehr an und werden noch unglücklicher. Anstatt einfach einmal anzuhalten, innezuhalten und hinzusehen, ob es wirklich das Geld ist, was sie glücklich machen würde; ob sie überhaupt in der richtigen Richtung unterwegs sind. – Wenn man sich verfahren hat und weißt, dass man sich verfahren hat, ist es kein Problem. Dann kann man anhalten, auf der Karte nachsehen oder nach dem richtigen Weg fragen; kein Problem. Aber wenn man auf dem falschen Weg ist und dies gar nicht weiß, wird man noch lange unterwegs sein und doch nie ankommen.“ Kurze Stille. Und ich denke: Ist das eine Anspielung auf unsere Fahrt vorhin? Schluck.

„Glücklichsein ist nicht im Außen. Es ist Hier. Bleibe stehen. Halte an. Tue gar nichts. Jedes Tun ist im Verstand. Komme nach Hier. Und Du bist glücklich. – Dies ist der Grund, warum Ihr alle hier seid. Weil Ihr entdeckt habt, dass es nicht im Außen ist. Und das ist die Wahrheit. Frieden ist nicht im Außen. Frieden ist Hier. Es ist solch eine Gnade, wenn man dies entdeckt. Es ist Gnade, die uns zum Satsang bringt. Das Selbst, das sich nach sich selbst sehnt.“

Gmund, 29. Dezember 97 (Retreat)

Sitze beim Frühstück und lasse es mir schmecken. So schön, dass alles hier in Stille abläuft. So angenehm. Hier und da intensive, nahe Blicke; liebevolle

Berührungen; Umarmungen ... Paradies. Und ich frage mich, ob – abgesehen von den zwei, drei Leuten, von denen ich weiß, dass sie erwacht sind – hier noch andere 'unerkannt' Erwachte anwesend sind. Andererseits: Was ich nicht weiß, macht mich nicht heiß. – Im Morgen-Satsang shart jemand, dass seine Freundin ihn kurz vor Weihnachten verlassen hat und bei ihm jetzt ganz viel Trauer ist.

Das ist wunderbar. Sei im Frieden mit der Trauer. Da ist nichts verkehrt. Nicht mit Dir; nicht mit Deiner Freundin. Deine Freundin kann Dir die Liebe, die Du empfindest, nicht wegnehmen. Es ist Deine Liebe." Stille. „Liebe Deine Freundin einfach. Wenn da einfach nur Liebe ist, wünschen wir dem Anderen nur das Beste. Und wenn das Beste für ihn darin besteht, mit einem andern Partner zu sein: in Ordnung. Da mag Schmerz sein; da mögen alle möglichen anderen Gefühle sein; aber wenn wir sie einfach fühlen, wenn wir einfach im Frieden mit ihnen sind, entdecken wir die Wahrheit, die im Zentrum von jedem Gefühl ist. – Schau: Da ist nichts verkehrt. Da ist einfach diese Liebe. Keine Story, keine Geschichte. Da ist nur diese Liebe. Und Du bist diese Liebe."

Stille. Dem Fragenden sind die ganze Zeit die Tränen herunter gelaufen, jetzt nickt er und bedankt sich selig bei Samarpan mit der Namaste-Geste; wie schön. – Mittags liege ich mit einer schönen jungen Frau Arm in Arm im Satsang-Raum, denn so schön es mit J. ist, so sehr genieße ich doch auch die Nähe und den Austausch unverbindlicher Zärtlichkeiten mit anderen Frauen. Das löst bei J., die vermutlich mehr als nur eine unter vielen sein will, natürlich einiges an Schmerz aus, was wiederum bei mir Schmerz und Unsicherheit hervorbringt. Was soll ich nur machen? – Während einer langen Stillephase im nächsten Satsang kann ich nicht mehr anders, als diesen für mich so heiklen Punkt endlich einmal anzusprechen. Weil ich sehe, wie schmerzhaft mein Verhalten für andere mitunter ist, bringe ich nur unter Tränen hervor:

„Samarpan? Ich muss jetzt einfach einmal sharen, wie es für mich ist: Wenn ich mit einer Frau bin, dann gibt es in diesem Moment nur diese eine Frau. Sonst niemand. Nur diese Umarmung. Totales Dahinschmelzen. Ich denke nicht an vorher, ich denke nicht an nachher. Da ist nur dieser Moment und wenn die Umarmung vorbei ist, ist da von meiner Seite kein Gefühl der Verpflichtung. Ich sehe jedoch, dass diese Einstellung manchen Frauen die Knöpfe drückt ..."

Schnüff. Irgendwie bin ich echt ein Arsch. Ich bin genauso, wie ich einmal nie sein wollte ...

„Ja, Du bist gefährlich", sagt Samarpan und fügt lächelnd hinzu: „Frauen, seid auf der Hut!" Alle lachen. „Rama hat viele Leben als Mönch verbracht," fährt Samarpan fort und erntet tosendes Lachen, „aber er ist bereits mit dem Göttlichen verheiratet."

Oh, Gott! Ja! Genau so ist es! Puuuh, tut das gut zu hören. Es fühlt sich so befreiend, ja geradezu erlösend an. Und während das allgemeine Gelächter so langsam wieder abklingt, nicke ich dankbar zu Samarpan hinüber, dass er in der Lage ist, die Situation so treffend zu sehen und zu beschreiben. Allerdings bin ich noch nicht ganz im Frieden. Ich glaube, ich sollte es noch deutlicher sagen, was für ein 'Schlimmer' ich bin. Als Warnung gewissermaßen. Ich habe zwar eine Heidenangst, dass sich danach alle von mir abwenden werden, aber trotzdem: Es muss raus:

„Äh, ich würde gerne noch etwas bekannt geben", sage ich mit zitternder Stimme. „Alle Frauen, die noch irgendwelche Illusionen oder Knöpfe haben, was den Wunsch nach einer festen Beziehung anbelangt, sollten mir besser fern bleiben."

„Ich würde genau das Gegenteil sagen!", sagt Samarpan und erneut brüllen alle vor Lachen. „Jede Frau, die noch irgendeinen Knopf oder irgendeine Illusion hat, was eine Beziehung anbelangt, soll sich unbedingt an Rama wenden!"

Die Menge tost, während mir die Tränen in Strömen herunter laufen. Puuuh!! Ich bin so erleichtert, dass ich für mein Verhalten nicht als 'Schmerzbringer' verurteilt werde. Samarpan und ich, wir schauen uns in die Augen und mich durchströmt eine Welle unendlicher Liebe.

Gmund, 30. Dezember 97 (Retreat)

In der Mittagspause werde ich zu Samarpan gerufen und unverzüglich eile ich zu ihm. Kaum, dass ich Platz genommen habe, kommt Samarpan auch schon zur Sache:

„Rama, ich würde Dir gerne den Kassettenjob von Navab übertragen."

Schluck, oh, Gott! Das heißt Verantwortung, teure technische Geräte, tausend Sachen (Kassetten, Cover usw.) besorgen müssen, ständig auf der Hut sein müssen, ob von allem noch genug da ist; tausend Sachen (Mikrofone, Kabel ...) aufbauen, tausend Sachen abbauen ... Ob ich dem gewachsen bin? Auweia! Aber wenn der Meister seinem Schüler etwas aufträgt, muss man sich dem vermutlich wohl oder übel hingeben; obgleich ich es bislang so sehr genossen habe, hier überhaupt keine Verantwortung tragen zu müssen. – Ich scheine ein ziemlich unglückliches Gesicht zu machen, denn Samarpan fragt mich:

„Freust Du Dich denn nicht? Ich biete Dir einen Job an!"

Ojemine. Kann ich ihm sagen, was mich bedrückt, oder kommt das schon einer Befehlsverweigerung gleich?

„Na ja", würge ich hervor, „wenn der Meister einem einen Job gibt, muss man wohl ja sagen ..."

Samarpan hatte wohl erwartet, ich würde es als große Ehre betrachten und ihm glückselig um den Hals fallen. Aber nun scheint er doch zu merken, dass er mich damit eher belastet.

„Weißt Du, Samarpan,“ sage ich nun etwas mutiger. „Ich liebe es so, einfach nur zum Satsang zu kommen, zu trommeln und zu dolmetschen und ansonsten nichts tun zu müssen.“ Stille. Huuuaaaaa ...

„In Ordnung“, sagt er nach einer Weile. „Dann lasse uns mal abwarten. Wir werden sehen.“

Damit bin ich entlassen und eine halbe Stunde später läuft mir Navab im Eingangsbereich des Hauses über den Weg, der mich fragt, was Samarpan zu mir gesagt hat.

„Er möchte, dass ich den Kassettenjob übernehme ...“

„Ja, und mich hat er rausgeworfen.“ Auweia.

„Und?“ - „Ich bin fix und fertig.“

Das wäre ich auch. Mann, oh Mann. In Navabs Haut möchte ich jetzt nicht stecken. Wortlos nehmen wir uns in die Arme.

„Weißt Du schon, was Du jetzt machen wirst?“, frage ich ihn.

„Nein. Ich habe keine Ahnung.“

Jungejunge. Das ist eine ganz andere ‘Nummer’ als das, was sonst so im Satsang abläuft. Andererseits hat Samarpan ihm immer wieder und wieder gesagt, dass er pünktlicher sein soll, gewissenhafter; nicht versehentlich leere Kassetten oder Kassetten mit falschem Inhalt verkaufen soll. Und jetzt ist wohl auch Samarpan der Geduldsfaden gerissen. Aber wieso zerbreche ich mir eigentlich den Kopf? Mir hat Samarpan den Job ja nicht genommen, sondern gerade erst gegeben! Im Grunde doch ein gutes Zeichen, aber wenn ich daran denke, dass mich unter Umständen einmal das gleiche Schicksal wie Navab ereilen könnte, wenn ich nicht mache, was Samarpan von mir erwartet, überkommt mich eine totale Panik.

Gmund, 31. Dezember 97 (Retreat)

„Um die Aufmerksamkeit vom Verstand wegzunehmen, brauchst Du nur ein klein wenig Übung. Gelernt haben wir alle, wie man seine Aufmerksamkeit auf den Verstand richtet. Und da wir dies viele Jahre praktiziert haben, wird es vielleicht eine Weile dauern, bis wir umgelernt haben; das ist in Ordnung; kein Problem.“ - „Und wie macht man das?“, fragt jemand.

„Richte Deine Aufmerksamkeit einfach auf etwas anderes. Buddha empfahl, auf den Atem zu achten, was nicht schlecht ist, denn der Atem ist immer da. Allerdings stehen manchmal emotional stärkere Dinge im Vordergrund; vielleicht irgendein intensives Gefühl oder eine damit einhergehende Körperempfindung. Gib dann einfach dem Deine Aufmerksamkeit. Und nach und nach wird der Verstand immer ruhiger werden. Bei mir war die Stille anfangs wie ein kleiner Vogel, das auf meiner Schulter saß. Immer da, aber nur ganz leise. Und ich nahm ihn nur dann wahr, wenn ich ganz bewusst meine Aufmerksamkeit auf ihn richtete. – Die Stille ist immer Hier. Wie eine tiefe, allem zugrunde liegende Strömung. Je mehr wir unsere Aufmerksamkeit auf sie richten, desto mehr kommt sie in den Vordergrund, desto mehr wird sie präsent. Und das ist alles, was wir im Satsang machen: unsere Aufmerksamkeit auf die Stille zu geben."

Stille. Es funktioniert tatsächlich. Samarpan hat es ja auch schon so oft gesagt; na ja. Doch es ist spannend: Wenn ich meine Aufmerksamkeit auf diese 'ängstliche' Körperempfindung und nicht auf die Story in meinem Verstand richte, ist alles in Ordnung. Nur kann ich das nicht die ganze Zeit tun, denn schwups, bin ich schon wieder im Verstand; und in der Angst. Mist! Und jetzt?

„Wenn Du merkst, dass Du gerade im Verstand bist, dann komme einfach zurück, komme nach Hier. Mache nicht den Fehler, Dich selbst dafür zu verurteilen. Das ist nur ein weiteres Verstandesprogramm, welches das Gefangensein im Verstand nur verlängert. Wende dem Verstand einfach ohne Umschweife den Rücken zu und komme nach Hier. Wieder und wieder."

Im Nachmittag-Satsang shart jemand:

„Samarpan, ich habe gelesen, dass ich eins mit allem bin. Aber trotzdem fühle ich mich getrennt."

„Das ist richtig. Es hier oben zu wissen", Samarpan deutet auf seinen Kopf, „hilft überhaupt nichts. Es hilft nichts, wenn der Verstand weiß: 'Ich bin eins mit allem. Das ist alles eine Illusion. Ich kann nicht sterben.' Denn der Verstand ist NICHT eins mit allem. Er kann die Wahrheit nicht wissen. Es muss Deine eigene Erfahrung sein. – Schaue Hier; in diesem Moment, und Du siehst, Du weißt."

„Samarpan?", fragt jemand im Abend-Satsang. „Wenn Du sagst: 'Es gibt nichts zu tun', wie steht es denn mit der Teilnahme an Gruppen oder dem Lesen von spirituellen Büchern?"

„Höre mit allem auf. Alle Bücher, alle Workshops, alle Therapeuten können einen nur bis zu einem gewissen Punkt bringen; danach sind sie keine Hilfe mehr, im Gegenteil. Alles in Deinem Leben war nur dazu da, um Dich nach Hier zubringen. Wenn Du Hier bist, sei einfach Hier. Hör auf mit allem Tun. Hier gibt es nichts zu tun. Hier fehlt es an nichts. Hier benötigst Du nichts. Hier gibt es nicht einmal irgendein 'Du'. Hier gibt es überhaupt nichts. Nichts zu tun. Entspanne einfach. Und fange an, das Leben zu genießen."

Und wie ich es genieße! Kann es dafür einen schöneren Platz als hier bei Samarpan geben? Wohl kaum! Ich bin so glücklich! – Eine halbe Stunde vor Mitternacht gehen wir in Stille hinunter an den See. Irgendjemand hat Raketen und Glühwein dabei. Es ist total schön! Ein wunderbarer Moment! So viele wunderbare Momente! Was für ein Jahr!!! An allen Ecken und Enden des Sees und auch auf den Bergen werden bunte Raketen in den Sternenhimmel abgeschossen, deren leuchtende Farben sich in der glatten Wasseroberfläche wunderbar widerspiegeln. Strahlende Gesichter, Umarmungen ohne Ende ... Ich bin mal wieder im Paradies gelandet.

Gmund, 1. Januar 98 (Retreat)

„Gestern Abend“, sagt Samarpan, „habe ich noch ferngesehen, und es war interessant. Da war ein Wissenschaftler, der hörte sich wie ein Weiser an. Er sagte: ‘Dieses ganze Universum ist aus dem Nichts entstanden. Es ist aus Nichts gemacht. Es besteht aus nichts.’ ... Und das ist die Wahrheit. Das Universum ist nicht real. Es sieht real aus. Der Stuhl, auf dem ich sitze, wirkt solide ... Aber wenn man genau hinsieht, wenn man nah genug hinsieht, sind es nur lauter Atome, die mit ganz viel Raum dazwischen miteinander ‘tanzen’. Die Atome bestehen aus dem Atomkern, der die Protonen und Neutronen beinhaltet, und den Elektronen. Spaltet man diese und das, was man erhält, immer weiter auf, kommt man zu immer kleineren Teilchen und Teilchenwellen. Wenn man diese schließlich spaltet, erhält man nur noch Energie; Nichts! – Das ist die Wahrheit. Dieses ganze Universum besteht nur aus Gedanken. Das ist die Vorstellungskraft des Verstandes. Aber es ist nicht real. Wenden wir dem Verstand den Rücken zu, erkennen wir: Da ist wirklich nichts. Und dieses Nichts ist nicht nichts. Diesem Nichts fehlt es an nichts. Es ist das Nichts, das alles ist. Es ist das, was Du bist. Es ist das, was Du in Wahrheit bist.“

Gmund, 2. Januar 98 (Retreat)

Im Nachmittag-Satsang wird unser Musikquartett von einem Querflötenspieler ergänzt. Sehr schön. Es ist überhaupt erfrischend, dass hier und da in den Städten oder bei Retreats immer wieder Leute auftauchen, die ihr Instrument mitbringen und einfach mitspielen. Das bringt etwas Abwechslung sowie eine frische Lebendigkeit. Und da uns die Teilnehmer ein ums andere Mal fragen, ob wir nicht eine CD aufnehmen könnten, will Abhijat demnächst mit seinem Bruder reden, der in Köln ein Studio hat. Spannend! Und mein Verstand fängt sofort an, von einer Musikerkarriere zu träumen; schon verrückt, diese ganzen Programme. Und natürlich führt das unweigerlich auch dazu, dass ich nicht mehr im Moment bin ...

„Samarpan, könnte man den Verstand nicht einfach um- oder noch besser neu programmieren?“

„Das ist oft genug versucht worden, aber es führt zu nichts. Man kann mit Affirmationen arbeiten: ‘Mir geht es gut, mir geht es gut.’ Man kann neue Programme installieren und noch vieles andere mehr, allerdings poliert man damit bestenfalls das Ego ein wenig an der Oberfläche auf, denn wenn es ‘hart auf hart’ kommt, setzen sich dann doch die alten Programme wieder durch, da diese zuerst da waren und demzufolge tiefer eingefahren sind. – Es stimmt: Wir haben alle eine verkorkste Konditionierung. Aber die gute Nachricht ist:

Sie braucht sich nicht zu ändern. Sie kann so bleiben, wie sie ist. Sei im Frieden mit dieser verkorksten Konditionierung, sie ist okay. Wende ihr einfach den Rücken zu und sei Hier. Kein Problem.“ Stille. „Als Jesus vierzig Tage in der Wüste gefastet hatte und dann wieder zurückkehrte, kam der Teufel und sprach: ‘Wirf Dich hier die Felsen herunter. Du bist doch der Sohn Gottes! Die Engel werden Dich auffangen, noch bevor Deine Füße den Boden berühren.’ Und Jesus antwortete: ‘Get behind me devil. Gehe hinter mich, Teufel.’ Das ist solch ein schönes Bild; mit anderen Worten: Er wendete seinem Verstand, und natürlich meint er mit ‘Teufel’ niemand anderen als seinen eigenen Verstand, den Rücken zu. Das ist alles, was wir machen müssen. Wann immer der Verstand mit irgendeinem Blödsinn daher kommt, wenden wir ihm einfach den Rücken zu.“ Und nach einer längeren Stillephase fügt Samarpan hin zu:

„Wisst Ihr: Ich bin so in Liebe mit Jesus ... Das Schöne an Jesus ist: Er behielt sein Trips nicht für sich. Sondern er teilte sie uns mit. Er nutze sie, um uns zu lehren; um uns zu zeigen, dass sein Verstand ganz genauso verrückt ist wie unserer. Und wie wir mit ihm umgehen müssen. Solch ein wunderbarer Lehrer.“

Gmund, 3. Januar 98 (Retreat)

„Wie stehst Du eigentlich zu Therapien, Samarpan?“, fragt eine ältere Dame im Satsang.

„Das ist ein interessantes Thema. Schau: Eine Therapie kann bis zu einem gewissen Punkt wertvolle Arbeit leisten, aber an irgendeinem Punkt muss man Therapeut und Therapie hinter sich lassen. Denn jede Therapie baut auf einer Lüge auf; und zwar auf der Lüge, dass mit Dir irgendetwas nicht stimmt. Und das ist nicht die Wahrheit. – Die Wahrheit ist: Bei Dir ist alles in Ordnung! Gut, unsere Programme sind verquer, aber das ist es nicht, was Du bist. Wende Deine Aufmerksamkeit einfach ab von dem, was Du nicht bist, hin zu dem, was Du bist: dieses In-Ordnung-Sein, diese Stille. Und die bedarf keiner Therapie. – Alle Therapien, alle Workshops, alle Bücher in Deinem Leben waren nur dazu da, um Dich nach hier, zu Dem Hier, zu diesem Moment zu bringen. Wenn Du einmal Hier bist, brauchst Du sie nicht mehr. – Hier brauchen wir überhaupt nichts mehr. Hier können wir einfach ‘sein’.“

Gehe mittags mit J. am See entlang spazieren und blicke auf die Berge am anderen Ufer des Sees. Wie oft hatte ich diesen Anblick schon! Und wie unterschiedlich habe ich mich dabei schon gefühlt!! Und je nachdem, ob es mir eher gut oder eher schlecht ging, nehme ich diese Berggipfel immer dem entsprechend anders wahr; jetzt gerade sind sie wunderschön weiß; schon interessant. Na ja, im Moment – mit J. im Arm – könnte ich es mir nicht schöner vorstellen. Paradies.

„Die Wahrheit ist so offensichtlich“, sagt Samarpan im Abend-Satsang.

„Und wenn wir Hier sind, sehen wir so klar und deutlich, dass da nichts falsch ist. Und wir können uns nicht vorstellen, je wieder von der Illusion gefangen zu werden. Und doch: Sind wir erst wieder im Verstand, ist plötzlich von der Stille keine Spur mehr, und wir fragen uns: Was ist denn jetzt passiert? Wo ist bloß die Stille hingegangen? – Schaue nach innen! Schaue Hier nach. Und siehe, ob die Stille wirklich irgendwohin gegangen ist."

Gmund, 4. Januar 98 (Retreat)

„Haltet nichts zurück. Ich meine: Natürlich könnt Ihr Dinge zurückhalten, aber der Weg in die Freiheit geht über das Akzeptieren von allem. Und solange es da noch irgendetwas gibt, irgendeine Sache, von der Du glaubst, sie verbergen zu müssen, sie nicht zeigen zu dürfen, solange da noch etwas ist, über das Du ein Urteil hast, solange ist da keine Freiheit, solange ist da kein Frieden. Schaue in jeder dunklen Ecke Deiner Psyche. Gibt es dort noch etwas, mit dem Du nicht in Frieden bist? – Falls dem so ist und es etwas gibt, von dem Du glaubst, es Gott nicht zeigen zu können oder nicht zeigen zu dürfen, dann besteht hier im Satsang die Möglichkeit, es sich im Licht der Wahrheit anzusehen. – Das ist der eigentliche Sinn der Beichte. Wenn man wirklich aufrichtig 'beichtet', dann ist da kein Gott, der einen verurteilt. Im Gegenteil. Hier ist alles willkommen. Das Göttliche akzeptiert alles. Es gibt nichts Schlechtes. Da ist nichts Böses in Dir. Das ist die Wahrheit. Es ist alles göttlich. Es gibt nur das Göttliche. Und Du bist Das."

Nach dem Satsang laden wir das gesamte Equipment bestehend aus Mikrofonen samt dazugehörigen Ständern und einer Unmenge an Kabeln, einem DAT-Aufnahmegerät, einem Doppelkassettendeck, einer Kassetten-Schnellkopier-Maschine, vielen, vielen Leerkassetten und anderem in meinen Audi 80, da Navab ja nun nicht mehr dabei ist und ich der einzige Mitreisende bin, der ein Auto hat. Passt alles in den Kofferraum: perfekt.

Gmund/München, 5. Januar 98

J., die es im Moment weder zu ihrem Job noch zu ihrer Wohnung in Stuttgart zieht, fährt bei mir mit nach München, und es liegt auf der Hand, dass wir eine Übernachtungsmöglichkeit für uns beide erfragen werden. Doch zunächst ist erst einmal Satsang.

„Samarpan?", fragt jemand traurig. „In meinem Leben bin ich immer entweder himmelhoch jauchzend oder absolut tief traurig."

„Ich verstehe. Und schau: Beides ist nicht die Wahrheit. Nicht das Manische, nicht das Depressive. Beides ist nur die eine Hälfte. Hier ist die Mitte. Im Zentrum von 'himmelhoch jauchzend' und im Zentrum von 'absolut tief traurig' ist es ganz still. Wenn Du gerade fliegst, komme zur Mitte, komme nach Hier. Wenn Du gerade ganz unten bist, komme zur Mitte, komme nach

Hier. Und Du wirst feststellen: Hier ist es vollkommen ruhig. Nicht hoch, nicht tief. Genau die Mitte. – Sei einfach Hier."

Gleich nach dem Satsang gehe ich zum Kassettenkopieren raus, doch J. ist dort und will sich darum kümmern. Also gehe ich wieder zur Musik zurück. Super! Und auch mit dem Übernachten ist es toll. Wir beide können uns zu zweit das ausklappbare Sofa einer ganz lieben und netten Münchnerin teilen. Wie schön.

München, 6. Januar 98

Habe vor dem Satsang einen Anzug- und Krawattentypen hereinkommen sehen, der mich ein wenig an mich selbst erinnert, als ich noch gearbeitet und zu weiten Teilen im Verstand gelebt habe. Und jetzt stelle ich mir gerade vor, wie es wohl für ihn hier an seinem ersten Abend ist, was er wohl für einen Eindruck von all dem hat.

„Jeder sieht immer das, was er sehen will", höre ich Samarpan just sagen.

Das stimmt. Würde hier ein Sektenbeauftragter hereinkommen und seinen Verstand nicht draußen lassen, würde er hier hundertprozentig eine Sekte sehen und damit die Schönheit verpassen, die es hier zu sehen gibt. Aber ich darf gar nichts sagen, denn wenn ich vor zwei Jahren hier zufällig hineingeraten wäre, hätte ich auch eventuell auf dem Absatz kehrtgemacht und alle miteinander für verrückt erklärt. Samarpan weiter:

„Wer mich nicht sehen kann, kann mich nicht sehen. Und wer mich nicht hören kann, kann mich nicht hören. Das ist traurig. Aber so ist es nun einmal. Da kann man nichts machen. Als ich zu Gangaji kam und sie die Wahrheit sprechen hörte, dachte ich: 'Warum in aller Welt hat Osho uns das nicht gesagt?" Samarpan schmunzelt. „Doch als ich daraufhin ein altes Buch von ihm zur Hand nahm, sah ich: Er hatte es immer gesagt. Nur konnten wir ihn nicht hören. Wir waren noch nicht soweit. Aber es war perfekt. Es ist immer perfekt. Für jeden einzelnen. Alles läuft genau nach Plan."

9.

Aber selig sind Eure Augen, dass sie sehen,
und selig sind Eure Ohren, dass sie hören.
(Matthäus-Evangelium 13.16)

München, 7. Januar 98

Bin tagsüber bei Samarpan, als mir folgender Gedanke durch den Kopf geht: Ist es wirklich freier Wille, unsere Aufmerksamkeit auf den Verstand oder auf die Stille zu richten? Wenn ja, und das behauptet Samarpan nahezu Tag für Tag, dann gibt es doch in jedem Moment unterschiedliche 'Jemands', von denen manche ihre Aufmerksamkeit auf den Verstand richten, während gleichzeitig andere ihre Aufmerksamkeit auf die Stille richten. Und das passt doch nicht ganz zu der Aussage, dass es nur einen (jemand) bzw. gar keinen 'Jemand' gibt, also niemand. – Letzten Endes ist das wahrscheinlich alles nur Mindfuck, aber trotzdem:

„Samarpan, Du sagst: 'Alles ist vorbestimmt, alles läuft nach Zeitplan, unser Erwachen ist vorbestimmt.' Und Du sagst auch: 'Wir haben den freien Willen, unsere Aufmerksamkeit auf den Verstand oder auf die Stille zu richten.' Aber im Moment des Erwachens ist die Aufmerksamkeit ja auf der Stille, d. h.: Es muss ja dann so vorbestimmt gewesen sein, und wenn es in diesem Moment kein freier Wille war, wieso sollte diese Entscheidung dann in irgendeinem anderen Moment frei sein?"

„Es gibt in der Tat Meister, die sagen, dass auch die Richtung der Aufmerksamkeit vorbestimmt ist."

„Aha." Mmm? Und was ist jetzt die Wahrheit?

München, 8. Januar 98

Im Satsang steht wieder einmal das Thema 'Erwachen' auf der Tagesordnung, und ich merke, das meines ruhig etwas schneller gehen könnte.

„Samarpan! Wie lange ..."

Samarpan bringt mich mit einer Geste und einem liebevollen Gesichtsausdruck zum Schweigen.

„Werde nicht ungeduldig, Rama. Wenn man ein Samenkorn in die Erde steckt, dann gräbt man es nicht einmal pro Woche aus und sieht nach, wie weit es schon gekommen ist. – Du hast einen Geschmack der Wahrheit. Jetzt lasse diese Pflanze wachsen. Ziehe sie nicht lang. Tue überhaupt nichts. Alles läuft perfekt. Da ist nichts verkehrt. Du bist wunderschön."

Liege nachts noch lange wach und denke über mein Erwachen und insbesondere Samarpans Worte nach. Denn wenn es wirklich die Wahrheit wäre, dass da nichts verkehrt ist, dann wäre ich doch schon erwacht. Oder nicht? Oder ist ja vielleicht sogar auch schon vor dem Erwachen alles okay?

München, 9. Januar 98

Vor dem Satsang fragt mich Abhijat mit einem Grinsen, ob ich jetzt eigentlich mit J. zusammen bin, und ich antworte satsanggerecht:

„Ach, weißt Du, Abhijat. Da ist einfach der Moment. Ist sie da, bin ich mit ihr zusammen; ist sie nicht da, bin ich nicht mit ihr zusammen."

Und genauso sehe ich es wirklich. Genau genommen sehe ich all meine Begegnungen der vergangenen Wochen so.

München, 10. Januar 98

Samstag und damit zwei Satsangs. Schöne Aussichten. – Im Satsang am

Morgen meldet sich eine Frau zu Wort, die monatelang arbeitslos war und bei unserem letzten Besuchen in München mehrfach gejammert hat: 'Hätte ich nur eine Arbeit, irgendeine Aufgabe, dann wäre ich glücklich.'

„Ja?", lädt Samarpan sie zum Sharen ein.

„Jetzt habe ich eine Arbeit!", sagt sie halb lachend halb verzweifelt. „Nur ist die nichts. Am liebsten wäre ich wieder arbeitslos." Allgemeines Lachen.

„Ist es nicht wunderbar? Zu sehen, wie der Verstand uns im Leid gefangen hält, weil er immer etwas anderes will. Ist da Arbeitslosigkeit, will er eine Arbeit. Ist da eine Arbeit, will er keine Arbeit; ist nicht unser aller Verstand genauso? – Ist da kein Partner, will man einen Partner. Ist da ein Partner, will man einen anderen Partner. Oder gar keinen. Der Verstand ist nie zufrieden. Wenn man das einmal erkannt hat, gibt man ihm überhaupt keine Energie und keine Aufmerksamkeit mehr. – Wenn man dem Verstand glaubt, ist Glücklichsein und Frieden immer irgendwo vor einem in der Zukunft. Und wie bei einer Fata Morgana in der Wüste erreicht man es nie. – Glücklichsein ist nicht in der Zukunft. Es ist Hier; in diesem Moment. Sei im Frieden mit Deinem Leben, so wie es jetzt gerade ist. Ist da ein Partner? Schön, dann genieße das. Ist da kein Partner? Schön, dann genieße das. Ist da eine Arbeit? Schön, dann genieße das. Ist da Arbeitslosigkeit? Schön, dann genieße das. – Sei einfach immer zufrieden mit dem, was gerade ist. Genieße das. Man kann alles genießen. Das ist das ganze Geheimnis."

Mittagessen in Stille. So schön. Und wieder Satsang: welch ein Leben!

„Wisst Ihr: Am Verstand an sich ist überhaupt nichts verkehrt. Es ist nur dieser Computervirus, dieses Zentralprogramm 'Ich bin dieser Körper'. – Es ist zwar nur ein Programm, also genau genommen nichts, aber im Lauf der Jahre und Jahrhunderte hat es alle anderen Programme infiziert. Doch die gute Nachricht ist: Das Einzige, was man tun muss, um diesen Virus zu entfernen, ist ..."

„... zum Satsang zu kommen!", ruft jemand aus dem Publikum. Lachen. Auch Samarpan lacht:

„Ja, Satsang ist das Anti-Viren-Programm." Lachen. „Ignoriere den Verstand einfach. Ignoriere ihn einfach komplett. Dann spielt es keine Rolle, ob und in wieweit die einzelnen Programme infiziert sind."

München, 11. Januar 98

„Wir nehmen die Welt nicht so war, wie sie tatsächlich ist. Genau genommen lebt jeder in einer anderen Welt, in einer anderen sogenannten 'Realität'. Einmal wurde ein arabischer Scheich nach Beendigung seines Deutschland-Besuches gefragt, wie es ihm gefallen habe. 'Es war großartig!', sagte der Scheich. 'Es hat jeden Tag geregnet!' – Jeder sieht die Welt durch die Brille seiner Konditionierungen mit all ihren Vorstellungen und Glaubensätzen hindurch. Insofern sehen wir die Welt nicht, wie sie wirklich ist. Wenn wir jedoch all unsere Vorstellungen und Glaubensätze darüber fallen lassen, wie wir glauben, dass die Welt unserer Meinung nach sein sollte, sehen wir sie, wie sie in Wahrheit ist. Da ist nichts verkehrt. Alles ist wunderbar. Da ist so viel Schönheit. Vom entferntesten Stern bis zur kleinsten Mikrobe. Diese Schöpfung ist so unglaublich schön. Das ist das Paradies."

Nach dem Satsang sehe ich J. mit Samarpan auf dem Boden sitzen. Minutenlang hat Samarpan die Augen geschlossen, dann sagt er ihr etwas. Und sie strahlt über beide Backen. Wie J. mir wenig später beim Mittagessen mitteilt, hat sie ihn um einen neuen Namen gebeten und auch erhalten: 'Grace'. Wow!

Im Nachmittag-Satsang shart eine junge Frau, dass ihr von ihrer Umwelt oft vorgeworfen werde, zu naiv zu sein.

„Da bist Du in guter Gesellschaft. Hier vorne sitzt ein Bruder vor Dir. Weißt Du, als ich anfangen wollte, Satsang zu geben, hatte ich die Idee, sämtliche Schüler eines mir gut bekannten Satsang-Lehrers anzuschreiben und zu meinem Satsang einzuladen. 'Satsang ist Satsang', dachte ich." Samarpan räuspert sich. „Also rief ich bei ihm an und fragte ihn, ob er mir seine Adressen-Liste geben würde ..." Samarpan lacht. Und wir lachen alle mit. Hahahaha. „Doch der war so perplex, dass er erst einmal überhaupt nichts sagte." Hahahahahahaha. „Schließlich erwiderte er, dass er mich zurückrufen würde. Nun, und hier teilte er mir dann mit, dass er diese Idee nicht so toll fände." Samarpan schmunzelt und schüttelt ungläubig dem Kopf. „Ich war so etwas von naiv." Samarpan wendet sich wieder der Fragenden zu: „Weißt Du: Es ist wunderbar, naiv zu sein. Wie ein Kind; nichts Böses ahnend, nichts manipulierend. Es ist wunderschön. – Sei naiv. Und lasse die anderen reden. Sei so, wie Du bist. Da ist nichts verkehrt. Es ist wunderbar."

Stuttgart/Köln, 19. Januar 98

Grace kommt mit mir mit, doch zum Satsang selbst tauchen, man höre und staune, nur drei Leute auf, weil die Frau, die uns hierher eingeladen hat, es sich vor einigen Wochen wieder anders überlegt, keine Flyer ausgelegt und niemanden informiert hat. Na ja; wenig Leute gleich viel Stille. Auch schön. Einer erzählt vom Aneinandergeraten mit seinem Vater.

„Meine Familie versteht mich auch nicht", entgegnet Samarpan. „Meine Ex-Frau, meine Kinder; sie alle denken, ich sei verrückt geworden."

„Ist das nicht total schmerzhaft?"

„Es ist in der Tat schmerzhaft. Aber da ist nichts zu machen. Einer meiner Brüder ist Priester und leitet sogar eine katholische Hochschule. Und man sollte glauben, zumindest tat ich das bis vor kurzem, dass ein Mensch, der offensichtlich sein ganzes Leben Gott gewidmet hat, offen für die Wahrheit ist... Aber Fehlanzeige. Wenn jemand den Verstand nicht hinter sich lassen will, ist da kein Weg, ist da keine Möglichkeit, ihm die Wahrheit zu zeigen."

Lange Stille. Und ich glaube, alle hier fühlen die mit dieser Tatsache verbundene Trauer. Denn vermutlich sieht sich jeder der Anwesenden in seiner eigenen Familie mit dem manchmal vielleicht nur stillen Vorwurf ausgesetzt, verrückt geworden zu sein. Und alle Erklärungsversuche sind zum Scheitern verurteilt.

Köln, 20. Januar 98

Wir Musiker, d. h. Abhijat, Radhika, Vasant und ich sowie Grace und der Querflötenspieler von Gmund, treffen uns recht früh am Tag im Musikstudio von Abhijats Bruder. Klasse: ein alter Bunker aus dem zweiten Weltkrieg. Der Eingang sieht aus wie vor 50 Jahren, aber unter der Erde ist Technik vom Feinsten. Unten angekommen dauert es eine ganze Weile, bis alles eingerichtet und eingestellt ist (Mikrofone, Ständer, Pegel usw.), aber jetzt geht es los. Und zum ersten Mal spielen wir nicht wie sonst einfach nur drauflos, sondern bemühen uns, alles richtig zu machen. Zunächst nehmen wir die drei Gitarren von Abhijat, Radhika und Vasant sowie unsere vier Stimmen gleichzeitig auf, dann hören wir in jede einzelne Spur rein und nehmen sie gegebenenfalls an den 'schrägen' Stellen ein weiteres Mal auf. Dann hören wir uns die Neu-Aufnahme wieder an und so weiter und so fort. Ganz am Schluss eines Liedes wird auf die bestehende Aufnahme noch Perkussion und Querflöte aufgenommen und da der Flötist mit unseren Liedern nicht so gut vertraut ist, muss seine Spur immer wieder neu aufgenommen werden. Alles zieht sich viel länger hin, als wir dachten. – Abends beim Satsang, heute sind ein paar Leute mehr da, spricht Samarpan über das Thema 'richtig machen':

„Du kannst es nicht richtig machen. Um etwas richtig zu machen, musst Du irgendeine Vorstellung haben, wie 'richtig' aussieht. Aber wir wissen nicht, was das Leben für richtig hält. – Und: Du kannst es auch nicht falsch machen. Alles richtig und falsch ist nur im Verstand. Genau genommen kannst Du überhaupt nichts machen. Da ist kein Macher. Alles Machen ist eine Illusion. Die Dinge laufen einfach ab."

Köln, 21. Januar 98

„Wir reden Hier über das, über das man eigentlich nicht reden kann. Lao-Tse sagt: 'Das Tao, das enthüllt werden kann, ist nicht das ewige Tao.' – Das ist die Wahrheit. Über dieses 'Nichts' gibt es eigentlich nicht wirklich etwas zu sagen."

Köln, 22. Januar 98

Wieder im Studio. Es ist unbeschreiblich schön. Bei der Aufnahme des Liedes 'Fairytale' laufen mir kalte Schauer den Rücken herunter und bei dem

Lied ‘Dolphin’ sogar die Tränen, denn bei den zwei Flötenstimmen entsteht vor meinem inneren Auge das Bild zweier Delphine: Während der Ältere der beiden wie ein großer Wal behäbig seine Bahn zieht – hier fällt mir mein Vater ein –, springt der jüngere Kleine lebenslustig um ihn herum und versucht, ihn aufzumuntern: ‘Hallo Du! Spiel mit mir! Das Leben ist schön!’ Ich weiß zwar nicht, ob dieses Bild zutreffend ist, aber manchmal denke ich, meine Art zu leben, löst in meinem Vater neben Angst auch einigen Schmerz aus; vielleicht weil ich etwas lebe und erlebe, was auch er gerne erlebt hätte. Gleichzeitig ist da soviel Liebe für meinen Vater, und ich sehe, dass hinter all den verbalen Angriffen, die er von Zeit zu Zeit gegen mich startet, soviel Liebe steht. Außerdem entsinne ich mich: Das ist nicht die Angst meines Vaters. Das war und ist vielleicht noch immer meine eigene größte Angst. Am Ende meines Lebens zu erkennen: ‘Das hinter mir liegende Leben ist nicht das Leben, was ich gerne gelebt hätte. Nur bringt mir diese Erkenntnis jetzt nichts mehr, denn nun ist es vorbei.’ – Welch eine Gnade, dass ich Samarpan begegnet bin und es mit seiner Hilfe geschafft habe, meinem ‘Gefängnis’ zu entkommen. Und anstatt jetzt in einem Ingenieursbüro zu sitzen, erlebe ich Tag für Tag ein Abenteuer und lausche im Moment dieser himmlischer Musik; was bin ich doch gesegnet!

Köln, 23. Januar 98

„Es ist schon komisch“, sagt Samarpan im Abend-Satsang. „Mein ganzes Leben wollte ich jemand anderes sein; mein ganzes Leben habe ich versucht, anders zu sein. Und jetzt: Je mehr ich damit entspanne, je mehr ich mich einfach so annehme, wie ich bin, desto mehr nimmt mich auch meine Umwelt so an, wie ich bin. Wir sind alle solch wunderbare Spiegel füreinander. Es ist erstaunlich.“

Köln, 24. Januar 98

Während einer Stillephase im Satsang schaue ich mir mein Übersetzungsmikrofon an und denke: Wenn ich alles bin, dann bin ich wohl auch dieses Mikrofon. Nur zu behaupten, dass mir das klar wäre, wäre glatt gelogen, und ich frage Samarpan diesbezüglich.

„Wer stellt diese Frage?“, fragt Samarpan im Gegenzug.

„Das ist mir schon klar: der Verstand!“ - „Genau“, bestätigt Samarpan.

Das ist mir zwar klar, aber zufrieden stellt es mich noch lange nicht. Mit großen Augen sehe ich Samarpan an.

„Dass Du alles bist“, fährt Samarpan nun fort: „Dass Du mit allem eins bist, heißt nicht, dass auch Dein Erleben die ganze Zeit so ist. Suzanne Segal spricht in ihrem Buch[18] davon, wie sie mit dem Auto fuhr und das Erleben hatte, eins

[18] Suzanne Segal: Kollision mit der Unendlichkeit. 1997, Context-Verlag, Bielefeld.

mit der Landschaft zu sein und durch sich selbst hindurch zu fahren."

'Cool!', denke ich und nicke anerkennend mit dem Kopf.

„Ja", sagt Samarpan. „Das hat etwas. Aber dieses Erleben die ganze Zeit zu haben, ist nicht unbedingt wünschenswert, weil nicht sehr praktisch. – Die Wahrheit ist: Du bist. Alles andere verändert sich. Alles andere, einschließlich solcher Erfahrungen, kommt und geht. Sei einfach im Frieden mit dem Erleben, das Du jetzt gerade hast."

„Hast Du denn manchmal dieses Einheits-Erleben?", will ich noch wissen.

„Ich habe alle möglichen Erlebensarten. Und die verändern sich, von Moment zu Moment."

Köln, 25. Januar 98

Wenn ich Samarpan im Vormittag-Satsang sagen höre 'Ich bewege mich nie von der Wahrheit weg.', dann weiß ich das nicht anders zu interpretieren, als dass er – im Gegensatz zu mir – nie im Verstand ist. Dem gegenüber steht die von ihm ebenfalls mehrfach getroffene Aussage 'Zwischen mir und Dir gibt es keinen Unterschied.' Was ist jetzt die Wahrheit? Welchem von beidem kann ich trauen? Irgendwie scheine ich bzw. mein Verstand die erste Aussage für wahr zu halten bzw. für wahr halten zu wollen. Schlecht. Denn solange ich glaube, dass Samarpan besser als ich oder mehr in der Wahrheit ist, halte ich die Illusion von Trennung aufrecht. Oder bin ich gerade mal wieder total am mindfucken? Samarpan würde wahrscheinlich sagen: 'Denke einfach nicht über all das nach.' Tja, leicht gesagt.

Stuttgart/Stiersbach, 27. Januar 98 (Retreat)

Grace reist und fährt nun schon seit drei Wochen bei mir mit, was einerseits ganz schön ist, andererseits fühle ich mich, wenn ich von so vielen wunderbaren Frauen umgeben bin wie hier beim Retreat, noch immer sehr zu 'allen' hingezogen. Und dem stehe ich vollkommen ausgeliefert und hilflos gegenüber. Allerdings genieße ich es auch irgendwie; zugegeben. Nur könnte das halt unter Umständen wieder zu Komplikationen führen. Ach ja. – Beim Abendessen sehe ich die Frau, die meine spirituelle 'Entwicklung' vor etwas mehr als zwei Jahren mit einer Wasser-Shiatsu-Session quasi eingeleitet hat. Mann, oh Mann, das war etwas: Dämme sind gebrochen, jahrelang aufgestautes – salziges – Wasser bahnte sich seinen Weg. Und sie hielt mich einfach und war ganz mit mir; welch ein Geschenk. Ich war so angetan von ihr und dieser wunderbaren Arbeit, ich war so hin und weg, dass ich am liebsten gleich bei ihr 'in die Lehre' gegangen wäre. Doch leider bot sie erst ein halbes Jahr später eine Ausbildung an und bis dahin hatte ich schon wieder anderweitig einiges an schönen Erfahrungen gesammelt. Und jetzt: Jetzt habe ich keinen Job mehr, keine Wohnung mehr und bin trotzdem glücklich. Unglaublich! Und ich habe den Eindruck, sie staunt auch nicht schlecht ob meiner ‘Entwicklungssprünge’. Jedenfalls freue ich mich, sie wieder zu sehen und in den Arm zu nehmen. Schön, dass auch sie hier beim Retreat ist. Schön, dass sich dieser Kreis hier schließt. Lange, innige Umarmung. Stille. Es ist so wunderschön, wieder hier zu sein. – Dann ist Satsang.

„Samarpan? For einigen Monaten sagtest Du ... blablabla. Außerdem ist es bei Dir immer so, dass Du ... blablabla ...“

„Stop! Es geht nicht um meine Worte. Es geht überhaupt nicht um mich. Das geht am Eigentlichen vorbei. Es geht nur um Dich. Es geht nur um das, was bei Dir jetzt gerade Hier ist. Es geht nur darum, im Frieden zu sein mit dem, was jetzt gerade Hier ist. Ist es ein ‘mieses’ Gefühl? Großartig, dann fühle Dich einfach mies. Ganz leicht.“ Stille. „Weißt Du: es geht nur um diesen Moment, es gibt nichts anderes. Die Wahrheit ist nur in diesem Moment, die Wahrheit IST nur dieser Moment. Selbst wenn ich mich selbst wiederhole und etwas von mir gebe, das ich gestern im Satsang gesagt habe: Wenn es nicht aus der Stille sondern aus dem Verstand kommt, wenn es nur eine Erinnerung ist, dann ist es eine Lüge. Vergiss alles, was ich je gesagt habe. SEI einfach. Einfach zu sein, ist kein Problem, oder?“

„Nein!“, lacht die Person.

„Aaaaah, ja! Schau, dies ist die Wahrheit“, lacht auch Samarpan.

Stiersbach, 28. Januar 98 (Retreat)

„Angenommen Du wüsstest, dass Du morgen sterben wirst: Was wäre es, das noch geschehen müsste, damit Du in Frieden gehen könntest?“ Lange Stille. „Schiebe nichts auf. Sei mit allem im Reinen. Sei mit allem im Frieden. Der Tod könnte morgen sein. Sei bereit, den Tod jeden Augenblick willkommen zu heißen. Der Tod könnte jetzt sein. Genau genommen ist der Tod jetzt. Stirb jetzt, und Du kannst leben. Stirb jetzt, und Du kannst in Freiheit leben. Fühle die Angst und den Rest Deines Lebens wirst Du frei sein. – Schaut: Geburt ist nicht gut, und Tod ist nicht schlecht. Das ist nur ein Urteil des Verstandes. Tatsächlich gibt es keine Geburt und keinen Tod. Nur der Anfang und das Ende eines Traumes. Nichts. Nichts Wirkliches.“

In der Mittagspause sitze ich im Aufenthaltsraum, schaue aus dem Fenster, sehe einen Baum und – ich traue mich kaum, es zu denken – sehe mich selbst im Baum. ‘HA! SIEG! Das ist es! Jetzt habe ich es endlich auch! Jetzt bin ich es endlich auch! Jetzt gehöre ich auch zum Club der Erleuchteten! Endlich!’ Glückseligkeit. Puuuh, ich bin so froh! Gleichzeitig ist da aber auch die Angst, dass ich jetzt in den Verstand gehen könnte, denn dann würde ich ja wahrscheinlich wieder ‘rausfallen’. Schön ruhig, Rama, schön ruhig. Nur ja nichts falsch machen jetzt! – Der Satsang geht los und wenn ich mich so umsehe, bin ich total erleichtert, dass MEINE Suche jetzt endgültig zu Ende ist. Doch als ich mein

Einheitserlebnis share und erwarte, dass jetzt alle – so wie ich sonst – etwas neidisch werden und mich – inklusive Samarpan – als 'King' sehen, sehe ich mich getäuscht. Denn Samarpan sagt irgendetwas vollkommen Belangloses, als sei die Erkenntnis, dass ich der Baum bin, gar nichts Großartiges. Ohhhhhhh.

Stiersbach, 29. Januar 98 (Retreat)

War wohl doch nur falscher Alarm mit meiner Erleuchtung: Mir geht's beschissen.

„Es gibt nichts zu erreichen", höre ich Samarpan im Satsang sagen. „Du kannst es nicht kriegen, und Du kannst es nicht verlieren. Erleuchtung ist einfach das, was Du bist. – Du BIST das, wonach Du suchst."

Verdammt noch mal! Ich kapiere diesen verfluchten Satz einfach nicht; scheiße auch!

„Wisst Ihr: Wenn wir eine derartige Erfahrung haben, uns toll fühlen und denken: 'Cool, jetzt habe ich es.', dann müssen wir zwangsläufig denken, sobald diese Erfahrung weg ist und wir uns wieder normal fühlen: 'Oh, Shit! Jetzt habe ich es wieder verloren. Meine Erleuchtung ist wieder weg.' – Es ist nicht eine bestimmte Erfahrung!! Es ist das, auf was jede dieser Erfahrungen hinweist. Die Wahrheit ist in der Mitte von jeder Erfahrung. Im Zentrum von jedem Gefühl ist Das. – Was ist durchgängig und permanent da? Ob Du Dich gut oder schlecht fühlst. In der Mitte Deines augenblicklichen Erlebens? Das ist die Frage. – Schaue einfach hin. Und Du siehst. Gerade Jetzt."

Stiersbach, 30. Januar 98 (Retreat)

Bin tagsüber zum Dolmetschen bei Samarpan, da eine des Englischen unkundige Frau bei ihm eine Einzelsession kriegt. Sie ist offenbar erwacht und würde gerne Satsang geben, was allerdings irgendwie nicht so recht zu klappen scheint; zumindest nicht in der Art und Weise, wie sie es sich vorstellt.

„Am liebsten würde ich jetzt für einige Wochen ganz für mich alleine sein."

„Ja, eine wunderbare Idee. Sei einfach still. Lasse die Wahrheit sich setzen. Wenn das Göttliche diesen Körperverstand für Satsang nutzen will, wird es von ganz alleine geschehen. Wir brauchen nichts zu tun. Habe einfach Vertrauen."

Tut mir gut, wenn ich sehe, wie Samarpan diese Erwachten etwas bremst; dieses Thema drückt mir ohnehin alle Eifersuchtsknöpfe. Schön, dass gleich wieder Satsang ist.

„Dieses Ich, von dem Du glaubst, dass Du es bist, muss sterben. Denn es ist nicht real. Es ist nur eine Fiktion. Wenn Du einfach in Stille bist, dann ist da nichts; einfach nur Sein. – Ein Meister, Bodhidharma, antwortete auf die Frage, wer er sei: 'Kein Wissen.' – Was für eine Weisheit. Er sagte nicht einmal:

'Ich weiß es nicht.' Und das ist die Wahrheit. In dem, was Du wirklich bist, in dieser Weite, in dieser Leere: Da gibt es nichts; nicht einmal ein Ich. Einfach nur Da-Sein."

Lange Stille. Namaste. Und wieder ein schönes von Abhijat komponiertes Musikstück, dessen Kreativität schon beneidenswert ist. Vielleicht sollte ich mich doch einmal dransetzen und versuchen, auch etwas zu fabrizieren?

Unmittelbar nach der Abendsession verlässt Grace den Satsang-Raum und geht vermutlich gleich ins Bett. Ist sie sauer? Wie auch immer. Was geht es mich an. – Nach und nach wird es immer leerer, bis schließlich außer mir nur noch eine andere Frau da ist. Sie lehnt mit dem Rücken an der gegenüber liegenden Wand, und wir sehen uns in die Augen. Schön. Nach einigen Minuten hält es mich nicht mehr an meinem Platz – die Verlockung ist zu groß –; ich stehe auf, gehe zu ihr hinüber, und wir beginnen ein zärtliches Spiel. Ich denke zwar hin und wieder an Grace, die – so sie denn davon erfahren sollte – wahrscheinlich voll in die Story gehen würde, sage mir jedoch: Da ist nur dieser Moment. Grace ist nicht hier. Diese andere Frau ist hier. Und es ist schön mit ihr. Also alles bestens.

Frühmorgens gehe ich in mein Bett im Gruppenraum, wo Grace zwei Betten weiter schläft und denke, dass sie bestimmt im Schmerz ist, weil bei ihr wahrscheinlich die Vorstellung herrscht, dass wir beide fest zusammen sind und ich ihr jetzt insofern untreu war. Ich hingegen sehe es nun einmal anders. Ich habe zwar in letzter Zeit mit keiner anderen Frau geschlafen, doch dass lag einfach daran, dass Grace ständig um mich herum ist. Vielleicht ist es ganz gut, dass ich ihr klarmache, wie die Dinge liegen. Warum ist sie auch in dieser Story des Fest-mit-jemanden-zusammensein-Wollens? Warum sind nicht alle – wie ich – einfach immer im Moment und mit der Person, die gerade vor ihnen steht oder liegt? Ich scheine offenbar der Einzige zu sein, der stets einfach nur im Moment ist. Frohgemut schlafe ich ein.

Stiersbach, 31. Januar 98 (Retreat)

Als ich aufstehe, ist das Bett von Grace schon leer. Wahrscheinlich ist sie bei Samarpan, um sich auszuheulen, die Arme. – Ich laufe über den Hof und sehe sie von draußen im Essraum hinter der Theke hantieren. Dann gehe ich hinein, setze mich auf das Sofa gleich rechts am Eingang und erwarte, dass sie jammernd zu mir kommt und ich sie trösten kann. Jedoch: Es kommt ganz anders. Ich glaube meinen Augen nicht zu trauen! Sie ist voll gut drauf und unterhält sich lachend mit einem anderen männlichen Retreat-Teilnehmer. Aaaaaah! Das geht mir durch und durch, und ich habe das Gefühl, vom Blitz getroffen zu sein. Du liebe Güte, was ist das denn? Wie konnte ich erwarten, dass sie im Schmerz ist? Und mich dabei auch noch cool fühlen? Ich, der große Rama, immer im Moment? Oh, Mann! Ich bin ja wohl das größte Arschloch aller Zeiten! So eine Arroganz! Schmerz! Ich bin echt das Allerletzte! – Während mir das alles durch den Kopf geht, lacht Grace hier und da freundlich und liebevoll zu mir herüber. Verdammt! Da ist eine Frau, die mich liebt, und ich verbringe die Nacht mit einer anderen. Ich bin echt das größte, arrogante Schwein; pfui Teufel! Ich muss unbedingt mit Samarpan reden: sofort!! – Also schleunigst quer über den Hof zu seinem Zimmer. Gott bzw. Samarpan sei Dank dürfen wir zu jeder Tag- und Nachtzeit zu ihm kommen, was echt ein riesengroßes Geschenk ist. Der gute Samarpan liegt noch im Bett, und ich be(r)ichte ihm, was geschehen ist. Scheiße aber auch, ich fühle mich wie der letzte Dreck. – Als ich geendet habe, steht Samarpan auf, setzt sich im Schlafanzug zu mir aufs Sofa und sagt nun ganz liebevoll und voller Mitgefühl:

„Weißt Du, Rama: Du hast einfach Angst vor Nähe."

Ich schlucke. Wo er recht hat, hat er recht.

„Und jetzt?"

„Sei einfach einmal ganz mit einer Frau. Rede mit ihr über alles: Deine Unsicherheit, Deine Ängste ..."

Eine Welle der Angst überrollt mich bei der Vorstellung, mich derart ‘nackt’ zu zeigen.

„Da wird dann aber ganz schön viel Nähe sein ..."

„Jaha!", lacht Samarpan.

Ha, der hat gut reden. Ich habe das tatsächlich bislang tunlichst vermieden, aber ich merke: Jetzt steht etwas anderes an. Dieses unverbindliche Heute-hier-und-morgen-da ist irgendwie vorbei; jetzt, da ich weiß, dass es noch etwas anderes gibt. – Überschwänglich danke ich Samarpan, gehe wieder hinüber zu Grace, umarme sie und denke: was für eine tolle Frau! Dabei geht mir auf, dass Samarpan meine zahlreichen Begegnungen wahrscheinlich schon die ganzen letzten Monate unter dem ‘Rama-hat-Angst-vor-Nähe’-Blickwinkel heraus beobachtet hat, aber wusste: Im Moment muss Rama das nach all seinen zölibatären Jahren einfach erst einmal (aus-)leben. Tja, und hätte Samarpan mir gestern noch gesagt: ‘Rama, höre auf mit dem Quatsch.’ hätte ich ihm höchstwahrscheinlich entgegengehalten: ‘Was denn? Ich bin nur im Moment!’ – Und heute Morgen, als der aus meinem Verhalten resultierende Schmerz hochkam, war ich offen, war ich bereit, bei mir selbst genau hinzusehen und die Wahrheit zu hören. ‘Danke für Deine Geduld, Samarpan’, sage ich leise vor mich hin und mir kommen erneut die Tränen.

Stiersbach, 1. Februar 98 (Retreat)

Mitten im Satsang kommt bei Grace eine Geschichte mit ihrer Mutter hoch, und sie geht zu Samarpan nach vorne und kniet sich schluchzend vor ihn hin.

„Lasse den Schmerz da sein; es ist in Ordnung", sagt Samarpan liebevoll. „Dieser Schmerz ist nicht Dein Feind; im Gegenteil. Er ist ein Freund, der ein

Geschenk für Dich hat."

Grace weint, kommt jedoch nach und nach mehr und mehr in Frieden. Schließlich ist es vollkommen still.

„Was ist jetzt?", fragt Samarpan, und Grace sagt leise: „Nichts."

„Wunderschön! Hat dieses Nichts ein Ende?" - „Nein."

„Gibt es irgendwo eine Stelle, wo Du aufhörst und dieses Nichts anfängt?" - „Nein."

„Ist da eine Trennung zwischen Dir und diesem Nichts?" - „Nein."

„Gibt es irgendetwas, das Hier nicht willkommen ist ... in diesem Nichts?" - „Nein."

Während Grace vollkommen im Frieden zu sein scheint, sagt Samarpan:

„Das ist die Wahrheit. Dieses Nichts schließt nichts aus. Es umarmt alles. Dies ist Dein wahres Gesicht, Dein eigenes Selbst. Das bist Du selbst. Das bist Du."

Totenstille. Alle halten die Luft an. Oder nur ich? Grace strahlt jedenfalls voller Glückseligkeit, bedankt sich bei Samarpan mit Namaste und geht zurück an ihren Platz. Hoppla! Ist sie jetzt erleuchtet? Schnell schiebe ich diesen Gedanken von mir weg. Meine Freundin erleuchtet? Da darf ich gar nicht dran denken. Das wäre der Gau; der absolute Supergau!

Stiersbach/Stuttgart, 2. Februar 98

Das Retreat ist vorbei und Grace und ich fahren nach Stuttgart in ihre Wohnung, die sie eventuell kündigen will, wenn es mit dem dauerhaften Mitreisen als Crewmitglied klappen sollte. Und so wie es aussieht, scheint es zu klappen. Was mir jedoch nicht aus dem Kopf geht, ist dieses Erleuchtungs-Ding von gestern. Ich versuche, nicht dran zu denken, aber ganz hinten ist da dieser nagende Gedanke, dass sie 'es' nun auch hat. Eieiei.

Stuttgart/Hengelo, 3. Februar 98

Frühmorgens geht es los und um die Mittagszeit treffen wir Abhijat in Köln. Mit ihm gehen wir in ein Musikgeschäft und kaufen ein Mischpult sowie eine große silberne Metallkiste, in die der Verkäufer die ganzen Geräte, die wir bisher immer einzeln transportiert haben und jedes Mal neu zusammenstecken mussten, fest einbaut. Leider passt diese Kiste nicht in meinen Kofferraum; d. h. sie muss auf die Rückbank. Scheiße, aber was will ich machen? Mich fragt ja keiner, na ja. Und weiter geht die Fahrt. Und nicht nur ich gebe Gas, sondern auch mein Verstand. Insbesondere was Grace' Erleuchtung vor zwei Tagen anbelangt. Wir reden kaum, fahren einfach schweigend dahin, was sonst immer ganz schön ist; nur gerade koche ich von Minute zu Minute mehr ich in meinem Nicht-Erleuchtungssaft, zum Kotzen. Als wir einmal auf einem Parkplatz pausieren, halte ich es nicht mehr aus. Ich muss 'es' jetzt einfach ansprechen. Ich will es jetzt endlich wissen! Ich brauche endlich Gewissheit! Zaghaft frage ich:

„Du Grace: Bist Du jetzt eigentlich erleuchtet?"

Puuuh! Es ist ein ganz beschissenes Gefühl, diese Frage zu stellen, denn jetzt gleich werde ich unter Umständen die Gewissheit haben, dass ich verloren habe, dass ich ein Verlierer bin. Oh Gott!

„Spinnst Du?", wehrt Grace ab, als ob nichts wäre! Als ob nichts gewesen wäre!!!

„Mensch! Tue nicht so! Du hast doch in Stiersbach gesehen, dass Du eins mit allem bist!!!" - „Ach was!"

Doch je mehr sie 'es' abstreitet, desto mehr nehme ich das als Beweis für ihre Demut und Erleuchtung und steigere mich im Lauf der weiteren Fahrt immer mehr da hinein. Während ich rede und rede und immer neue Gründe für ihre Erleuchtung und meine Nicht-Erleuchtung anführe, merke ich, dass es total blöd von mir ist, so ein Tamtam zu machen, alles dadurch noch viel schlimmer wird und meine Unerleuchtung immer mehr zutage tritt!! Verdammt noch mal; einerseits hätte ich so gerne einen Beweis, dass sie noch genauso unerleuchtet ist wie ich. Andererseits kann sie sagen, was sie will; sie wird mich nicht davon überzeugen, dass sie nicht erleuchtet ist. Ich meine: Sie hat gesehen, dass sie eins mit allem ist!!!!!!! Was soll man dazu noch sagen??? Wenn das nicht die Erleuchtung ist, dann verstehe ich überhaupt nichts mehr. Scheiße! Oberscheiße!! Wenn irgendwelche anderen erwachen, ist das schon schlimm und schmerzhaft genug. Aber jetzt ist meine eigene Freundin erwacht!! Meine eigene Freundin gehört jetzt auch dazu, ist eins geworden, zusammen mit den anderen, steht oben, und ich bin unten, ganz unten. Jetzt ist alles aus; habe keine Chance mehr, habe endgültig verloren. Oh, oh, oh, oh, oh. – Gegen Abend passieren wir bei regnerischem trüben Wetter die holländische Grenze, und ich habe das Gefühl zu sterben. Alles ist so unendlich trostlos. Ich bin auf ewig verloren. Keiner kann mir mehr helfen. Das muss die Hölle sein, ja, das IST die Hölle. Oh Gott! Und auch von Samarpan fühle ich mich getrennt; schließlich steht er ja auch auf der anderen Seite. Und für die, die dort sind, ist es leicht zu sagen: Es ist so einfach, Du hast es usw. Blablablablabla. Scheiße! – Als wir schließlich in Hengelo ankommen, bin ich fix und fertig mit der Welt. Grace und ich gehen rein und sehen Samarpan mit allen anderen in Partylaune um den großen Holztisch herum sitzen. Die, die mich von letztem Jahr kennen, wollen mich begrüßen, aber ich sage gar nichts, schaue niemanden an und setze mich einfach auf einen leeren Stuhl. Alle werden ganz still, sehen mich an und jetzt mir kommen die Tränen. Einerseits sehne ich mich danach, aus dieser Hölle herausgeholt zu werden, andererseits weiß ich nicht, wie das gehen soll, wie das noch möglich sein soll. Ich bin zu weit unten. Mir kann keiner mehr helfen. Doch Samarpan, der von einigen erwartungsvoll angeschaut wird und vor unserem Eintreffen offensichtlich schon einige Probleme der Anwesenden gelöst hat – er ist in bester Easy-Going-Verfassung –, meint belustigt:

„Na, dann lasse uns doch einmal sehen, was der beste Therapeut der Welt machen kann."

Alle lachen. Nur ich denke: ganz schön arrogant.

„Lasse uns einen kleinen Spaziergang machen."

Ich wische mir die Tränen aus den Augen und nicke mit dem Kopf. Gleichzeitig stehen wir auf. Auf der einen Seite bin ich natürlich froh, dass Samarpan sich meiner annimmt, auf der anderen Seite kann ich mir nicht vorstellen, dass er mich aus diesem Schlamassel herausholen kann. Und während ich in Richtung Ausgang hinter ihm her trotte, ist da der Gedanke: Wenn der 'beste Therapeut der Welt' sich hier einmal nicht die Zähne ausbeißt! – Kaum sind wir draußen, furzt Samarpan ein paar Mal laut und vernehmlich. Voll ätzend. Muss das sein? Zum einen finde ich es respektlos mir gegenüber und automatisch verliere ich meinen Respekt vor ihm, zum anderen vermute ich, dass er es absichtlich macht, um mich aus meiner Ernsthaftigkeit herauszuholen. Das mag zwar gut gemeint sein, aber wie immer in meinem Leben, wenn ich den Eindruck habe, ein Lehrer oder sonst wer macht irgendeinen Mist, um mich aus meiner Story, z. B. Unsicherheit, Nervosität o. a., herauszuholen, bewirkt das fast immer genau das Gegenteil. So auch jetzt. Während wir einmal um den Block gehen, kann Samarpan sagen, was er will. Es prallt an mir ab bzw. geht zum einen Ohr hinein und zum anderen gleich wieder hinaus, ohne zwischendrin irgendetwas zu bewirken. Samarpan kann mir nicht helfen. Und mein Verstand lacht sich ins Fäustchen: 'Hehehe. Ich hab's Dir ja gesagt!' – Als wir 15 Minuten später wieder zurückkommen, ist bei mir auch die letzte Hoffnung dahin. Das erste Mal, das Samarpan nicht in der Lage war, mir zu helfen. Schrecklich! Mir kann wirklich keiner mehr helfen; ich bin verloren! Das Spiel ist vorbei.

Hengelo, 4. Februar 98

Ein ganz schwarzer Tag. Es ist alles so sinnlos. Das Einzige, was sich lohnt zu erstreben, das Einzige wofür es sich noch lohnt zu leben, ist für mich unerreichbar. Was soll das alles noch? Es ist alles so trostlos. Zum Glück muss ich hier nicht dolmetschen, da alle Englisch sprechen. Im Satsang sitze oder liege ich einfach nur im Eck und fühle mich scheiße.

Hengelo, 5. Februar 98

Noch eine schwarzer Tag. Oh Gott, das ist die Hölle. Wenn das jetzt auf ewig so weitergeht ... auweia. Und das Schlimmste ist, dass ich Tag für Tag, ja im Grunde Sekunde für Sekunde – wann immer ich Grace ansehe – daran erinnert werde, dass ich es nicht habe, während sie es hat. Horror! Und auch der abendliche Satsang ist keine Hilfe.

„Je länger ich aus dem Traum heraus bin, desto mehr kann ich die ganzen Storys, dieses ganze Zeug einfach nicht mehr ernst nehmen."

Kurze Stille. Und ich denke: na bitte! Da haben wir es doch! Samarpan ist eben doch jenseits von all dem! Im Gegensatz zu mir; fühle ich voll getrennt. Verflucht!

„Je tiefer ich in die Wahrheit eintauche", fährt Samarpan fort, „Desto weniger gewillt bin ich, mir diese Lüge anzuhören, dass da etwas falsch ist. Wenn Bekannte von Marga anrufen und mir ihre Storys erzählen wollen, bin ich einfach Hier. Und entweder sie kommen dann ebenfalls ganz schnell nach Hier und dann ist ihre Story im Handumdrehen zu Ende; oder sie sind nicht gewillt und wollen lieber in ihrem Leid bleiben. Auch dann ist es ein sehr kurzes Telefonat. – Verschwende Deine Zeit nicht mit Leuten, die lieber im Verstand als in der Wahrheit sind. Wenn sie sich gerne in ihrem Leid suhlen, bitte. Sie werden andere 'Freunde' finden, die sie damit belästigen können und dann können sie sich gegenseitig ihre Storys erzählen; daran ist nichts falsch. Nur wenn Du merkst, jemand 'müllt' Dich gerade zu, dann wende ihm einfach den Rücken zu. Wende dem Verstand den Rücken zu; sowohl Deinem eigenen als auch dem von allen anderen. Es ist alles dasselbe. Im Grunde gibt es nur EINEN Verstand. Ignoriere ihn einfach und sei im Frieden."

Hengelo, 6. Februar 98

Der nächste schwarze Tag ... so langsam fange ich an, mich daran zu gewöhnen ... Scheiße, scheiße. Nachmittags habe ich zwar eine schöne intime Begegnung mit Grace, aber kaum bin ich abends wieder im Zentrum, ist alles wieder beschissen. Es tut einfach total weh mitanzusehen, wie sie hier alle gut drauf sind. Und selbst wenn es einer doch einmal vorübergehend nicht ist ... ein paar Sätze von Samarpan über Liebe, Akzeptanz, Hingabe ... blablabla, und er ist wieder im Frieden. Neid! Hass! Und das Dumme ist, dass ich Samarpan nicht um Rat fragen kann, denn er hat bei dieser Story ja bereits vergeblich sein Glück versucht. Puuuuuh!

Hengelo, 7. Februar 98

Und wieder geht es mir beschissen; genauer gesagt: immer noch. Kontinuierlich. Ich weiß, es ist nur mein Verstand, der mir sagt, dass das jetzt bis an mein Lebensende so weitergeht, aber was hilft mir das? Wie soll ich denn auch je wieder aus diesem Abgrund emporkommen? Wie soll ich je wieder lachen können?

Hengelo, 8. Februar 98

Alles ist wieder gut!!! Schon tagsüber und auch abends im Zentrum bin ich wie ausgewechselt. Quatsche mit den ganzen Leuten, mache Witze, bin locker; das Leben hat mich wieder. Nehme das ganze Erleuchtungsding nicht mehr so wichtig und frage mich, wie ich nur so tief in diese Story hineingehen und darin stecken bleiben konnte. Im Satsang sagt Samarpan:

„Wenn wir in der Stille sind, sehen wir die Wahrheit so klar. Dass da nichts ist. Und wir können uns nicht vorstellen, je wieder vom Verstand geschnappt zu werden. Sind wir aber im Verstand, wissen wir nichts mehr von Stille und Frieden. So ist es einfach.“

Bevor Samarpan nach dem Satsang zum Bahnhof gebracht wird, bittet er mich noch schnell, ihn morgen anzurufen. Was er wohl will? Nach dem ersten Abend haben wir die ganzen Tage hier kein Wort mehr miteinander gewechselt.

Hengelo/Stuttgart, 9. Februar 98

Grace und ich fahren morgens in Hengelo los. Etwas südlich von Köln verlassen wir die Autobahn in Richtung Rhein und während ich einen Berg hinunterfahre, wird mir irgendwie klar, dass da etwas ist, was immer da ist. Insbesondere wenn ich hinter einem Lenkrad sitze, bin ich irgendwie ... zu Hause. Irgendwas ist da immer gleich. Und wenn das so ist, wenn das da ist, ist da immer die gleiche Zeit; also keine andere Zeit; gar keine Zeit. – Ganz kapiere ich es nicht, aber als ich von unterwegs aus Samarpan – wie gewünscht – in Frankfurt anrufe und er mich fragt, wie es mir so geht, erzähle ich ihm davon. Und er antwortet:

„Wunderschön. – Jesus sagte: ‘Wenn das Königreich meines Vaters kommt, gibt es keine Zeit.’ Dies ist die Wahrheit. Es gibt nur diesen Augenblick.“

Stille. Wie schön. Samarpan versteht mich. Und auch ich scheine ‘zu verstehen’. Haa! Alles ist wieder gut.

Stuttgart, 16. Februar 98

Normalerweise fragt Samarpan am ersten Abend in einer Stadt immer, ob irgend jemand zum ersten Mal beim Satsang ist, so auch heute. Die Betreffenden melden sich und werden nochmals gesondert begrüßt:

„Welcome.“

Und wie auch sonst oft erzählt er nun ein bisschen über Satsang:

„Es ist eine Begegnung mit Dir selbst. Du bist nicht, wer Du glaubst zu sein. Das, was Du in Wahrheit bist, das, was ich in Wahrheit bin, ist eins. Da gibt es keine Trennung… Hier. – Du bist. Das ist die Wahrheit. Alles, was danach kommt ... wie ‘ein Mann’, ‘eine Frau’ usw. ist nur eine Vorstellung. Du bist ganz einfach. Bevor dieser Körper hier war; wenn dieser Körper wieder weg sein wird: Du bist. Jetzt. Hier.“

Wie schön. Ich kann es gar nicht oft genug hören.

Stuttgart, 17. Februar 98

Wenn ich Samarpan so im Satsang dasitzen sehe, wie ihm alle zu Füßen liegen, ihn anbeten, stellt sich bei mir ein wenig Neid auf ihn ein und der Wunsch, auch Satsang-Lehrer werden. Muss toll sein, von allen soviel Liebe zu kriegen. Oder?

„Das gibt mir nichts. Das gibt mir überhaupt nichts. Wenn ich nicht im Frieden mit mir selbst bin, können mich Millionen anbeten, die ganze Welt kann mich lieben, es gibt mir schlichtweg nichts. – Mir ist es vollkommen egal, wenn die ganze Welt denken sollte, dass ich ein Arschloch bin. Für mich ist es das Gleiche; so oder so. Mein Glücklichsein kommt nicht vom Außen. Wenn mein Glücklichsein von der Meinung anderer Menschen abhängt, bin ich nicht frei. Dann bin ich deren Sklave. Wenn man nach Glücklichsein, nach Liebe ständig bei anderen Menschen Ausschau hältst, kommt man nie in Frieden. Liebe ist nicht im Außen. Du hast die Liebe. Du bist die Liebe ... Das ist die Wahrheit: Du bist Liebe.“

Stuttgart, 18. Februar 98

Nach dem heutigen Satsang übergibt Abhijat mir einige Kartons mit unseren neuen, eben fertiggestellten CDs, die ich in mein Auto lade, was mich ein wenig schmerzt, denn gerade hatte ich einen Weg gefunden, alles so zu verschachteln, dass die ganzen Sachen inklusive der neu angeschafften Mikrofonständer – abgesehen von der Silberkiste natürlich – im Kofferraum verschwinden. Und jetzt wird doch wieder etwas vorne bei mir herum-‘fahren’; ächz!

Stuttgart, 19. Februar 98

Im Abend-Satsang shart eine Frau:

„Ich würde meinem Kind gerne all das Leid ersparen; damit es nicht so ein schweres und verkorkstes Leben hat wie ich.“

„Nein. DAS ist nicht Deine Aufgabe. Deine Aufgabe IST es, Dein Kind zu ‘verkorksen’“, schmunzelt Samarpan. „Und Du machst es wunderbar. – Schau: Es ist ein Spiel. Zuerst ‘verkorksen’ wir unsere Kinder, führen sie mehr oder weniger sanft in diese Illusion ein; und dann befinden sie sich in der perfekten Ausgangssituation, um sich auf die Suche nach dem Schatz, um sich auf die Suche nach dem Frieden zu machen.“

„Da ist also nichts verkehrt?“ - „Da ist nichts verkehrt.“

‘Fragende’ Stille. Die Frau scheint noch nicht ganz im Frieden. Und Samarpan fragt:

„Sage mir einmal die Wahrheit: Ist Dein Leben wirklich ‘verkorkst’? Ist in Deinem Leben wirklich etwas verkehrt?“

„Vom Verstand aus betrachtet schon.“

„Vom Verstand aus betrachtet schon“, echot Samarpan. „Und von Hier aus?“

„Da ist alles in Ordnung.“ - „Das ist die Wahrheit“, bestätigt Samarpan.

„Ach so ist das!!!“ Die Frau reißt die Augen auf: „JA! Jetzt verstehe ich!“

„Ja, jetzt verstehst Du. Im Grunde verstehen wir es alle. Nur der Verstand versteht es nicht; und er wird es auch nie verstehen. Dieses ‘es’ ist nicht versteh- oder ‘wissbar’. Aber das ist okay. Wir kommen einfach nach Hier, und Hier ist das Verstehen. Ganz simpel.“

Stuttgart, 20. Februar 98

„Schaut: Viele kommen zum Satsang und wollen Erleuchtung UND einen Partner UND einen tollen Job UND UND UND. Aber so funktioniert das nicht. Jesus sagte: ‘Ein Haus, das in sich geteilt ist, kann nicht bestehen.’ Und das ist die Wahrheit. Wenn man viele Dinge gleichzeitig will, dann geht die Energie in verschiedene Richtungen, und man erreicht überhaupt nichts. Das ist ein vergeudetes Leben. – Finde heraus, was Du in diesem Leben wirklich willst! Ist es Geld? Gut, dann gehe dafür. Ist es Sex? Gut, dann gehe dafür. Und wenn es die Wahrheit ist, die Du mehr als alles andere willst, dann gib alles dafür.“

Stuttgart, 21. Februar 98

„Bei mir ist da Hilflosigkeit, und ich weiß nicht, wie ich ...“, fängt jemand mit belegter Stimme an.

„Gehe erst gar nicht in die Geschichte. Fühle Dich einfach hilflos. Es ist ganz einfach. Und ganz schnell.“ Einige Sekunden Stille.

„Stimmt, die Hilflosigkeit ist weg.“ - „Siehst Du?“ - „Unglaublich!“

„Ja. Wenn wir etwas, ohne groß darüber nachzudenken, einfach annehmen, dieses Gefühl einfach fühlen, uns von ihm ‘nehmen’ lassen, dann löst es sich auf. Denn in der Mitte von jedem Gefühl ist dasselbe Nichts. Dieselbe Stille. – Und der Verstand kann es nicht verstehen.“

Stuttgart, 22. Februar 98

„Die einzige Möglichkeit für eine harmonische Partnerschaft besteht darin, alles zu geben und nichts zu erwarten. – Sei bereit, Deinen Partner loszulassen. Jeden Moment. Eine wahre Partnerschaft kann nur in Freiheit existieren. Alles andere ist Sklaverei.“

Stuttgart/Bern, 23. Februar 98

Und wieder geht es in die Schweiz. Im Satsang shart jemand:

„Samarpan, ich habe mehrere Jahre in einer spirituellen Gemeinschaft mit einem erwachten Meister gelebt, und es war wunderbar. Doch dann starb der Meister, und jetzt scheint es sich dort nicht mehr um die Wahrheit sondern vor allem um Macht zu drehen. Für mich ist das sehr traurig! Denn unter ihnen habe ich noch viele alte Freunde. Und obwohl ich einigen sagte, dass ich bei Dir den Frieden gefunden habe, wollen die meisten doch nichts mit Satsang nichts zu tun haben."

„Ja", sagt Samarpan verständnisvoll, „es IST traurig, aber so ist es. Eine Person, die frei ist, stellt für die anderen immer eine Bedrohung dar, denn man kann sie nicht mehr kontrollieren. Keine Gruppe liebt diejenigen Gruppenmitglieder, die die Wahrheit erkennen. Will man in seiner Gruppe weiterhin ein ruhiges Leben führen, besteht die einzige Möglichkeit darin, den Mund zu halten, wie es Franziskus von Assisi tat. Er sprach einfach mit den Tieren. Jeder andere, der innerhalb der Kirche erwachte, wurde sofort als Ketzer gebrandmarkt. Das ist normal. – Schaut: Es ist noch nie eine Gruppe erwacht. Erleuchtung ist sehr persönlich. Und: Genau genommen ist Erleuchtung vollkommen unpersönlich; denn da ist keine Person. Erleuchtung ist einfach das, was Du bist. – Geht nicht davon aus, dass Eure Freunde Euren Frieden feiern werden. Deine Freunde WERDEN sich von Dir abwenden, kein Problem. Du wirst neue Freunde finden. Sei einfach im Frieden, mit dem was auch immer geschieht. – Ein Weiser hat einmal geschrieben, dass es im Umfeld jedes Meisters Esoteriker und Exoteriker gibt. Und während die Esoteriker, die wahren Sucher, die Wilden und Unkontrollierbaren nach dem Tod des Meisters weiterhin nach der Wahrheit bei einem lebenden Meister Ausschau hielten, seien die Exoteriker eher am Aufrechthalten der bestehenden Strukturen interessiert und bekämpften unter Umständen sogar noch die eigenen Freunde und ehemaligen Weggefährten. – Es ist traurig, aber so war es schon immer und so wird es immer sein. Jesus wollte keine Religion gründen. Buddha wollte keine Religion gründen. Das waren einfach Menschen, die die Wahrheit erkannt hatten und die Wahrheit lebten. Erst die Anhänger haben dann deren Worte in Stein gemeißelt und beten jetzt die Worte anstelle der Wahrheit an."

Stille. Und ich denke: Möglicherweise ist es einfach so, dass solange der Kreis um den Meister überschaubar ist, die Wahrheit für alle im Zentrum steht und nur entsprechende Menschen angezogen werden. Wird das Drumherum dann immer größer, wird die Organisation immer größer, entstehen damit einhergehend auch immer mehr Jobs, was dann unter Umständen eine ganz andere Art von Leute anzieht. Leute, die nicht so sehr an der Wahrheit als vielmehr an Halligalli interessiert sind.

„Vielleicht gibt es ja bei Dir eine ähnliche Entwicklung!", spricht jemand das aus, was vermutlich gerade allen durch den Kopf geht. „Und in hundert Jahren gibt es das 'Samarpantum'."

„Oder den Samarpanismus!", wirft lachend von hinten jemand ein.

„Oh, Gott!" Samarpan schlägt die Hände vor das Gesicht. Brüllendes Gelächter: hahaha!!! Wobei ich denke: Und in 2000 Jahren sitzen lauter kleine Samarpanisten-Kinder im Religionsunterricht in der Schule und lernen etwas über ihren Religionsgründer samt seinem genialen Dolmetscher … hehehe.

„Gibt es eigentlich auch irgendetwas Positives an solchen 'Kirchenstrukturen'?", fragt jemand.

„Natürlich! Durch die katholische Kirche zum Beispiel sind uns die Worte von Jesus bewahrt geblieben. Es gibt so viele wunderschöne Gleichnisse über die Wahrheit von ihm in der Bibel; zusammen mit allerlei anderem. Deshalb gab er uns als Rat mit auf den Weg: 'Ihr müsst die Spreu vom Weizen trennen.' – Und es ist offensichtlich, wenn Du klar siehst; ohne die Brille des Verstandes. Dann siehst Du: Dieses ist die Wahrheit; und jenes nicht."

Bern, 24. Februar 98

Während Samarpan im Satsang davon spricht, dass er immer im Frieden ist, dass der Frieden immer Hier ist, stellt sich in mir ein leichtes Unmutgefühl ein.

„Ich weiß auch nicht, Samarpan. Zu fünfundneunzig Prozent der Zeit bin ich ja schon im Frieden, aber die restlichen fünf Prozent ..."

„Du bist zu fünfundneunzig Prozent im Frieden?", höre ich Samarpans leicht vorwurfsvolle Stimme. „Ist das nicht ein Segen? Andere wären froh, wenn sie wenigstens zu fünfzig Prozent im Frieden wären!"

Stille. Ich schaue mich im Satsang-Raum um, was mir ein Leichtes ist, da ich wie üblich vorne auf dem Dolmetscherstuhl neben Samarpan sitze und mich jetzt alle frontal ansehen. Ich komme mir etwas komisch vor und wende mich wieder Samarpan zu:

„Tja; vielleicht sollte ich ja wirklich einfach zufrieden sein, so wie es ist?"

„Ja, eine gute Idee", lächelt Samarpan. Und auch ich muss lächeln.

Bern, 25. Februar 98

Im Satsang spricht Samarpan über die Stille und dann ist es sehr still. Minutenlang. Sehr schön. Dann stellt Vasant mit neckischer Stimme plötzlich irgendeine idiotische Frage, was er hin und wieder tut:

„Sag' Samarpan: Ist die Stille im gesamten Zentrum eines Gefühls oder nur im Zentrum des Zentrums?"

Alle wenden sich ihm zu, und jeder, der ihn nicht kennt und weiß, dass er nur Spaß macht, muss denken: 'Hey: Was ist das denn für ein Trottel?' – Für einen Moment ist diese Stimmung im Raum präsent und während Samarpan Vasants Zwischenbemerkungen für gewöhnlich überhört, sagte er jetzt, ohne Vasant anzusehen:

„Beachtet ihn gar nicht. Er ist nur mein Hofnarr." Tosendes Lachen! „Wisst Ihr", fährt Samarpan fort: „Früher gab es an jedem Hof einen Narren, dessen einzige Aufgabe darin bestand, den König davon abzuhalten, zu ernst zu werden. Das ist Vasants Job. Einfach mich davon abzuhalten, ernst zu werden." Und mit einem Blick auf Vasant: „Du bist wunderbar."

Stille. Vasant sagt nichts. Er sitzt einfach nur da und strahlt wie ein Honigkuchen. Wir sind schon ein verrückter, lustiger Haufen. Lange, wunderschöne Stille.

Bern, 26. Februar 98
„Samarpan!", fragt jemand, der sich wie ich ebenfalls nach dem Erwachen sehnt und hin und wieder entsprechendes shart. „Ich habe mich gerade gefragt, wie das alles nur weitergehen soll."

„Vertraue einfach. Wie das Samenkorn im Erdboden. Da ist es vollkommen dunkel, und das Samenkorn sieht nichts, es weiß nichts, es muss es einfach vertrauen. Es muss einfach darauf vertrauen, dass es irgendwann ans Tageslicht kommen wird. – Vertraue einfach, dass sich alles von ganz alleine ergeben wird. Dein Erwachen ist schon programmiert. Du brauchst nichts zu tun. Denn ... Du BIST es."

Bern, 27. Februar 98
Heute kommt es zu einer recht langen Stillephase im Satsang und währenddessen sehe ich mir all die Leute an, wie sie so da sitzen. So wie ich Samarpan verstehe, ist der Verstand der Teufel, d. h., hier sitzen überall lauter kleine Teufelchen; beängstigend, aber halt, Moment einmal, es geht ja eigentlich nur um mich. Und wer sieht hier gerade überall lauter kleine Teufelchen? Etwa mein eigener Verstand? Das würde ja bedeuten: Der einzige Teufel sitzt hier vorne neben Samarpan und spiegelt sich selbst in all den anderen. Und wenn ich nicht im Verstand bin, sehe ich dann lauter Teufelchen oder lauter Buddhas? Witzig, denn abhängig davon, von wo aus ich schau, sehe ich je nachdem entweder Buddhas oder Teufel.

„Schaue immer von der Wahrheit aus. Und Du siehst die Wahrheit überall", sagt Samarpan in diesem Moment.

Bern, 28. Februar 98
„Was soll ich Euch heute erzählen? – Es ist lustig. Ich habe alle Antworten; ich kenne nur nicht die Frage." Schöne Stille. Und nach einer Weile fügt Samarpan hinzu:

„Wisst Ihr, jede Frage, wenn sie richtig gestellt ist, beinhaltet bereits die Antwort. Als ich bei Osho war und ihm eine Frage stellen wollte – man tat dies in der Regel schriftlich – war es jedes Mal so, dass, bis ich meine Frage nach einigen Malen des immer wieder neu und noch besser Formulierens letztendlich fertig vor mir auf dem Blatt stehen hatte, die Antwort bereits da war. Und ich brauchte die Frage nicht mehr zu stellen. Es ist faszinierend."

Bern, 1. März 98

Bislang sind wir in sämtlichen Satsang-Räumen immer ohne Lautsprecher ausgekommen, doch für die hinten Sitzenden ist es mitunter schon schwierig, Samarpan akustisch zu verstehen; und umgekehrt. Heute bittet Samarpan uns daher, zwei gute Lautsprecher zu besorgen, und Abhijat, der hier in der Sangha zu Hause ist, stellt seine eigenen bereitwillig zur Verfügung. Also lade ich sie nach dem Satsang mitsamt allem anderen in mein armes, kleines, geliebtes 'Autole' und siehe da: Sie passen gerade noch auf die Rückbank, die jetzt bis unter das Dach voll gestopft ist. Ächz. Und Abhijat hat mir schon prophezeit, dass wir uns bald auch noch einen Verstärker zulegen werden müssen. Scheiße, scheiße.

Kiel, 16. März 98

Erster Satsang nach zwei Wochen Pause. Wie schön! Da Abhijat und Radhika noch im Urlaub sind und Vasant sonst wo ist, kümmern Grace und ich uns um alles; ungewohnt. – Gleich zu Beginn des Satsang will jemand eine Frage stellen und beginnt auf deutsch:

„Samarpan! Die armen Kinder in Ex-Jugoslawien ..."

„Stopp! Schau: Diese Kinder existieren nicht wirklich. Sie existieren bloß in Deinem Verstand. Wende ihm einfach den Rücken zu. Es ist nur eine Vorstellung. – Schau: Wir wissen nicht, wie es für einen anderen Menschen ist. Wir haben Vorstellungen darüber, wie wir glauben, dass es ist, aber wir wissen es nicht wirklich. Es sind nur unsere Vorstellungen, unter denen wir leiden, wenn wir ihnen unsere Aufmerksamkeit geben. – Der Verstand sagt: 'Da ist etwas verkehrt daran, als Kind im Krieg zu sein.' Oder: 'Krieg ist an sich schlecht.' Das sind alles Urteile in unserem Verstand. Aber der Verstand weiß nichts. Was wäre, wenn Krieg genau das ist, was dort jetzt gerade gebraucht wird, was das Göttliche dort gerade für das Beste hält? Wissen wir es? – Die Wahrheit ist: Alles ist, wie es ist. Und wir wissen nichts. Es ist nur unser arroganter Verstand. Wir wissen noch nicht einmal, was in unserem eigenen Leben geschehen soll. Wir können einfach nur mit dem im Frieden sein, was ist. Sei einfach Hier. Du weißt nicht, wie es ist, ein Kind im Krieg zu sein. Lasse diese Vorstellung los zu glauben, dass Du etwas weißt."

Stille. Dann erzählt ein älterer Mann, wie er als Kind den zweiten Weltkrieg erlebt hat und insbesondere die Situation, wenn die Sirenen anfingen zu heulen:

„Da war keine Angst. Es ging in diesen Minuten einfach darum, möglichst schnell einen Bunker zu finden und darin zu verschwinden. Es war ... in Ordnung."

„Wunderbar! Ja, das ist die Wahrheit; so ist es. Wenn wir uns vorstellen, wie es in solch einer Situation wohl sein könnte ... oder Du im Nachhinein an diese Situationen denkst, dann mag der Verstand aufgrund dieser Vorstellung vielleicht Angst hervorrufen. Aber in der Situation selbst war da keine Angst Stimmt das?"

„Ja. Das stimmt."

„Ja, es ist die Wahrheit", nickt Samarpan ihm nochmals bestätigend zu. „In der Situation selbst, ist es einfach, wie es ist. Buddha nannte es das 'So-Sein' der Dinge. Und selbst wenn da Angst ist ... wenn man ins Zentrum der Angst geht, entdeckt man den Frieden, der Hier ist. Unabhängig davon, was im Außen gerade geschieht: Der Frieden ist Hier. Der Frieden ist immer Hier. Genau in diesem Moment. Jesus ist solch ein gutes Beispiel dafür. Er war im Moment. Er war im Frieden. Egal, was sie mit ihm machten. – Sei Du im Frieden mit Deinem Leben. Du hilfst niemand, wenn Du wegen ihm leidest. Es ist niemanden geholfen, wenn wir wegen Dingen leiden, die wir nicht ändern können. Der Frieden ist in jedem selbst. Du kannst ihn niemandem geben. Jeder hat in jedem Moment seines Lebens die Wahl, ob er im Frieden ist mit seiner augenblicklichen Situation oder im Unfrieden. Die beste Art und Weise, wie Du helfen kannst, ist, dass DU im Frieden bist. – Kleine Kinder sind noch viel mehr im Moment als wir Erwachsenen. Deshalb sagte Jesus: 'Werdet wie die Kinder.' Sie machen sich nicht ständig Sorgen wegen dem Morgen oder Übermorgen. Sie sind im Moment. War eben noch Streit, spielen sie im nächsten Moment schon wieder miteinander, als sei nichts gewesen. Und das ist die Wahrheit: Es IST nichts gewesen. Es IST nichts passiert. Alles PASSIERT, gerade jetzt. – 'Sirenen? In Ordnung, dann suche ich jetzt einen Bunker. Kein Problem'. – Wenn sie jedoch von Erwachsenen umgeben sind, die selbst Angst haben, dann 'schnappen' sie diese Angst auf und bekommen ebenfalls Angst. So haben wir alle unsere Unschuld verloren." Stille. Einzelne weinen.

„Sorge Dich nicht um andere. Und sorge Dich nicht um Dich selbst. Wir alle sind wohlbehütet in den Händen des Göttlichen. Für uns alle wird in vollkommener Art und Weise gesorgt. Sei einfach Jetzt und Hier im Frieden." Lange Stillephase.

„Es ist schon interessant ... mit 'Krieg'. Da waren eben noch lauter junger Männer, die bei ihren Eltern lebten, zur Schule gingen, Freundinnen hatten ... Dann drückt man ihnen ein Gewehr in die Hand und jetzt sind sie Soldaten. Eine andere Identität, eine andere 'Realität'. Jetzt töten und vergewaltigen sie und begehen alle möglichen Gräueltaten. – Elisabeth Kübler-Ross erzählte einmal, wie sie als kleines Mädchen die Gedenkstätte eines ehemaligen Konzentrationslagers besucht und sich entsetzt die ausgehängten Bilder angesehen habe. Es sei ein Geschenk gewesen, so berichtete sie später, dass hinter ihre eine Frau stand, die ihr sagte: 'Wenn Du glaubst, dass Du zu so etwas nicht fähig bist, bist Du im Irrtum.' – Das ist die Wahrheit. Wir alle sind unter entsprechenden Umständen und Rahmenbedingungen zu allem fähig. Deshalb sollten wir sehr vorsichtig sein, über andere ein Urteil zu fällen. – Bei den Indianern heißt es: ‘Beurteile keinen Menschen, solange Du nicht einige Meilen in seinen Mokassins gelaufen bist.’ – Das ist Weisheit. Wir wissen nicht, wie es für jemand anderen ist. Und wenn wir denken, wir seien zu irgendetwas Bestimmten nicht in der Lage, stecken wir in Schwierigkeiten. Das ist die Arroganz des Verstandes. Das ist die Arroganz von Petrus. Petrus war felsenfest davon überzeugt, ganz mit Jesus zu sein, sein Fels zu sein, auf den dieser sich hundertprozentig verlassen könne. Und als Jesus davon sprach, dass ihn einer seiner Jünger verraten würde, entrüstete sich Petrus: ‘Dich verraten? Wie könnte einer von uns Dich verraten? Ich könnte das niemals!’ Daraufhin sagt Jesus zu ihm: ‘Noch bevor der Hahn krähen wird, wirst Du mich dreimal verleugnen.’“ Stille. „Die Wahrheit ist: Wir alle sind zu allem fähig. Wir sind alle fähig, die Wahrheit zu verleugnen. Und tatsächlich tun wir es die ganze Zeit. Wann immer wir unsere Aufmerksamkeit dem Verstand geben, verraten wir das Göttliche, verraten wir die Stille. – Wenn wir wissen, dass wir dazu fähig sind, können wir demütig, können wir auf der Hut sein. Und das ist es, was erforderlich ist. Kontinuierlich. Von Moment zu Moment.“

10.

Wenn wir sagen, wir haben keine Sünde, so betrügen wir uns selbst,
und die Wahrheit ist nicht in uns.
(Johannes-Evangelium 1.8)

Kiel, 17. März 98

Manche dieser frisch erwachten Leute, die sich jetzt für die Größten halten, gehen mir ganz schön auf den Keks und offensichtlich geht es nicht nur mir so, denn immer wieder wird Samarpan auch von anderen (noch nicht erleuchteten) diesbezüglich gefragt.

„Ja. Ich verstehe“, sagt Samarpan jetzt. „Papaji speaks of ‘half-baked-enlightened’.“

„Papaji spricht von ‘halb-fertiggebacken-erleuchtet’“, dolmetsche ich erleichtert, und alles brüllt vor Lachen. Dabei denke ich: ‘Hehehe, ja, gib’s ihnen!’ Andererseits würde ich ja auch so gerne zum Kreis der Erwachten gehören...

Kiel, 18. März 98

„Wir alle haben die Tendenz, unsere Gefühle verstehen zu wollen. Das ist einfach das, was wir gelernt haben. Aber es hilft nichts. Es ist nicht so, dass, wenn ich weiß, woher ein Gefühl kommt, ich es dann auch kontrollieren kann, wenngleich dies der Wunsch ist, der dahinter steckt: der Wunsch des Verstandes nach Kontrolle. – Fühle das Gefühl einfach. Ich meine: Du weißt noch nicht einmal, ob es Dein eigenes Gefühl ist. – Neulich war ich mit Marga auf der Autobahn unterwegs und ohne dass zwischen uns ein Wort gefallen war, fühlte ich plötzlich ein aggressives Gefühl in mir aufsteigen. Mein Verstand kam natürlich sofort und sagte, dass da etwas falsch sei und fragte, wo es denn wohl herkomme, damit er es verstehen und wieder beseitigen könne. Aber ich wendete dem Verstand einfach den Rücken zu und war einfach einverstanden mit diesem Gefühl von Aggression. Und genauso plötzlich wie es gekommen war, war es auch wieder verschwunden. Später sagte mir Marga, dass ein anderer Autofahrer eine ganze Zeit lang sehr dicht aufgefahren sei, vermutlich weil sie in dessen Augen zuvor mit ihrem alten VW-Polo zu lange auf der linken Spur gekrochen sei. Vielleicht war es also die Aggression dieses Autofahrers, die ich spürte; oder die von Marga. Es spielt keine Rolle. All unsere Gefühle spielen keine Rolle. Sie bedeuten nichts. Sie wollen nur gefühlt werden. Sie sind nur zu unserer Unterhaltung da. Sie sind nur dazu da, um unser Leben schmackhafter zu machen, und wenn wir unser Urteil über sie fallen lassen, sind sie einfach interessant. – FÜHLE Deine Gefühle einfach. Da ist nichts verkehrt. An keinem einzigen von ihnen.“

Hamburg, 19. März 98

Der Satsang hat schon angefangen, als Abhijat und Radhika mit Jacke und Gepäck in den Satsang-Raum kommen; offenbar direkt aus dem Urlaub. Damit wären wir also wieder komplett; bis auf Vasant, der anscheinend deshalb nicht mehr aufgetaucht ist, weil auf der CD nur Lieder von Abhijat und Radhika und keines von ihm zu finden ist, was insofern auch verständlich ist, da er sich nicht an den Produktionskosten beteiligt hat. Und wer weiß, was da noch so alles an Power- oder sonstigen Trips lief ... Trotzdem finde ich es irgendwie schade, dass er nicht mehr da ist. Er hat so ein lustiges und wildes Wesen. Na ja, eine gute Übung für mich, es als ‘Es ist, wie es ist.’ anzunehmen.

Hamburg/Sylt, 21. März 98 (Retreat)

Allein die Fahrt auf die Insel ist schon toll: im Auto auf dem Zug über den Damm. Und Grace an meiner Seite. Was kann es Schöneres geben? Ich vermisse die Begegnungen mit anderen Frauen überhaupt nicht. Im Gegenteil: Mit Grace erlebe ich eine Nähe und Tiefe, die ich vorher nicht kannte. Sehr schön und so innig. – Nach dem Aufbau gibt es Essen und jetzt ist schon wieder Satsang. Welch ein Leben!

Sylt, 22. März 98 (Retreat)

Immer wieder staunen die Leute über mein Dolmetschen, genauer gesagt, über die Länge der Passagen, die ich mir merken kann. Und im Grunde staune auch ich selbst immer wieder, wie das Ganze vonstatten geht. Während ich dem oder der Sharenden zuhöre, sehe ich die geschilderte Szenerie mitsamt all der darin agierenden Personen bildhaft vor mir. Es ist also ein kleines Filmchen, was da vor meinem inneren Auge abläuft. Diese Filmchen nun darf eine gewisse Länge nicht überschreiten, um zu einer Art 'Paket' zusammen gepackt werden zu können. Geht ein Sharing ohne Dolmetsch-Unterbrechung länger als ca. eine Minute oder wechselt die Szene – meinetwegen schon nach 20 Sekunden –, packe ich den Film irgendwie 'ein' und brauche mir nur das erste Bild und das letzte Bild zu merken. Hier mache ich eine gedankliche Zäsur und beginne einen neuen Film, wobei ich an das letzte Bild des vorangegangenen Filmes das erste Bild des neuen Filmes irgendwie 'anhefte'. Dann läuft die Aufzeichnung des aktuellen Filmes, der am Ende wieder zu einem Paket geschnürt wird, das ich mir wiederum nicht komplett zu merken brauche, sondern abermals nur das letzte Bild. Geht das Sharing immer noch ohne Pause weiter, beginne ich einen dritten Film. Sobald im Rahmen dieses dritten Filmes genug geshart wurde, dass ich eine bildhafte Szene vor Augen habe, hefte ich dieses Bild wieder an das letzte Bild des zweiten Filmes an und dann läuft wieder die automatische Aufnahme des aktuellen Filmes. Und so weiter. Ist das komplette Sharing schließlich am Ende, speichere ich noch die Schlusseinstellung meines letzten Filmes ab, hole einmal tief Luft und los geht es. Ich habe dann einen mitunter fünf Minuten langen Film, der aus fünf bis zehn Kurzfilmen besteht, wobei das Einzige, an das ich mich erinnern muss, das erste Bild bzw. die erste Szene des ersten Filmes ist. Alles andere ergibt sich von ganz alleine. Und während ich dolmetsche, habe ich stets irgendwo im Hintergrund das letzte Bild des letzten Filmes vor Augen, die Schlusseinstellung, auf die ich dann während der fünf Minuten zusteuere. Im Grunde ist es jedes Mal ein Abenteuer; ich kenne den Anfang und das Ende bzw. sind dies die beiden Bilder, die ich vor Augen habe. Doch was dazwischen alles passiert, welche deutschen Sätze, welche deutschen Formulierungen mich letztendlich von dem einen (ersten) Bild zum anderen (letzten) Bild führen werden, ist auch für mich immer wieder spannend. Wenn ich anfange zu dolmetschen, ist da irgendetwas in mir, was sich zurücklehnt und gespannt darauf ist, was so alles 'unterwegs' passieren wird. Ich schaue eigentlich nur zu. Ich muss nichts denken, ich muss nichts tun; sondern sobald ich einmal angefangen habe, lasse ich den Film einfach ablaufen, lasse ich es einfach fließen. Heute im Satsang allerdings spricht und fragt ein Retreat-Teilnehmer auf eine Art und Weise, dass ich echte Schwierigkeiten habe zu dolmetschen. Das Ganze ist so verstandesmäßig, voller Konzepte und Theorien, alles ist derart verzwickt und verzwackt, dass es mir unmöglich ist, eine Bildergeschichte abzuspeichern. Deshalb sehe ich mich gezwungen ihn zu bitten, mich nach jedem dritten Wort von ihm dolmetschen zu lassen. Schließlich ist es vollbracht, und Samarpan sagt liebevoll zu ihm:

„Lass mich Dir eine Geschichte erzählen. Zur Zeit Buddhas gab es einen sehr gelehrten Mann, der viele Anhänger hatte. Eines Tages kam er mit seinem ganzen Gefolge zu Buddha, und alle erwarteten ein spannendes Rededuell. Doch Buddha stellte ihm gleich zu Beginn nur eine einzige Frage: ‘Du bist solch ein gelehrter Mensch, aber sag: Hat Dich all Dein Wissen, haben Dich all Deine Studien glücklich gemacht? Hast Du den Frieden gefunden?’ Und weil der Angesprochene ein sehr aufrichtiger Mann war, antwortete er: ‘Nein, das hat es nicht.’ Daraufhin sagte Buddha: ‘Bleibe zwei Jahre bei mir. In Stille. Frage nichts. Sei einfach nur still. Danach werde ich sämtliche Fragen beantworten.’ Und so geschah es. Als die zwei Jahre vorüber waren, musste Buddha ihn suchen und laut nach ihm rufen, da sich der vormals Gelehrte aus Scham versteckt hielt, denn er hatte keine Fragen mehr. – Schau: All die Menschen, die glauben etwas zu wissen, wissen überhaupt nichts. Man kann Gott nicht ‘wissen’. Nur im Nichtwissen sind wir eins mit Gott. Wisse nichts, und Du bist eins mit dem Göttlichen.“

Sylt, 23. März 98 (Retreat)

Während Grace und ich heute einen Ausflug über die Insel unternehmen und am Strand von Westerland entlang laufen, denke ich: Es ist schon ein absolut geiles Leben an Samarpans Seite! Wie damals Jesus mit seinen Jüngern ziehen wir durchs Land; von Ort zu Ort. Und überall geschieht soviel Heilung ...

„So wunderbar die Heilungen von Jesus sind“, höre ich Samarpan abends sagen, „wenn er die Menschen von ihren körperlichen Gebrechen erlöste ... Die wirkliche Heilung ist, wenn jeder einzelne den Frieden findet und für sich selbst erkennt, was Jesus erkannte. Dass es keine Trennung zwischen dem Göttlichen und uns gibt. Dass wir das Göttliche tatsächlich sind.“

Sylt, 24. März 98 (Retreat)

„Samarpan? Was ist eigentlich mit Verantwortung?“, fragt jemand im Abend-Satsang.

„Schau“, antwortet Samarpan, „Für gewöhnlich verstehen wir unter Verantwortung irgendetwas, das man tun muss. Eine Pflicht. Eine Last. – Osho sagte: ‘Verantwortungs-Bewusstsein ist das Bewusstsein zu antworten.’[18] Wenn Du im Moment bist, weißt Du, was es zu tun gibt. Fühlt es sich stimmig an, dieses oder jenes zu tun, oder nicht? Kommt der Impuls nach einer Handlung aus dem Moment, oder kommt er aus dem Verstand? – Dies ist die einzige wirkliche Verantwortung. Die Verantwortung gegenüber diesem Moment.“

---

[18] Genau genommen sagte er: „Responsibility (Verantwortung) is the ability (Fähigkeit) to respond (antworten).“

Sylt, 25. März 98 (Retreat)

Liege mitten in der Nacht wach. Da ist kein Gedanke, nur Sein, Gewahrsein. Nach und nach kommen vereinzelt Gedanken, und manche besagen: 'Das ist die Stille, von der Samarpan immer spricht'. Andere besagen: 'Ja, schon. Nur scheine ich, der Verstand, das auch zu kapieren. Also kann es nicht die Wahrheit sein.' Mmh. Irgendwie ist es komisch. Einerseits wünschte ich, dass dies die Wahrheit ist, andererseits wäre es mir lieber, dem wäre nicht der Fall. Ich sehe schon, ich muss Samarpan befragen, was ich im Satsang am Morgen dann auch gleich tue:

„Samarpan? Ich glaube, ich habe etwas verstanden. Aber da der Verstand es auch versteht, kann es ja wohl nicht Das sein, nehme ich an ..."

Samarpan sagt nichts, schaut nur interessiert, und ich fahre fort:

„Da ist so ein Punkt ganz tief in mir, da ist nichts, keine Gedanken, nichts geschieht, aber mein Verstand versteht das auch. Ich habe das Gefühl, dass bei all dem der Verstand dabei ist. Ist das alles Verstand?"

Spannend. Einerseits würde ich gerne hören, dass es Das ist; andererseits würde ich mit meinem niedergelegten Gedankengang auch gerne recht haben, dass es Das nicht ist. Da sagt Samarpan:

„Beim Erleben der Stille selbst ist der Verstand nicht Hier. Der kommt erst später hinzu und macht ein Konzept daraus. Der Verstand, der die Wahrheit gerne besitzen, gerne für sich in Anspruch nehmen möchte."

„Und dieses 'Nichts geschieht' ist immer da?", frage ich. „Wenn wir in zwei Wochen in Gmund sein werden, wird es auch da sein, oder? Dieser klitzekleine Punkt in mir ist immer da, auf den kann ich mich immer zurückziehen?"

„Dieses 'Nichts geschieht', diese Stille ist immer da. – Jetzt verstehst Du, was die Weisen meinen, wenn sie sagen: 'Es gibt keine Zeit.'"

Stille. Mmh. Ist es Das? Ich habe die Vorstellung, dass sich mein ganzes Leben im Außen um diesen Punkt herum abspielt. Innen hingegen – ganz in meiner Mitte – ist immer dieser Punkt. Ob ich in den Kindergarten gehe, zur Universität, jetzt, oder wenn ich einmal alt bin: dieser Punkt ändert sich nicht. Nur verstehe ich noch nicht, dass, selbst wenn jeder diesen stillen Punkt in sich hat und in sich trägt, daraus zu folgern ist, dass wir alle eins sind. Und ich frage Samarpan außerhalb des Satsang im Vorübergehen, worauf dieser schmunzelnd antwortet:

„Schaue einfach einmal hin, ob das wirklich nur ein Punkt ist."

Mmh. Punkt oder nicht, eines ist klar: Ich kann jederzeit meine Aufmerksamkeit auf diesen Punkt richten. Wann immer ich im Verstand und am Probleme-Wälzen bin, kann ich mich zu diesem Punkt zurückziehen. Wohltuend.

Sylt, 26. März 98 (Retreat)

Gegen Ende des Satsang geht jemand nach vorne und sagt, dass er eigentlich schon die ganze Zeit über nach vorne haben kommen wollen, bei ihm jedoch ganz viel Angst gewesen sei.

„Ja, so ist es“, erwidert Samarpan sanft. „Da ist zunächst diese Vorstellung: ‘Auweia, da vorne bei Samarpan ...’ und dann empfinden wir Angst. Aber, sage mir doch einmal: Wie ist es denn nun tatsächlich, hier vorne zu sein?“

„Mmmmmh ... Aufregend.“

„Und? Kannst Du im Frieden mit ‘Aufregung’ sein?“ - „Ja.“

„Wunderbar! Ja! Und schau: So ist es immer. Es sind immer unsere Vorstellungen, die uns Angst machen. Es heißt, dass Jesus am Abend vor seiner Kreuzigung Blut schwitze. Er wusste, was auf ihn zukommen würde, und bei dem Gedanken daran, bei der Vorstellung, wie es am nächsten Tag wohl sein würde, stellte sich Angst ein, war der Wunsch seines Verstandes nach etwas anderem: ‘Vater, nimm diesen Kelch von mir.’ – Das tatsächliche Erleben der Dinge allerdings IST dann einfach. Es ist, wie es ist. – Man sagt, dass Jesus gelitten habe, aber ich sehe Jesus nicht leiden. Ich sehe Jesus bei dieser ganzen Tortur im Frieden. Mit Sicherheit hätte er in alle möglichen Geschichten hineingehen können; noch wenige Tage zuvor war er auf dem Esel nach Jerusalem hinein geritten, die Menge hatte ihn jubelnd begrüßt: ‘Hier kommt der König, der König der Könige.’ Und jetzt? Seine Freunde hatten ihn verlassen, keiner verstand ihn, die Soldaten beschimpften und bespuckten ihn, setzten ihm eine Dornenkrone auf ... alles Dinge, aus denen der Verstand gerne Geschichten macht wie: ‘Es ist nicht fair. Wo sind meine Jünger?’ usw. – Wenn man auf den Verstand hört und ihm glauben schenkt; wenn man seinen Geschichten glaubt, dann ist da Leid. Aber Jesus hielt seine Aufmerksamkeit auf die Stille gerichtet. Er war in Stille, er war im Frieden. Ganz gewiss war da Schmerz, aber kein Leid. Jesus war im Frieden mit dem Schmerz. Leid ist, wenn wir mit dem, was in unserem Leben gerade geschieht, nicht einverstanden sind. Sind wir damit einverstanden, sagen wir ja dazu, sind wir im Frieden. Jesus war im Frieden.“

„Und wie war das, als er am Kreuz hing?“, fragt jemand.

„Als Jesus am Kreuz hing, muss er wohl für einen Moment in seinen Verstand gegangen sein, in irgendeine Geschichte, als er ausrief: ‘Oh, Gott, mein Vater, warum hast Du mich verlassen?’ – Fühlt es sich nicht genau so an, wenn in unserem Leben irgendetwas passiert, mit dem wir, mit dem unser Verstand nicht einverstanden ist?“, sagt Samarpan unendlich liebevoll. „Als hätte Gott uns verlassen? Und ist es nicht solch ein Geschenk, dass Jesus dieses kurze Gefangensein im Verstand, dieses kurze Gefangensein in irgendeiner Geschichte nicht für sich behielt? Sogar am Kreuz lehrte er uns noch. Lehrte uns durch sein eigenes Lernen, am eigenen Leib. Lehrte uns, wie man loslässt: Nicht mein Wille, DEIN Wille geschehe.“

Sylt, 27. März 98 (Retreat)

Fahre tagsüber mit Grace wieder nach Westerland; unter anderem auf der Suche nach einem Geburtstagsgeschenk für Abhijat. Vor einem Kaufhaus in der Fußgängerzone sehen wir einen Visitenkarten-Automaten.

„Hey, das ist doch 'was!" - „Ja, super!"

Gesagt, getan. Und so halten wir jetzt 25 weiße Visitenkarten in der Hand, auf denen neben seiner kleinen schwarz gedruckten Adresse in großen Lettern dick und fett mit roter Leuchtschrift geschrieben steht: 'Abhijat (Music-Master)'. Hahaha!! – Vor dem Satsang, als alle beim Abendessen sind, gehen wir in den Satsang-Raum und so wie manchmal Blumen für Samarpan auf dem 'Weg' von der Türe bis zu seinem Stuhl liegen, streuen wir jetzt die Visitenkarten von ganz hinten bis nach vorne. Dort, kurz vor Samarpans Stuhl biegt der Music-Master-Abhijat-Weg dann nach links zu seinem Gitarrenplatz ab. Wenig später kommt Abhijat in den Raum, sichtlich erfreut über die ihm zukommende Aufmerksamkeit. Auch der ihm verliehene Titel scheint seiner Vorstellung zu entsprechen. Die Musik beginnt, Samarpan kommt in den Raum und scheint etwas irritiert über diese seltsamen Karten, über die er hier läuft bzw. laufen muss. Als er vorne ankommt, wo der Karten-Weg zu Abhijat abknickt und an dessen Füßen endet, ahnt Samarpan wohl, was los ist. Stehende Namaste-Begrüßung im Kreis, Samarpan nimmt Platz und hebt eine Visitenkarte vom Boden auf. Ich sehe zu ihm hinüber und als er sie liest, lacht er kurz, aber dann scheint bei ihm ein Schmerz zu sein. Puuh, und sofort bin auch ich im Schmerz. Irgendwie war ja da schon der Wunsch bei mir, Samarpan ein wenig auf die Sprünge zu helfen, was Abhijats Chef-Trips angeht, aber dass jetzt Samarpan im Schmerz ist, das wollte ich nicht.

Stille. Namaste. Der Satsang beginnt. Lange Stille. Ich fühle meinen Schmerz, und Samarpan fühlt vermutlich seinen. Puuh! Glücklicherweise scheint Samarpan im Verlauf des weiteren Satsang mehr und mehr zu entspannen bzw. entspanne ich mehr und mehr und als der Satsang schließlich zu Ende ist, lächelt er wieder wie üblich liebevoll zu Abhijat hinüber und gibt ihm das Zeichen, mit der Musik zu beginnen:

„Please, Mr. music-master."

„Okay", grinst Abhijat ergeben und greift zu seiner Klampfe.

Sylt, 28. März 98 (Retreat)

Im Satsang shart jemand, dass er den Staff beneidet, dass wir Samarpan so nahe sind. Der antwortet:

„Ich verstehe. Aber schau: Dieser Glaube, dass mir irgendjemand näher ist als irgendjemand anderes, ist nur eine Vorstellung im Verstand. Papaji wurde mit dieser Thematik ebenfalls einmal konfrontiert, und er sagte: 'Niemand ist mir nahe.' Einige Tage später saß derjenige, der diese Frage gestellt hatte, still und friedlich im Satsang, und Papaji sagte zu ihm: 'Jetzt bist Du mir nahe.' – Das ist die Wahrheit. Wenn Du im Verstand bist, bist Du getrennt, dann unterliegst Du der Illusion des Getrenntseins. Und wenn Du in der Stille bist, bist nur mir nahe; wenn Du Hier bist, sind wir genau genommen eins. Hier gibt es niemand anderen. Hier gibt es überhaupt niemand. Alles trifft sich Hier. Hier ist die Nähe und die Intimität, nach der wir suchen. Alles ist Hier. Wende dem Verstand einfach den Rücken zu und sei Hier. Es ist so einfach. Es ist so leicht."

Hamburg/Stuttgart, 30. März 98

Eigentlich hätte ich mich gerne einmal einen Tag ausgeruht und gar nichts gemacht, aber da wir dringend neue Kassetten und anderes Material benötigen und Grace krank ist, heißt es für ich: auf Einkaufs-Tour gehen. Stöhn! So wie es aussieht, bleibt die ganze Verkaufsarbeit und -Verantwortung nun doch an mir hängen. Abends falle fix und fertig ins Bett und beneide die Musiker, die einfach nur für die Musik verantwortlich sind.

Stuttgart/München, 31. März 98

Und schon geht es wieder weiter. Aufstehen, Frühstück und nach München düsen. Was für ein Leben!

„Halte immer wieder inne und sei einfach im Moment", sagt Samarpan abends im Satsang.

„Wenn das mit dem Innehalten immer nur so einfach wäre", wirft jemand ein.

„Es ist einfach. Tatsächlich ist es das Einfachste auf der Welt."

Nach dem Satsang kommt Abhijat zu Grace und mir und bittet um eine Kopie der Kassette von heute Abend:

„Das, was heute Abend dran war, sind genau Radhikas Themen. Ich glaube, es ist gut, wenn sie sich diesen Satsang einmal anhört."

Ich überreiche Abhijat eine Kopie, habe allerdings ein etwas komisches Gefühl. Es wird schon seinen Sinn haben, wenn das Leben es so eingerichtet hat, dass Radhika heute Abend nicht da war. Außerdem läuft zwischen den beiden häufig ein gegenseitiges Belehren ab, was auf mich stets eher seltsam wirkt. Aber ich werde den Teufel tun, Abhijat etwas von diesen Gedanken zu erzählen. Ich meine: schließlich ist er am längsten mit Samarpan. Und als langjähriger Sannyasin wird er wohl wissen, was er tut.

München, 1. April 98

„Wisst Ihr, ich bin wirklich ganz genauso wie Ihr; mein Verstand ist ebenso verrückt wie Eurer. Gestern Abend hatte ich noch eine telefonische Auseinandersetzung mit Marga – ich war echt sauer – und die Nacht über kam mein Verstand mit allen möglichen Ideen, was ich mit Marga jetzt am Besten alles anstellen könnte ..."

Lachen; unglaublich. Und wunderschön, diese Ehrlichkeit uns gegenüber. Ich fühle mich Samarpan so ebenbürtig, frage mich allerdings, was dann sein Meister-Sein ausmacht.

„Aber wisst Ihr", höre ich ihn nun sagen: „Ich gebe diesen Gedanken überhaupt keine Energie. Es sind nur Gedanken; nichts."

Stille. Und ich denke: mmmh, das ist wohl der Unterschied.

München, 2. April 98

„Wir brauchen uns wegen Geld keine Sorgen machen. Und das ist nichts, was ich im Verstand gelernt habe. Ich sage dies aus eigener Erfahrung. Einmal kam ich in Los Angeles am Flughafen an. Ich hatte keinen Job, keine Wohnung und nur noch 20 Dollar im Geldbeutel. Da mir der Bus zu teuer war, begann ich, mit meinen zwei Koffern die Straße entlang zu laufen. Und das Leben kümmerte sich um mich. Jemand schenkte mir ein Auto, ich baute den Beifahrersitz aus, legte ein Brett hinein, etwas Schaumstoff darauf und schon hatte ich eine Wohnung. Mein Frühstück nahm ich im Park ein, ich hatte einen kleinen Gas-Kocher ... Es war eine interessante Situation, gewiss; aber da war nichts verkehrt. Und dies hat mich Vertrauen gelehrt. Ja, wir können dem Göttlichen vertrauen. Es kümmert sich um uns. Immer. Und so liebevoll! Vielleicht nicht in der Art und Weise, wie wir es uns wünschen ... Aber wenn wir uns hingeben, wenn wir das annehmen, was kommt, können wir die Schönheit darin sehen. Und es ist perfekt. Bis ins kleinste Detail."

Stille. Und ich denke: schon stark! Samarpan lebt, was er lehrt. Und das wird auch heute wieder deutlich, als er am Ende des Satsang sagt, dass jeder, der morgen zum Retreat in Gmund kommen möchte, einfach kommen und das gegebenenfalls nicht vorhandene Geld dabei kein Hinderungsgrund sein soll. Welch eine Weisheit! Und so offensichtlich! Insofern erstaunt es mich immer wieder, wenn mitten im Satsang jemand rausgeht, weil er offensichtlich mit Blindheit geschlagen ist. Die Schönheit Samarpans ist doch nicht zu übersehen; sollte man zumindest meinen. – Nach dem Satsang heißt es schnell einpacken, denn morgen früh um elf Uhr geht es in Gmund schon wieder weiter. Das gilt allerdings nur für Grace und mich, da die Musiker mit Samarpan vereinbart haben, dass sie erst zum Nachmittag-Satsang um sechzehn Uhr da sein werden, die Glücklichen.

München/Gmund, 3. April 98 (Retreat)

Nach einer sehr kurzen Nacht machen Grace und ich uns auf den Weg nach Gmund. Gähn! Gegen neun Uhr sehen wir den Tegernsee im Dunst da liegen, dahinter die schneebedeckten Berge ... wunderschön. – Im Morgen-Satsang ist es noch relativ leer, die meisten sind wohl alle keine Frühaufsteher ... gähn.

„Samarpan? Wie ist es eigentlich mit Tieren? Sind das irgendwelche niederen Seelen?“, fragt jemand.

„Es gibt keine Seelen. Es gibt keine Einzelseelen. Es gibt nur Das. Das, was Du bist. Nichts ist getrennt von ‘Das’ beziehungsweise ‘Dem’“, dolmetsche ich, obwohl Samarpan nur: ‘Nothing is separated from That.’ gesagt hat. Das? Dem? Wer weiß das schon?

Nach dem Mittagessen treffen neben vielen Retreat-Teilnehmern auch Abhijat und Radhika ein. Da es für uns Paare im Schlafsaal natürlich nicht so toll ist, gehen Abhijat und Radhika, sowie Grace und ich in eine Pension. Und da eine andere Retreat-Teilnehmerin ebenfalls keine Lust auf den ‘unruhigen’ Schlafsaal hat, kommt sie mit uns mit. Als wir fünf den Bauernhof erreichen und uns der Bäuerin vorstellen, fragt sie, was wir denn hier in der Gegend machen.

„... wie Wanderer sehen Sie ja nicht aus.“

„Wir nehmen an einer Meditationsgruppe teil“, sage ich belanglos, denke aber: und an was für einer!!!

„Aha. Ja, da hatte ich schon einmal Gäste ...“

... die offenbar einen bleibenden Eindruck bei ihr hinterlassen haben, mutmaße ich. Es ist schon eine ganz andere Welt. Gerade hier auf dem Dorf, wo die Konventionen und die Moral noch einmal ein ganzes Stück höher gehalten werden als in der Stadt. Doch auch hier hängt Jesus in Form eines Kruzifixes nur an der Wand und läuft nicht leibhaftig durch die Gegend. Und dann Gäste vom Satsang ... spezial. – Weil der Hof sehr ruhig und das Bauernehepaar ganz nett ist, fragt die Retreat-Teilnehmerin noch schnell, bevor wir uns wieder auf den Weg zum Satsang machen müssen, ob sie schon jetzt ein Doppelzimmer für die Zeit während des nächsten Gmund-Retreat im Juli buchen könnte.

„Wissen Sie denn schon, mit wem Sie sich das Zimmer teilen werden?“

Das weiß sie natürlich nicht, meint aber, dass sich irgendjemand aus der Gruppe wahrscheinlich schon finden lassen werde.

„Äh, aha! Ja, Moment. Dann lassen Sie mich einmal nachsehen.“ Etwas irritiert greift die Bäuerin nach ihrem Reservationsbuch, und ich denke: Tja, wir sind schon so ein sonderbarer, wilder Haufen. So ähnlich muss es den Einwohnern von Antelope, dem Nachbarsdorf von der Osho-Ranch in Oregon ergangen sein, als die orange gekleidete Horde über ihr Nest herfiel. Und ich kann es ja verstehen. Ich kann so gut nachvollziehen, wenn etwas derartiges bei den ‘braven’ Normalmenschen in ihrer kleinbürgerlichen, geordneten Welt Ängste und was weiß ich noch alles auslöst. Denn mir ging und geht es ja genauso, wenn ich jemanden treffe, der offensichtlich ein freieres, befreiteres Leben als ich selbst lebe ... – Schnell zurück zum Seminarhaus und schon beginnt der Nachmittag-Satsang, wobei es nach Samarpans gestriger Ansage kein Wunder ist, dass es jetzt proppevoll ist. Und Samarpan ist glücklich, so viele seiner Freunde zu sehen. Wie schön.

Gmund, 4. April 98 (Retreat)

Im Morgen-Satsang erzählt Samarpan, dass er letzte Nacht zum wiederholten Male Herzprobleme hatte und sich fragte, was denn wohl wäre, wenn er sterben würde.

„Niemand würde wirklich betroffen sein; ein paar Leute würden vielleicht kurz innehalten und dann würde alles weitergehen wie bisher."

Betroffene Stille. Und ich frage mich, ob ich es wirklich so leicht nehmen würde. Denke schon, aber wer weiß? – Abend-Satsang.

„Samarpan? Mein Freund sagte mir, irgendwo in der Bibel stehe, dass ... blablabla ...", shart jemand. Ich kriege gar nicht richtig mit, was da eigentlich stehen soll, aber es hört sich ziemlich unsinnig an.

„Ja. Im Englischen nennen wir diese Leute 'bible bonkers' ... 'Bibel-Pocher'", dolmetsche ich, hoffend, das entsprechend richtige Wort gefunden zu haben. Sicherheitshalber schaue ich zu Samarpan. Dieser sieht zu mir:

„Du kennst das Wort 'bible bonkers' nicht?" Verlegen schüttele ich den Kopf. „Das sind Leute, die mit der Bibel in der Hand durch die Gegend laufen, so à la: 'Jesus said ... blablabla.' und sich bei allem auf die Bibel berufen. Und sie wissen nichts. Sie nehmen die Worte der Wahrheit, interpretieren sie mit ihrem Verstand und heraus kommt Müll. – Halte DU nach der Wahrheit Ausschau", wendet Samarpan sich wieder der sharenden Person zu. „Und die Wahrheit ist nicht in der Bibel, sie ist nicht in irgendwelchen Worten; sie ist auch nicht hier vorne bei mir. Die Wahrheit ist Hier."

„Also Samarpan! Ich finde, die Wahrheit ist durchaus in der Bibel", sagt jemand. „Sie ist auch bei Dir, sie ist bei jedem. Im Grund ist die Wahrheit doch überall, oder?"

„Das ist die Wahrheit", bestätigt Samarpan.

„Das verstehe ich nicht", sagt nun jemand anderes.

„Schaut: Die Wahrheit ist überall und nirgendwo, nirgendwo im Verstand. Versuche nicht, die Wahrheit mit dem Verstand erfassen zu wollen. Das ist nicht möglich. Sei Hier. Sei Hier. Die Wahrheit ist Hier. Die Wahrheit ist nur Hier."

„Aber wenn es keinen Raum gibt ... bedeutet das dann nicht, dass Hier überall ist", schaltet sich nun ein weiterer ein. – Ich merke wie ich leichtes Kopfweh kriege ...

„Wisst Ihr: Wir können reden und reden und reden ... und werden es doch nicht schaffen, DIE Wahrheit in Worte zu fassen." Stille. Lange Stille.

„Ist das nicht viel, viel schöner? Hier, einfach im Moment. Keine Fragen. Genau Hier."

Gmund, 5. April 98 (Retreat)

„Ich bin etwas unsicher", beginnt eine Münchnerin: „Ob es etwas zu bedeuten hat, dass ich so lange schlafe ...“

„Was soll es denn bedeuten? Und wie kommst Du überhaupt darauf, dass das irgendetwas zu bedeuten haben könnte?“

„Na ja, heute Morgen im Schlafsaal sagte mir jemand, dass man in diesem Prozess des Erwachens immer weniger schläft ...“

Allgemeines Lachen. Samarpan führt die Hände vor sein Gesicht und schüttelt den Kopf:

„Mein Gott! Höre nicht auf solch einen Narren! Ich kann es nur immer wieder sagen: Dies ist ein STILLE-Retreat. Der Verstand ist so trickreich; und er weiß nichts. Und ebenso wie die Stille ansteckend ist, ist auch der Verstand ‘ansteckend’. – Sei einfach still. Es gibt nicht wirklich etwas zu sagen. Und wenn jemand versucht, Dich in ein Gespräch zu ziehen, drehe Dich einfach um und gehe weg. Ihr müsst wissen: Nicht alle sind wegen der Wahrheit hier bei diesem Retreat“

„Nicht? Oh! Bislang hatte ich gedacht, wir wären alle aus dem gleichen Grund hier und uns alle würde dieselbe Sehnsucht nach dem Göttlichen einen.“

„Nein“, sagt Samarpan. „Diese Reise ist eine alleinige. Du bist vollkommen allein. Das ist die Wahrheit.“

Gmund, 6. April 98 (Retreat)

Obwohl seit Tagen bei mir latent ein großer Schmerz präsent ist, habe ich diesbezüglich noch kein Wort mit Samarpan gewechselt. Das hat verschiedene Gründe. Zum einen hat er nie auch nur für Minuten seine Ruhe. Kaum, dass der Satsang vorbei ist und Samarpan den Raum verlässt, stürmen gleich zwei, drei Leute hinterher und wollen eine Privat-Session. Also denke ich mir: da muss ich nicht auch noch mit meinem Senf daherkommen. Und zum anderen kenne ich die Wahrheit doch eigentlich, also versuche ich, mein eigener Meister zu sein. Darf ich als ‘Wissender’ überhaupt noch zu ihm? Schließlich will ich ein guter Schüler sein! Ganz schön verquer das Ganze und vielleicht ist das auch der Grund dafür, dass ich so lange in diesem Schmerz drinhänge. Denn wenn die Leute im Satsang den Schmerz fühlen, ist er ja immer in Nullkommanichts weg.

Gmund, 7. April 98 (Retreat)

Im Satsang erzählt Samarpan eine Geschichte, und ich habe das Gefühl, er erzählt sie nur für mich:

„Ein strenggläubiger Mann lebte in einem Dorf, das von einer Flut bedroht war. Der Bürgermeister ging die Menschen auffordernd, ihre Häuser zu verlassen, von einem zum anderen und kam auch zu diesem Mann. Doch der sagte: ‘Ich bleibe, denn ich vertraue auf Gott.’ Alsbald stieg das Wasser und schon musste der Mann sich in den ersten Stock zurückziehen. Da kam ein Boot vorbei und wollte ihn aufnehmen, doch der Mann rief ihnen zu: ‘Ich bleibe, denn ich vertraue auf Gott.’ Das Wasser stieg unaufhörlich weiter, schließlich ragte nur noch der Giebel heraus, auf dem der Mann unsicher saß und sich am Schornstein festklammerte. Daraufhin kam ein Hubschrauber und per Lautsprecher dröhnt zu ihm herüber: ‘Wir kommen, um Sie zu retten!’ ‘Ich bleibe hier’, schrie der Mann ihnen zurück: ‘Gott wird mich retten!’ Doch der Mann ertrank. Als er vor Gott trat, beklagte er sich: ‘Ich habe so auf Dich vertraut! Doch Du hast mich im Stich gelassen!’ – Und Gott sprach: ‘Ich bin Dir drei Mal zu Hilfe gekommen. Zunächst als Bürgermeister, dann mittels eines Bootes und schließlich im Hubschrauber.’“

Hui! Während ich noch dolmetsche, fühle ich gleichzeitig einen entsetzlichen Schmerz. Gott ist in Form von Samarpan zu mir gekommen und nun ständig in meinem Leben präsent ... und ich will es alleine machen bzw. glaube, es allein machen zu müssen. Ganz schön arrogant! Und keinerlei Wertschätzung dessen, was das Leben mir gerade schenkt. Da sich noch niemand mit einer weiteren Frage gemeldet hat und es jetzt still ist, ergreife ich die Gelegenheit und erzähle Samarpan alles. Jetzt hält mich nichts mehr zurück und keine fünf Minuten später ist alles wieder in Butter. Ich war so dumm. Die ganzen Tage hing ich – wie üblich – wieder einmal an irgendeiner blöden Vorstellung, in irgendeinem Missverständnis fest ... peinlich.

„Ist es denn nicht so, dass Dir die Storys der Leute zu viel werden? Insbesondere wir vom Staff sollten doch ...“

„Nein. Ich freue mich immer, wenn Ihr zu mir kommt; jederzeit.“

Während des restlichen Satsang verurteile ich mich selbst für meine Arroganz, dass ich dachte: ‘Wozu brauche ich Samarpan? Ich mache das alles alleine.’ Er hat wahrscheinlich die ganze Zeit gemerkt, dass ich im Schmerz bin. Und vielleicht ist es bei ihm auch so, dass – wenn er jemand im Schmerz sieht – er den Schmerz ebenfalls spürt. Jedenfalls geht es mir so. Insbesondere dann, wenn ich denjenigen liebe. Und für Samarpan, der in der Lage ist, jeden, der will, aus seiner Story herauszuholen, muss es besonders schwierig sein, wenn seine stets ausgestreckte Hand nicht angenommen wird. Heul.

Gmund, 8. April 98 (Retreat)

Des Nachts habe ich einen Traum: Ich gehe spazieren, gerate in matschigen Untergrund, komme kaum vorwärts, versinke zunehmend im Dreck und kämpfe dagegen an, doch es wird nur schlimmer ... Plötzlich gebe ich mich dem Ganzen spontan hin und unmittelbar kehrt Frieden ein; ich versinke im Matsch, wohlige Wärme umfängt mich, der Dreck spielt keine Rolle mehr. Unmittelbar darauf werde ich von einem warmen Luftstrom hochgehoben, der mich zugleich trocknet. In großer Höhe bleibe ich schließlich schweben und werde von einer sanften Windbrise über Wüsten und Steppen hinweg getragen, hinweg geweht. Dabei habe ich das Gefühl, ich befinde mich im Nirgendwo. Keine Zeit. Unendlichkeit.

Im Morgen-Satsang habe ich den Impuls, diese Geschichte zu erzählen, sowie die Vorstellung, dass Samarpan danach sagen wird: 'Das geschieht, wenn man sich hingibt.' Alle werden dann ganz ergriffen und ehrfürchtig (minutenlang) in Stille dasitzen, und ich werde als der große, erleuchtete (hehehe) 'Hingeber' dastehen und mich entsprechend cool fühlen. Hehehehehe. – Ich kann es kaum erwarten, bis an das Ende meiner Geschichte zu gelangen und pathetisch die Worte 'Nirgendwo. Keine Zeit. Unendlichkeit.' in den Raum zu schicken, doch leider kommt es etwas anders. Gerade als ich an der Stelle bin, an der ich andächtig die Sache von der Nässe und dem warmen Luftstrom erzähle, unterbricht mich Samarpan belustigt:

„Was ist das denn? Ein universeller Staubsauger?"

Alles bricht in Lachen aus, und ich muss erst einmal abwarten, bis sich alle wieder beruhigt haben ... scheiße! Dann kann ich endlich fortfahren, aber die ganze Heiligkeit ist futsch ...

„Na ja, also ... äh ... unendlich ... über Steppen ... dahin geweht ..."

„Ach so." Samarpan macht ein Gesicht, das ich zwischen verlegen und amüsiert einordnen würde. 'Soviel zu Vorstellungen ...', denke ich. Scheiße, dieser Auftritt ging gründlich daneben.

„Der Verstand kann sich alles vorstellen", sagt Samarpan im Abend-Satsang. „Der Verstand kann sich sogar 'Erleuchtung' vorstellen."

Oh weh, schluck! Sollte ich mir meine ... na ja ... äh ... Erleuchtung nur eingebildet haben??? Aber woher weiß man, ob es jetzt die echte Erleuchtung ist, oder nur eine eingebildete??? Woher weiß ich, dass die Stille bzw. das, was ich für DIE Stille halte, auch tatsächlich DIE Stille ist???

Gmund, 9. April 98 (Retreat)

„Samarpan? Zum Thema 'Falsch-machen': Wenn ich meine Aufmerksamkeit dem Verstand gebe, mache ich es doch falsch, oder nicht?", fragt jemand im Mittag-Satsang.

„Schau: Es ist nichts falsch daran, im Verstand zu sein. Nur haben wir im Lauf der Jahre und Jahrhunderte unser Zuhause dabei vollkommen vergessen und so sind die Dinge aus dem Gleichgewicht geraten. – Spiele im Verstand. Das ist in Ordnung. Aber komme zwischendurch immer wieder nach Hause. Wenn die Mutter zum Essen ruft: 'Eeeeeessen!', komme nach Hause. Wenn Dich irgendein Schmerz erinnert ... komme nach Hause, komme nach Hier. Und ruhe Dich aus. Hier. Und wenn Du genug ausgeruht hast, kannst Du wieder weiterspielen. Vergiss nur Dein Zuhause nicht. Es ist immer Hier."

Im Abend-Satsang fragt jemand:

„Wie kommt es, dass Du mit und zu uns allen so sanft bist?“

„Ihr seid einfach alle sehr intelligent“, lächelt Samarpan. „Wisst Ihr: Auf ein dummes Pferd muss man mit der Peitsche einschlagen, damit es kapiert, wohin es geht. Bei einem intelligenten Pferd hingegen genügt ein ganz sanfter Klaps mit der Peitsche. Und ein ganz besonders intelligentes Pferd reagiert schon, wenn es nur den Schatten der Peitsche sieht.“

Schöne Stille, strahlende Gesichter. Samarpans Blick schweift durch die Reihen und als er mich ansieht, geht sein Blick durch und durch. Samarpan sieht echt alles! Und weil dies so offensichtlich ist, ist es von vorne herein ein aussichtsloses Unterfangen, ihm etwas vorzumachen bzw. vorenthalten zu wollen. Dieser Blick ... dieser Schatten der Peitsche reicht wahrhaft aus, um meinem Verstand und meinem Ego Beine zu machen ... Mama mia.

Gmund, 10. April 98 (Retreat)

Es ist interessant, die Funktionsweise des Verstandes zu beobachten. Mitten im Satsang ertönt plötzlich von draußen eine laute Sirene .... uuuuuui-iiiiiiiiiiiiiii ... und mir schießen sofort entsprechende Gedanken durch den Kopf: Der dritte Weltkrieg ist ausgebrochen; in wenigen Minuten werden die Atomraketen einschlagen. Ich sehe zum Fenster hinaus und sehe es bereits bildlich vor mir: der See, die Berge und einschlagende Geschosse. Unmittelbar reagiert mein Körper mit Angst. Samarpan meint zu diesem Phänomen:

„Ja, so ist es. Der Körper ist einfach nur ein dummes Tier. Er kennt bzw. erkennt nicht den Unterschied zwischen einer realen und einer irrealen Gefahr. Da ist irgendein Gedanke, irgendeine Vorstellung, und der Körper reagiert, als sei sie echt, als sei sie wirklich. Wenn Du im Kino sitzt, und der Gute wird vom Bösen gejagt, stellt sich Angst ein, obwohl da nicht wirklich irgendeine reale Gefahr für Dich besteht. Nur bunte Lichter auf der Leinwand. Nichts. Drückt man einem unter Hypnose stehenden Menschen einen Bleistift auf den Arm und sagt ihm, dass es sich dabei um eine brennende Zigarette handelt, bildet sich an dieser Stelle eine Brandblase. So gehorsam ist der Körper. Und zumeist quälen wir ihn aufgrund irgendwelcher vorgestellten Situationen, die überhaupt nicht wirklich sind. – Höre einfach nicht auf den Verstand. Wenn Du nicht diesen angsteinflössenden Gedanken folgst, ist da auch keine Angst. Ganz einfach.“

Nach dem Satsang erfahre ich, dass es sich nur um die Pausensirene einer nahe gelegenen Firma gehandelt hat. Mein ganzes Weltuntergangsszenario ... nur ein Hirngespinst.

Gmund, 11. April 98 (Retreat)

Samarpan sieht heute Morgen so unendlich traurig aus. Liegt das daran, dass Marga gestern abgereist ist? Ich verstehe nicht ganz, wie das zu Samarpans Erleuchtung passt und frage ihn unter vier Augen:

„Ich habe das Gefühl, dass da bei Dir Trauer ist. Aber Du bist doch erleuchtet! Wie ist das möglich?"

„Schau: Erleuchtung bedeutet nicht, dass da nicht alle möglichen Gefühle auftreten können. Der Punkt ist, im Frieden mit ihnen zu sein." Und als ich Samarpan immer noch zweifelnd anschaue, fügt er hinzu: „Da mag Traurigkeit sein, aber da ist kein Leid."

Im Mittag-Satsang geht es wie so oft um das Thema Partnerschaft bzw. Beziehung.

„Samarpan! Ich hätte so gerne einen Partner ..."

„Hattest Du schon einmal einen Partner?" - „Ja."

„Und, wie war es?" - „Ooooooh ... Es war super!"

„Immer?" Stille. „Sage jetzt die Wahrheit", insistiert Samarpan. „Oft belügen wir uns an diesem Punkt."

„Na ja, es war schon super; allerdings ... manchmal war es auch ganz schön nervig."

„Ja! Das ist die Wahrheit. Und so ist es immer. Ob da ein Partner ist oder nicht, ob da ein Job ist oder nicht, mal ist da Freude und mal nicht. Doch der Frieden ist immer da; unabhängig von allen äußeren Umständen. – Sei einfach Hier. Sei einfach im Frieden."

Gmund, 12. April 98 (Retreat)

„Niemand sieht mich!", shart eine Frau traurig im Satsang.

„Mich sieht auch niemand", sagt Samarpan. „Neulich saß ich im Zug und unterhielt mich mit meinem Gegenüber, der wohl irgendwie spürte, dass da etwas ist, dass Hier Frieden ist. Aber für gewöhnlich sieht mich niemand, sobald ich außerhalb des Satsang-Raums bin. Und das ist in Ordnung. Schau: Es geht nicht darum, gesehen zu werden. ICH sehe Dich. Halte einfach eine Aufmerksamkeit auf die Stille gerichtet. Halte nicht bei anderen nach irgendetwas Ausschau. Erwarte von ihnen nicht, dass sie den Buddha in Dir sehen. Siehe Du den Buddha in ihnen. Das ist der Punkt."

Lange Stille.

„Samarpan!", meldet sich da plötzlich jemand zu Wort. „Alle scheinen total glücklich zu sein, nur ich ..."

„Welche Vorstellung ist es, die Dir diesen Schmerz verursacht?", fragt Samarpan.

„Ich habe die Vorstellung, dass ich nur ein kleiner Wurm bin; bloß eine kleine Raupe." Tränen. Schluchzen.

„Ich verstehe", sagt Samarpan liebevoll. „Aber schau, das ist nur eine Vorstellung. Die Wahrheit ist: Jede Raupe trägt das Potenzial für einen wunderschönen Schmetterling in sich."

Der Sharende hält kurz inne, sein Gesicht ist erfüllt von Zweifel, was übergeht in Verzweiflung und abermals leises Weinen. Puuh. – Dann plötzlich ist es vollkommen still, und ein Leuchten geht über sein Gesicht.

„Jaaa!“, sagt Samarpan sanft. „Das ist es! Der Schmetterling ist Hier; ist es immer gewesen.“

„Oooooh, und ich dachte immer, ich sei soooo klein ...“

„Sage mir: Ist Das Hier klein?“

„Nein“, kommt es von dem anderen mit einem seligen Lächeln im Gesicht. – Absolute Stille. Und ich denke: Unglaublich; man kann immer wieder nur ehrfürchtig den Kopf schütteln über all die Wunder, die hier im Satsang geschehen.

Gmund, 13. April 98 (Retreat)

Während bis vor kurzem nach dem letzten Satsang am Abend so lange Musik gespielt wurde, bis echt ‘die Luft raus’ war, was gut eine Stunde dauern konnte, so hat sich die in den letzten Tagen geändert. Abhijat spielt immer nur noch zwei oder drei Lieder. Hat Samarpan ihm gesagt, dass die Musik zuviel Raum einnimmt? Jedenfalls beginnt im Augenblick das inzwischen schon bald üblich gewordene Ritual zwischen Abhijat und den Satsang-Teilnehmern: Samarpan ist nach dem ersten Lied gegangen und jetzt liegt es an Abhijat, die Session zu beenden oder noch ein Lied zu spielen. Einige wenige haben die Augen geschlossen, und alle anderen – inklusive mir – sehen jetzt auf Abhijat. Dieser genießt dieses Im-Mittelpunkt-Stehen sichtlich und ganz genau wie Samarpan verdreht auch er die Augen nach hinten oben, sodass nur noch das Weiße sichtbar ist. Offensichtlich muss er – wie das Original – in den Moment hineinspüren, ob es jetzt gerade angesagt ist, noch weiterzuspielen oder nicht. Währenddessen starren ihn alle an und warten auf das Ergebnis, was die Stille, was Gott zu Abhijat wohl gesagt haben mag. Nach ein paar Sekunden fangen seine Lider zu flattern an, die Spannung steigt, man lehnt sich ein bisschen vor, um der großen Offenbarung, die gleich erfolgen wird, noch näher zu sein ... Dann öffnet ‘Musik’-Master Abhijat seine Augen – die Pupillen sind jetzt wieder ganz normal sichtbar –, er grinst, legt den Finger auf den Mund und will seine Gitarre schon wegstellen, als ihn von überall her kommende, Traurigkeit bekundende Stöhnlaute umstimmen, und er – jetzt erst recht grinsend – sagt:

„Also gut. Aber nur noch eins.“

„Danke, Abhijat! Vielen, vielen Dank!“, kommt es aus allen Ecken, und manche bedanken sich bei Abhijat mit der Namaste-Geste, was dieser ausgiebig und selig lächelnd erwidert. Dann endlich kann es weitergehen. Mit dem nächsten Lied. ‘Gott’ sei Dank. – Hin und wieder frage ich mich ja schon, ob Samarpan Abhijats Chef-Trips sieht, wenn er ihn immer als seine rechte Hand bezeichnet. Schließlich war Abhijat bei Samarpans Hochzeit sogar als dessen

Trauzeuge geplant, auf englisch: sein 'best man'. Und auch wenn Samarpan der Einfachheit halber jetzt nicht in Deutschland sondern in Amerika heiraten wird: Ist Abhijat tatsächlich Samarpans bester Mann? Wer weiß. Jedenfalls scheint Abhijat sich offenbar für den Größten zu halten ... Gut, er reist am längsten von uns allen mit Samarpan herum, aber trotzdem: Ich finde es voll nervig. – Im Satsang erzählte Samarpan neulich von einem Meister, der bei einem seiner Schüler folgende Technik anwandte: Anstatt dem Ego immer wieder eins auf das Dach zu geben, pustete er es immer weiter und noch weiter auf ... bis schließlich ... pieks. Bei diesen Worten grinste Samarpan, und Abhijat senkte seinen Blick. Vielleicht ist es ja genau das, was Samarpan mit Abhijat macht. Mit diesem Wissen werde ich dessen Getue zukünftig vielleicht leichter ertragen können. Allerdings bin ich vielleicht ja auch nur neidisch drauf, dass Abhijat die unangefochtene Nummer eins ist ... Shit, dass fühlt sich ziemlich wahr an ... ei, ei, ei.

Gmund, 14. April 98 (Retreat)

Heute Mittag sind Samarpan und die Crew bei einer ortsansässigen Satsang-Teilnehmerin eingeladen und sitzen jetzt gemütlich bei Kaffee und Kuchen beisammen. Wir reden über dies und über das, und unsere Gastgeberin lässt eine kleine, kurze, unwahre Geschichte vom Stapel. Darauf angesprochen erwidert sie grinsend:

„Na ja, Wahrheit schön und gut, aber so ein kleines bisschen lügen am Rande tun wir doch alle, oder?"

Allgemeines Gegrinse; nur Samarpan bleibt still. Als wir alle uns ihm daraufhin erwartungsvoll zuwenden, schaut er auf und sagt vollkommen ernst:

„Nein, genau genommen nicht."

Huch! Betretenes Schweigen ringsum. Und ich denke bewundernd: Mann, oh Mann, Samarpan ist wirklich hundertprozentig mit der Wahrheit.

Gmund, 15. April 98 (Retreat)

Mir geht es wieder einmal beschissen. Verdammte Kacke aber auch! Und in einer Woche ist der letzte Tag, bevor Samarpan mit Marga auf Hochzeitsreise in die USA fährt. Fuck! Ich muss ihn unbedingt vorher noch einmal sprechen. Also gehen wir am Nachmittag zu zweit spazieren. Es ist bestes Wetter, die Vögel zwitschern, aber ich kriege von all dem so gut wie nichts mit. Für mich ist alles grau in grau. In meinem Kopf herrscht ein einziges Tohuwabohu. Da ist kein Gedanke, den ich fassen und wieder loslassen könnte. Sobald mir einer bewusst wird, kommt schon der nächste. Alles schießt durcheinander. Ich befinde mich in einem Wirbelstrom aus Gedanken; werde hin und hergeschleudert; nirgendwo Stille, nirgends ein ruhiger Punkt, alles in Aufruhr; Samarpan sagt irgendwelche Sachen, aber der Film in meinem Kopf läuft auf Hochtouren und mit voller Lautstärke, sodass ich kaum höre, was er mit weicher Stimme von sich gibt. Schließlich höre ich doch etwas heraus:

„Achte auf Deinen Atem. Wie Du einatmest; wie der Atem zum Stehen kommt; wie Du ausatmest ... Siehst Du, schon wird es ruhiger ...“

„Das stimmt, aber ich komme mir vor, wie durch den Fleischwolf gedreht!“

„Das ist okay; denke nicht darüber nach. Halte Deine Aufmerksamkeit einfach auf den Atem gerichtet.“

Sekunde um Sekunde wird es langsam ruhiger. Puh! Doch noch immer sind da auch Gedanken und der Wunsch, dass Samarpan mich wie ein Deus-

ex-machina aus dieser Hölle herausholt. Als ich ihn flehentlich anschaue, sagt er jedoch:

„Ich kann nichts tun!“ Und nach einer kurzen Pause: „Der Punkt ist genau genommen, dass DU nichts tun kannst.“

Wir gehen langsam weiter und als ich mich ihm nach ein paar Metern erneut fragend zuwende, erwidert er:

„Was ich nicht verstehe; wochenlang bist Du in vollkommener Harmonie, tanzt freudvoll Deinen Tanz und dann gibst Du Deine Aufmerksamkeit wieder dem Verstand ...“

„Das verstehe ich selbst auch nicht.“ Stöhn! Kurze Stille. Dann sagt Samarpan:

„Es gab einmal einen Meister, der hatte einen wunderbaren Schüler. Dieser verfügte über sehr viel Mitgefühl für seine Mitmenschen, weil er selbst so viel durchlitten hatte und immer noch durchlitt. Eines Tages kam ein fremder Meister daher und weckte ihn auf. Sein Leid war weg, und er lebte fortan ein stilles, geruhsames, zurückgezogenes Leben in Frieden mit sich und seiner Umwelt. Da war nichts verkehrt, doch sein Meister sagte zu dem fremden Meister: ‘Hättest Du ihn nicht aufgeweckt, hätte aus ihm selbst einmal ein großer Meister werden können, aber so ...’“

Ich schaue Samarpan in die Augen, und die meinigen füllen sich mit Tränen. Wie sehr liebe ich ihn! Nichts anderes auf der Welt ist mir wichtig, als bei ihm zu sein. Ich vertraue ihm vollkommen und wenn er meint, dass es für mich das Beste ist, noch im Leid zu sein, dann will ich mich dem fügen. Mit ausgebreiteten Armen mache ich einen Schritt auf ihn zu und als ich schluchzend in seine Arme sinke, fühle ich, wie er mich ganz fest an sich drückt ... heul.

Gmund, 16. April 98 (Retreat)

Ich wache auf und es geht mir wieder bestens. Das Leben ist so schön, solch ein Geschenk. Ich könnte Bäume ausreißen; freue mich auf den Satsang, auf Samarpan, auf die anderen ... Paradies. – Nachmittags trifft sich der Staff bei Samarpan im Zimmer, und wir unterhalten uns über die Transportsituation, denn aufgrund der ganzen Neuanschaffungen ist mein Audi mittlerweile randvoll. Dass etwas Neues besorgt werden muss, ist also klar. Nur was? Ein Dachträger? Damit dürften wir nicht weit kommen. Ein Anhänger? Für unser teures technisches Equipment nicht gerade das Ideale. Also vielleicht ein größeres Auto bzw. einen Transporter? Mmh. Gegen einen Kleinbus mit Sitzplätzen für uns alle, spricht, dass wir uns in den satsangfreien Zeiten immer in alle Winde verstreuen. Samarpan geht nach Frankfurt, Abhijat und Radhika nach Bern, und Grace und ich fahren nach Stuttgart. Besser wären zwei Autos, eins davon größer für die ganze Ausrüstung. Ein Traum, den ich schon längere Zeit habe, wäre natürlich ein Wohnmobil: Das wäre das Ultimative. Am Abend spreche ich mit Samarpan darüber, und er sagt:

„Ja, gute Idee. Schaut Euch einmal um. Neue, alte, was es so alles gibt.“

Oh Wahnsinn!!! Möglicherweise wird da bald ein Traum in Erfüllung gehen!

Gmund, 17. April 98 (Retreat)

„Ein Meister wurde einmal gefragt: ‘Was darf oder was kann man denn eigentlich zum Gebet nutzen?’ Und der Meister antwortete: ‘Nutze alles, was Du hast ... und nichts, was Du nicht hast. Ob es erlaubt ist von den Schriften oder nicht.’ – Du kannst alles zur Meditation nutzen. Jede Tätigkeit, die Du während eines Tages ausübst – sei es Zähneputzen, den Abwasch machen oder Am-Computer-Sitzen – nimm sie als Meditation. Übe jede Handlung meditativ aus. Sei im Moment und denke nicht an etwas anderes. Wenn Du isst, dann esse. Wenn Du trinkst, dann trinke. Wenn Du gehst, dann gehe. Sei immer mit dem, was gerade geschieht. Das ist wahre Meditation.“

Gmund, 18. April 98 (Retreat)

Sonntag und somit auch letzter Retreat-Tag... schnüff. Zu Satsang-Beginn setzen draußen gerade die Kirchenglocken ein. Irgendwie schön und ‘heimelig’.

„Wisst Ihr, ich liebe Sonntage. Überall liegt solch eine friedvolle Stimmung in der Luft. Und es ist interessant: Die meisten sogenannten religiösen Menschen schenken eine Stunde pro Woche Gott und die verbleibende Zeit jagen sie irgendwelchen anderen Dingen nach, beten irgendwelche anderen Götter an, beten den Verstand an. – Im ersten Gebot heißt es: ‘Du sollst keine anderen Götter haben neben mir.’ Das ist die Wahrheit. Gott ist ein sehr eifersüchtiger Gott. Er möchte unsere ganze Aufmerksamkeit: sieben Tage die Woche, 24 Stunden am Tag. Gib Deine Aufmerksamkeit auf die Stille. Jeden Moment. Und wenn der Verstand mit irgendwelchem Unsinn daher kommt, dann wende ihm einfach den Rücken zu. Jesus sagte: ‘Trachtet zuerst nach dem Königreich Gottes, und alles weitere wird Euch hinzu gegeben werden.’

Das ist die Wahrheit. Das Göttliche kümmert sich um uns, hat sich immer um uns gekümmert und wird sich immer um uns kümmern. Jeden Moment. Und wir können einfach vertrauen. – Gib Deine Aufmerksamkeit wieder und wieder auf die Wahrheit. Nichts anderes spielt eine Rolle." Und schmunzelnd fügt Samarpan hinzu: „Was habt Ihr denn sonst groß in Euerm Leben zu tun?"

Hohoho! Tja, und jetzt heißt es so langsam Abschied nehmen von all den Lieben und vor allem von Samarpan. Etwas Wehmut. Denn der Satsang heute Nachmittag wird der bis auf weiteres letzte sein, weil Samarpan mit Marga ja in ein paar Tagen in die USA fliegt. Doch als der Satsang schließlich losgeht, sind nur strahlende Gesichter zu sehen. Samarpan nimmt sich für die Namaste-Begrüßung ganz viel Zeit und nach einer wunderschönen Stille-Phase, die mir wie eine Ewigkeit vorkommt, meint er selig lächelnd:

„Es ist so wunderbar. Wir sind so gesegnet. – Als Jesus sagte, er komme wieder, so ist das die Energie, die wir dieser Tage verspüren. Dies ist die Wiederkehr Christi. Sie ist spürbar für jeden, und sie wird immer stärker werden. In der Tat ist dies die Zeit, auf die wir seit Millionen von Leben gewartet haben: diese Christus-Energie. In der gesamten Menschheitsgeschichte war es noch nie so einfach zu erwachen, wie es heutzutage der Fall ist. Früher erwachten einzelne mal hier und mal da. Und heute realisieren die Menschen die Wahrheit in Scharen; überall. So schön."

Wieder ist es still. Keiner sagt etwas, keiner fragt etwas. Es gibt nichts mehr zu fragen. Einfach nur Stille. Und zeitloser Frieden. Und als Samarpans liebevoller Blick reihum geht, läuft mir eine Träne über die Wange, und ich denke: Wahnsinn; Millionen von Leben … und jetzt ich Hier, zu Füßen der Wahrheit, welch eine Gnade.

Vorschau

Die weiteren Ereignisse in Ramas Satsang-Leben finden sich im Buch 'Schmetterlinge überall', das den Zeitraum Mai 98 bis zum Tag seines Abschieds von Samarpan im September 01 umfasst. Voraussichtlicher Erscheinungstermin ist November 07.

Kontakt zum Autor

www.Schmetterlinge –ueberall.de

Auf den Spuren des Geisterjaguars von Georg O. Gschwandler
144 Seiten, 4 farbige Abbildungen, DIN A5, € 12,90
ISBN 3-8334-5211-0

Ecuador, 1998. Von seinen Verbündeten zu einem Schamanen der Shuar-Indianer gesandt, trifft Georg Gschwandler auf den Ayahasquero Enrique, der ihn mit der "Großen Medizin" als Heiler-Schamanen initiiert, ihm sein Wissen, magische Pfeile, schamanische Kraft und somit die Fähigkeit zu heilen überträgt. Das Buch schildert eindrucksvoll den Weg des Autors, vom Überwinden einer schweren Erkrankung über mystische Reisen in die Welt der Schamanen, seine Erfahrungen mit der schamanischen Welt der Shuar bis hin zu seiner Tätigkeit als Schamane und Curandero in seiner Praxis in Österreich. Das Buch vermittelt seinen authentischen Weg zur eigenen Mitte; zeigt, dass es möglich ist, jene Punkte im Leben zu erreichen, welche die Bestimmung für uns vorgesehen hat und dass die Krise der Beginn einer wundervollen und mystischen Reise zum Selbst sein kann, ohne sich im esoterischen Dschungel unserer Konsumwelt zu verirren oder gar an ihr zu verzweifeln oder einfach aufzugeben. Jede Reise beginnt mit einem ersten, mutigen Schritt ...

Schamanische Wege zur Mitte von Georg O. Gschwandler
200 Seiten, einige Abbildungen, DIN A5, € 17,90
ISBN 978-3-939972-02-0

Nie zuvor wurde das Thema „Schamanische Reise" auf eine so direkte, ausführlich und vor allem praxis-bezogene Weise behandelt.

Der Autor gibt profunde Anleitungen und Hilfestellungen, die es dem mutigen Anfänger sowie dem ambitionierten Fortgeschrittenen ermöglichen, sich intensiv mit der Thematik des Schamanischen Reisens im direkten Experiment auseinanderzusetzen und so eigenen Erfahrung außerhalb der Gruppe, also frei von der Interpretation durch andere zu machen.

Weit entfernt von Esoterischen Abhandlungen und gängigen Klischees gibt Jiteveri Don Georg O. Gschwandler, selbst praktizierender Curandero und Schamane, jenes alte und neue schamanische Wissen weiter, welches sich im Kontext von schamanischer Behandlung und zur echten Selbstfindung sowie der unabhängigen Selbsterfahrung seit langer Zeit bestens bewährt hat.

Dieses Buch beginnt dort, wo Seminare enden: Beim persönlichen, unbeeinflussten Experiment, dem unmittelbaren Umsetzen kraftvoller schamanischer und neo-schamanischer Techniken auf einem authentischen und eigenverantwortlichen Weg zum Selbst.

Allen, die Ihren Weg zur eigenen Mitte suchen, wird dieses einzigartige Buch eine wertvolle Navigationshilfe sein.

„la isla“ - Die Insel
Intensive schamanische Selbsterfahrung in Kroatien
mit Georg O. Gschwandler

Dauer: 1 Woche (incl. An- und Abreise)
Termine auf Anfrage - begrenzte Teilnehmerzahl!

1 Woche intensives schamanisches Arbeiten in Kroatien. Abgeschottet von der Aussenwelt und reduziert auf das Wesentliche werden wir in traumhafter Umgebung in fünf „Kerntagen“ und Nächten unmittelbare Kreis- und Wegarbeit leisten. Wir werden mit schamanischen Methoden und den Methoden des Curanderismo zur Ruhe kommen, die Kraft in uns wecken, die Klarheit finden, Beständigkeit entwickeln und die Liebe vermehren.

„la isla“ ist ein Projekt für all jene, die sich selbstverantwortlich und intensiv der schamansichen Arbeit hingeben wollen, um echte und unmittelbare positive Veränderungen zu erreichen und zur Mitte zu kommen.

Informationen bezüglich Veranstaltungen, Seminaren und *la isla* erhalten Sie direkt beim Verlag.

Der VetH Verlag sucht SIE:

Sie haben ein Buch geschrieben und wollen es nun veröffentlichen? Oder Sie beabsichtigen es?

Wir helfen Ihnen gerne weiter, denn wir sind ständig auf der Suche nach neuen Geschichten und neuen Autoren.

Der VetH-Verlag ist nicht an einen Verlagskonzern angebunden und bietet somit Freiräume für Autoren, die Sie sonst bei wenigen Verlagen so finden.

Für weitere Informationen kontaktieren Sie uns bitte unter autoren@veth-verlag.de